TIMES REMEMBERED: The Final Years of the Bill Evans Trio
Joe La Barbera Charles Levin

ジョー・ラ・バーベラ
チャールズ・レヴィン
荒井理子＝訳

ビル・エヴァンス・トリオ
最後の二年間

TIMES REMEMBERED

草思社

TIMES REMEMBERED
The Final Years of the Bill Evans Trio
by
Joe La Barbera and Charles Levin

Originally published by University of North Texas Press
Japanese translation published by arrangement
with University of North Texas Press
through The English Agency (Japan) Ltd.

Cover photo: © Tom Copi/Michael Ochs Archives/Getty Images
Cover photo: © Steve Kagan

ビル・エヴァンス・トリオ　最後の二年間　＊　目次

本書をウィリアム・ジョン・エヴァンスに捧げる
（一九二九年八月十六日～一九八〇年九月十五日）

「私は自分の規範《コード》に従うのみで、それに満足しています」
——ビル・エヴァンス

日本の読者のみなさんへ

一九八〇年、ビル・エヴァンス・トリオには楽しみなことがたくさん控えていた。ワーナー・ブラザースからリリースされた新譜『ウィ・ウィル・ミート・アゲイン』が批評家から絶賛され、グラミー賞を二つ受賞。六月には、世界的に有名なヴィレッジ・ヴァンガードで初のライヴ・レコーディングを行い、そのアルバム（『ターン・アウト・ザ・スターズ』）もまた、あらゆる面で成功すると期待されていた。新しいトリオのうわさは世界に広まっていて、このグループをブッキングしたいという海外からの関心も高かった。オーストラリア、ロシア（当時はソ連）、日本からは確定オファーがあり、ヘレン・キーンが連絡を取っていた。実際、私たちは九月十九日から始まる予定だった二週間のツアーに向けてすでに日本のビザを取得していたくらいだ。日本の次にはオーストラリア、そして秋の終わりごろにはロシア公演も予定されていた。

左に掲げたツアー・スケジュールとビザの申請書は、大いに待ち望まれつつも残念ながら実現することのなかったビル・エヴァンス・トリオのツアーの思い出の品だ。

しかし運命の九月十五日、残念なことにビルが亡くなってしまう。ジャズ界全体に衝撃が走った。ミュージシャンも友人たちもファンもみな、彼の早すぎる死を悼んだ。そして多くの人は、問題を抱えたアーティストがまた一人、悲劇的な最期を迎えたのだととらえた。そんなふうにビル・エヴァンスを描いた記事が出るのも無理はないと思われた。ハリウッドは確かにこの手の物語を数多く生み出してきたからだ。しかし、ビルは自身をそんなふうに思ったことがないと私は確信している。実際彼は、(通常の基準からすると)短い自分の人生をまさに思い通りにまっとうしたのだと。一九七九年十一月六日にビルの母校サウスイースタン・ルイジアナ大学でトリオがコンサートを行ったあと、ビルはロッド・スターンズのインタビューでこう語っている。

「私はおそらく、自分が思い描いた通りのことを実現できている。それはまさに、自分の好きなものを演奏し、トリオを結成して、何の圧力も受けずにレコーディングできるような地位をジャズの世界で得ること、そして自分が演りたい音楽を自由に演奏できることだ」

一九八〇年の秋、予定されていた日本でのツアーに、私はとてもワクワクしていた。そのころのトリオが生み出す音楽は絶頂期そのもので、私たち三人はそれを日本の多くのビル・エヴァンス・ファンに届けたいと強く願っていた。というのも、私たちがヴィレッジ・ヴァンガードで演奏していたとき、一セットの一部でもいいから聴きたいという熱心な日本人観光客がよく団体で立ち寄ってくれたからだ。それに、すでに日本でツアーを行っていた二人の兄も、ニューヨークの友人たちの多くも、みな口をそろえて日本はよかったと言っていた。

しかしビルの急逝によって、私の初めての訪日はお預けとなってしまった。それがようやく叶ったのが、トニー・ベネットとともに参加した一九八九年の富士通コンコード・ジャズ・フェスティバルのツアーで、そのときの出演者にはハンク・ジョーンズのグレイト・ジャズ・トリオやカウント・ベイシー・O・B（アルムナイ）オーケストラがいた。以来私は、親しい友人でもあるファイブスターズレコードの三津越美枝氏や、オールアート・プロモーションの石塚孝夫氏（故人）の招きで何度も日本でツアーを行ってきた。そのいずれも、日本のみなさんの前で演奏したすばらしい思い出にあふれている。

本書（原書）が出版されたのは二〇二一年だが、チャールズ・レヴィンと私のもとには、本書で人間味にあふれたビル・エヴァンスの姿が描かれていることに対する感謝の声が読者から多数寄せられている。日本の多くのビル・エヴァンス・ファンにも同じように喜んでもらえたらと心から願っている。

二〇二三年九月二十日

ジョー・ラ・バーベラ

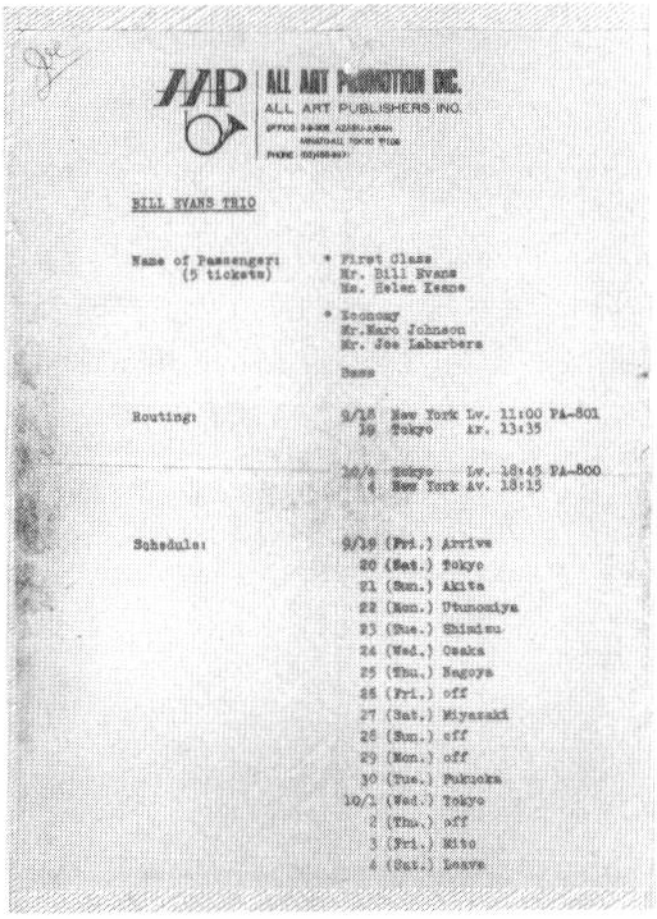
ALL ART PROMOTION INC.
ALL ART PUBLISHERS INC.

BILL EVANS TRIO

Name of Passenger: (5 tickets)
* First Class
Mr. Bill Evans
Ms. Helen Keane
* Economy
Mr. Marc Johnson
Mr. Joe Labarbera
Bass

Routing:
9/18 New York Lv. 11:00 PA-801
19 Tokyo Ar. 13:35
10/4 Tokyo Lv. 18:45 PA-800
4 New York Av. 18:15

Schedule:
9/19 (Fri.) Arrive
20 (Sat.) Tokyo
21 (Sun.) Akita
22 (Mon.) Utunomiya
23 (Tue.) Shimizu
24 (Wed.) Osaka
25 (Thu.) Nagoya
26 (Fri.) off
27 (Sat.) Miyazaki
28 (Sun.) off
29 (Mon.) off
30 (Tue.) Fukuoka
10/1 (Wed.) Tokyo
2 (Thu.) off
3 (Fri.) Mito
4 (Sat.) Leave

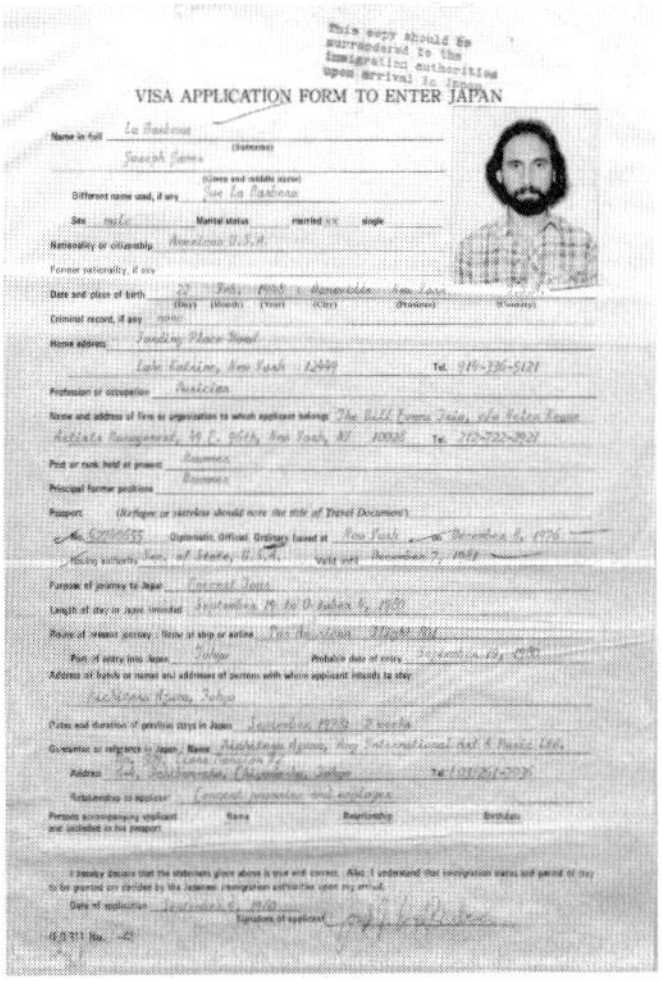
This copy should be surrendered to the immigration authorities upon arrival in Japan

VISA APPLICATION FORM TO ENTER JAPAN

Name in full La Barbera (Surname)
Joseph James (Given and middle name)
Different name used, if any Joe La Barbera
Sex male Marital status married single
Nationality or citizenship American U.S.A.
Former nationality, if any
Date and place of birth (Day) (Month) (Year) (City) (Province) (Country)
Criminal record, if any none
Home address
Tel.
Profession or occupation Musician
Name and address of firm or organization to which applicant belongs The Bill Evans Trio, c/o Helen Keane
Tel.
Post or rank held at present Drummer
Principal former positions Drummer
Passport (Refugee or stateless should note the title of Travel Document)
Diplomatic, Official, Ordinary Issued at New York on December 8, 1976
Issuing authority Sec. of State, U.S.A. Valid until December 7, 1981
Purpose of journey to Japan Concert Tour
Length of stay in Japan intended September 19 to October 4, 1980
Route of present journey: Name of ship or airline
Port of entry into Japan Tokyo Probable date of entry September 19, 1980
Address of hotels or names and addresses of persons with whom applicant intends to stay
Dates and duration of previous stays in Japan
Guarantor or reference in Japan: Name
Address
Tel.
Relationship to applicant Concert promoter and employer
Persons accompanying applicant and included in his passport Name Relationship Birthdate

I hereby declare that the statement given above is true and correct. Also, I understand that immigration status and period of stay to be granted are decided by the Japanese immigration authorities upon my arrival.
Date of application September 6, 1980
Signature of applicant

まえがき

ハル・ミラー
（ジャズ・ドラマー、ジャズ史家）

一九六二年、ポール・モチアンとチャック・イスラエルを擁したビル・エヴァンス・トリオがニューヨークのクラブで演奏していた――確かカフェ・ボヘミアだったと思う。このころのビルはすでに、マイルス・デイヴィス・セクステットで歴史的な名盤（『ジャズ・トラック』、『カインド・オブ・ブルー』）を生み出し、ベーシストのスコット・ラファロとドラマーのポール・モチアンによる超革新的なトリオでのあまりにも短い活動期間（『ポートレイト・イン・ジャズ』、『サンデイ・アット・ザ・ヴィレッジ・ヴァンガード』）を終えた後だったため、クラブは案の定にぎわっていて、席が埋まり始めるころには、私たちがよく知る公演前の喧噪でざわめいていた。

そしてそれから、魔法のようにビルが演奏を始めた――「エヴリシング・ハプンズ・トゥ・ミー」だったと思うが、すぐに訪れた静寂は、敬愛、畏敬、驚嘆、そしておそらくは感謝といった気持ちが混じり合ったものとなった。ビル・エヴァンス・トリオのライヴを聴いたことがある人はみな、この現象にすっかり慣れっこだ。ビル・エヴァンス効果とでも言おうか。ビル・エヴァンスがそこにいた。

ビル・エヴァンスについては、彼の活動中はもちろん、一九八〇年に亡くなってからもずっと、多くのことが書かれてきた。エヴァンスは、『カインド・オブ・ブルー』に貢献したことや、『ライヴ・アット・ザ・ヴィレッジ・ヴァンガード』でジャンルを一変させるトリオ・レコーディングを行ったこと以外、まだ何も成し遂げていなかったが、それでも誰もがよく知るジャズ・ミュージシャンで、世界中の他の多くのピアニストに音楽的な影響を与えていた。しかし、五十一歳の若さで亡くなってから四十年ほどが過ぎた二〇二〇年の今、エヴァンスは数えきれないほどの書籍、雑誌の記事、過去のインタビューのテーマとなり続け、そのいずれもが、このピアニストを説明し、探ろうとしている。彼の卓越したピアノと作曲の能力から、その名のとおりビル・エヴァンス派の演奏が生まれているからだ。公正を期すために言うと、これらの多数の情報源のおかげで、ビル・エヴァンスに関する情報はかなり蓄積されている。そしてもちろん音源は、無許可で作られた多数のものを合わせると、今や数百にものぼる。そしてビル・エヴァンスの写真は数えきれないほどあり、その一枚一枚に独特の真剣な顔つきをした彼や、ピアノと一体化したような彼が写っていると言ってもいいくらいだ。

あれから四十年が過ぎた。本当に信じられない思いだ。

彼の死はあまりにも早く、私たちは彼亡きあとの芸術的な空白になすすべもなかったが、ビル・エヴァンスは音源という遺産を残してくれた。それによって彼は、ジャズ史上、他のどのピアニストとも一線を画す存在となっている。ビル・エヴァンスは、セロニアス・モンク、チック・コリア、ハービー・ハンコック、キース・ジャレット、マリアン・マクパートランド、アーマッド・ジャマル、マッコイ・タイナー、オスカー・ピーターソン、デイヴ・ブルーベックといった面々に代表されるジャズ・ピアノの黄金時代とも言える時代においても傑出した存在だったが、他の誰とも異なるサウンドを生み出す比類のない独創性と、前述の仲間たちの何人かをはじめ多くの人びとに与えた不朽のモデルとインスピレーションで注目を集め続けている。

　おそらく、この半世紀の他のどのジャズ・ピアニストと比べても言えることだが、ビル・エヴァンスはどんな種類の曲でも――不可能だと思われるものも――ビル・エヴァンスの曲、あるいはそう思える曲にすることができる。彼の定番レパートリーの多くは、自身が作曲したものではなかった。たとえば「ナーディス」、「M☆A☆S☆H マッシュのテーマ」、「いつか王子様が」、「エミリー」、「マイ・フーリッシュ・ハート」などがそうで、他にも多数挙げられる。しかし、このピアニストが演奏するこれらの曲の個性があまりにも記憶に残りすぎて、私たちはこれらをビル・エヴァンスの曲だと思ってしまうのだ。

　同様に、ジャズ史におけるビル・エヴァンス――作曲家――の代表曲としては、「ワルツ・フォー・デビー」、「リ・パーソン・アイ・ニュー」、「ターン・アウト・ザ・スターズ」、「ブルー・イン・グリーン」、「ピース・ピース」、「タイム・リメンバード」などが有名だが、他のミュージシャンがこれらの曲を演奏したときに心に思い浮かぶのは、ほぼ決まってエヴァンスなのだ。

　ビル・エヴァンスほど誰からも支持されたミュージシャンは世界でも他に類を見ない。しかし、この謎めいた作曲家／即興演奏家《インプロヴァイザー》について知られていることは比較的少ない。彼はワルツが本来持つ美しさを余すところなく私たちに気づかせてくれた。その伴奏や即興演奏の手法は、技術的に優れているだけでなく、このうえなく感動的なバラードを生み出した。そして彼のトリオには独自のスイングの魔法があった。『カインド・オブ・ブルー』や『ジャズ・トラック』でのビルの演奏がなかったら、モードという言葉は、現在のような名声や優位性を得ていただろうか。ビル・エヴァンスがいなかったらジャズはどうなっていたか、とにかく想像してみてほしい。

　ビル・エヴァンスは、間違いなく史上最も雄弁なジャズ・ミュージシャンの一人だったが、それでも疑問は依然として残っている――ビル・エヴァンスとはいったい何者だったのか?

　ビルのラスト・トリオのドラマー、ジョー・ラ・バーベラと共著者のチャールズ・レヴィンによって書かれた本書『ビル・エヴァンス・トリオ 最後の二年間（Times Remembered）』は、こうした疑問にさらに踏み込んで答えようとしている。このトリオの二年間の活動期間を通して、ラ・バーベラがビルと親密な関係を築いていたことを考えると、本書は読者にとって紛れもない情報の宝庫となる。本書では、この二人がいつか一緒に音楽活動をすることになるのがほぼ必然的であったことを強調するためにも、ラ・バーベラの家族やキャリアとエヴァンスのそれらとが、さまざまな角度から比較して描かれている。この二人はどちらも、年上のきょうだいから多大な影響と励ましを受けた。ビルの場合は、ピアニストで音楽教師の兄ハリー、ジョーの場合は、マルチプレイヤーの父、サックス奏者の兄パット、トランペッターで編曲者の兄ジョンだ。エヴァンス家とラ・バーベラ家の兄弟は全員、暮らしの中で音楽をとくに大切にしていた移民第一世代の家庭の出身で、人生の早い段階でジャズと呼ばれる音楽にのめり込んだ。

　ジョーは、ビル・エヴァンスと活動した二年間を通してずっと、ビルとプライベートで多くの時間を過ごしたため、他のエヴァンス伝記作家や評者にはない視点や考え方を持つことができた。そして本書の大部分は、彼のその強みを活かして構成されている。ジョーはしばしば、単なる音楽仲間というよりもむしろ、ルームメイトであり友人だった。彼らは親密だったからこそ、その関係はビル個人の弱点によっていっそう難しく、苦労をともなうものとなった。

この物語は、ビル・エヴァンスの伝記として書かれたものではない。二十世紀の偉大なミュージシャンの一人を、二年間にわたって詳細に描くものだ。ビルの人生の最後の二年間を、そのキャリアの中でも最高の部類に入る音楽を生み出した、ラ・バーベラとベーシストのマーク・ジョンソンから成るひときわ素晴らしい彼のトリオとともに。それは、ビルをよく知る友人であり仲間であった人、そしてこの物語が幕を閉じようとしていたことを十分にわかっていた人の物語だ。

ビル・エヴァンスの人生を検証し、そこから学ぶべき教訓や引き出される結論があるかどうかをじっくり考察・検討する仕事は他書に譲ろう。しかし、議論するまでもないこと、そして本書が声を大にして言いたいことは、ビル・エヴァンスが恐るべき障害や難題にもかかわらず、最も重要かつ独創的な芸術家の一人としての地位を同時代のみならず後世においても確立した音楽の天才だという点だ。ルイ・アームストロング、アート・テイタム、チャーリー・パーカー、デューク・エリントン、マイルス・デイヴィス、ジョン・コルトレーンといった不朽の名声を持つ一握りのジャズの巨匠たちのように、ビル・エヴァンスはこの音楽を永久に変えた、最も独創的な立て役者の一人なのだ。

ニューヨーク州オールバニー

二〇二〇年六月八日

はじめに

一九七九年一月、私はニューヨークでビル・エヴァンス・トリオに加入した。それから二十か月で得た経験は、音楽に関するものもそれ以外のものも私の中に刻み込まれ、今日に至るまで残っている。最初は、思い浮かんだときにそれらを書き留めることから始めた。ビルが亡くなってから最初の二十年間は、そういうことがかなり頻繁にあったのだ。そうすることで心は癒やされ、私はその作業にのめり込んでいった。

これからお届けする物語は、事実をもとに愛とリスペクトをもって書かれたものだ。

ジョー・ラ・バーベラ

プロローグ

ビルのガールフレンド、ローリーは、私がビルに貸した百五十ドルを手に後部座席に飛び乗った。私たちはそのお金を手に入れるために、ヘレン・キーン――ビルの長年のマネージャー兼プロデューサー――の家に立ち寄ったのだった。私たちが町に出て来たのは、ビルがついに医者に診てもらうことに同意したからにほかならなかった。彼の健康状態は、今や細い糸にぶら下がっているかのように思われた。ローリーと私は何週間もビルに医者にかかるよう懇願してきたが、彼は拒絶し、かわりにいつもの自己流のやり方で何とかしようとしていた。私たちトリオは一週間前にファット・チューズデイズでのギグをスタートさせていたが、身体を壊していたビルが出演できたのは二晩だけだった。

私たちが家に帰ろうとしたちょうどそのとき、後部座席からぞっとするようなうめき声が上がった。振り返るとビルが血を吐いているのが見えた。私の脈は跳ね上がった。非常時に冷静でいられるタイプではない私だが、本能的にこれは生死に関わる状況だとわかった。ビルもそれをわかっていた。最寄りの緊急救命室に連れて行ってくれ。マウントサイナイへ……。

このとき私は九十八丁目で東向きに車を停めていた。マウントサイナイ病院は私たちの背後、西方向のマディソン街にあった。私はパーク街に向かって進み、進入可能な最初の通りで左折し、その次でも左折した。その道は一方通行で、私は車を逆走させようとしていた。ビルは私にクラクションを長押しするように言った。急患だとまわりに知らせろ。車の排気音がうなりをあげるなか（それが真昼のマンハッタンだ）、私はまわりのドライバーに向かって叫んだ。結局、マディソン街でもう一度左折し、ふたたび車を逆走させた。さらに叫びながら何度もクラクションを長押ししたが、それでもそれが救急救命室への最短ルートだった。

救急車専用駐車場に入って車を停めた私は、半分抱えるようにしてビルを車から連れ出した。私がビルを処置室に連れて行くあいだに、ローリーがビルの（薬物乱用を含む）病歴をトリアージ・ナースに事細かに伝えた。看護師が外で待つよう私に言った。

第1章 誕生
1904年〜1966年

一九〇四年、私の父が生まれて間もないころ、一家が住むシチリア島の十四世紀の村チェルダに旅の占い師がふらりとやって来た。そのおじいさんの占い道具は、紙がたくさん入った小さなトレイだった。紙にはそれぞれ、予言が書かれていた。代金を一ペニーほど払うと、占い師の肩に乗ったオウムが飛び降りて、トレイの中の紙を一枚くわえてくるというしくみだ。私の祖母、サルヴァトリーチェ・ラ・バーベラは、生まれたばかりのわが子の将来を占ってもらった。すると紙には「あなたの息子はミュージシャンになる」と書かれていた。サルヴァトリーチェはパニックになった。ミュージシャンでは食べていけない、そう思ったのだった。音楽は、ワインやパスタと同じくらいイタリア人の生活に欠かせないものだが、プロとしてやっていくのは、不可能ではないにしても難しいことだった。ごちそうのお礼に歌う《シング・フォー・サパー》が単なる言い回しではなく、現実のこと（食べていくために歌う）になるからだ。しかもこのとき祖母はすでに、アメリカでもっと安定した裕福な生活を手に入れようとしていた。

当時のイタリアはまだ封建色が強かった。土地を所有できるのは特権階級のみで、祖父母のような小作人は自分の土地を持てず、土地を借りて現金か収穫物でその代金を支払うのがせいぜいだった。

土地は不足していて、手に入れるのは非常に困難だった。

祖父のパスクアーレは子どものころ、地元の領主の「カルーゾ」――年季奉公人――として働いていた。彼はくる日もくる日も――夜明け前から深夜まで――灌漑用水路で胸まで水につかり、凍りつくような冷たい水をむき出しの腕と手と体を使って掻き進むことで作物に水を送った。仕事はきつかった。人権活動の先駆者ブッカー・T・ワシントンは、自身の著書『The Man Farthest Down: A Record of Observation and Study in Europe（最下層の人：ヨーロッパにおける観察と研究の記録）』でこうした状況の恐ろしさを描いている。

この間、祖父は領主の子どもたちと仲良くなった。彼らは年が近く、日曜日のミサの後、よく一緒に遊んだ。祖父は年季奉公に入れられる前に三年間、学校に通っていて読み書きができたため、領主の二人の子どもにそれを教えた。領主は自身が読み書きができなかったため、びっくりしつつも喜び、十七歳で年季が明けるときに、祖父に褒美として小作地を分け与えた。父のジョセフが生まれるころには、祖父母は村でその土地を耕し、ヤギやラバを飼い、小さな家を建てていた。その後、祖父は体を悪くした。子どものころの用水路での仕事が体に負担をかけた結果、土地を耕すことができなくなってしまったのだ。借金の返済期限が来ると、祖父母はラバや荷車といった財産を売り払った。

一方、祖父の兄弟のサルヴァトーレは、アメリカに渡る乗船券を用意してくれていた。それまで祖父はプライドから、そしてイタリアで成功しているのだという意識から、アメリカ行きを断っていた。しかし、祖母のサルヴァトリーチェは、信じられないくらい強く、決断力のある女性だった。残念ながら私が彼女について覚えていることは、恐怖に染まってしまっている。彼女は私の家族と同居していたものの、私が生まれるころには重度の認知症になっていたからだ。結局、夫が一緒であろうとなかろうとアメリカに移住すると決めたのは彼女だった。最後には祖父が折れて、一九一一年に祖母、父、父の姉のジョセフィン、弟のサルヴァトーレがイタリア本土からニューヨークのエリス島に向けて出航した。彼らは貧困を抜け出して成功のチャンスをつかもうとしていた。

父はしばしば、過去最悪の嵐の中、大西洋を渡ったその旅のことをくわしく話してくれた。同じ階級の他の人びとと同じように、彼らは三等船室で旅をした。そこは甲板からずっと下にあるだだっ広い大部屋で、船の壁に沿ってハンモックが吊るされていた。船は嵐で大きく揺れた。食事中は皿の上のスパゲッティが急に向こう側に滑り落ちそうになったと思ったら、すぐにまた自分の方に戻ってくるといった具合で、父はそれを面白がった。甲板の上は笑い事ではすまなかった。あまりの波の高さに、船員たちは下の人びとがおぼれないよう吸気口を覆った。この嵐で船員が三名亡くなった。船は風の影響で航路から大きくはずれてしまったため、カナダのノヴァスコシア州に上陸してからマンハッタンへと移動した（何年もたってから、兄のジョンが『ニューヨーク・タイムズ』の紙面で、父の話を細部にわたって裏付ける記事を見つけることになる。それは一九一一年十一月十一日付の二段組みの特集で、船の船長がその航海について「船乗りとしての二十四年間で経験した最悪の天候」と語っていたのだ[1]）。

一家はエリス島の移民局の検査を通過し、ニューヨーク市に幾晩か滞在した。彼らの目的地は、ニューヨーク州西部の小さな町で、ロチェスターから南へ一時間ほど、バッファローから西へ一時間ほどのところにあるマウントモリス。（チケットを用意してくれた）祖父の兄弟のサルヴァトーレがそこに住んでいて、一家の定住を手助けしてくれた。祖父はシチリアに残った。彼は子どものころに何年も過酷な労働を強いられたせいで、肺気腫を発症していた。当時、エリス島に着いて咳をしていると、当局によって隔離されるか、下手をすると帰国させられた。そのため一年後、一家は祖父のためにお金を出しあって、審査なしでアメリカに入国できる一等船室の乗船券を購入したのだった。

祖父母は町のはずれに家を買った。そこがたまたま天然砂利の採れるところで、道路建設のために町が必要としていた場所だったため、祖父母はその土地を売って利益を得ることができた。そのお金で一九二七年にもっと広い土地を購入し、スタンリー・ストリート百番地に新しい家を建てた。二階建てで寝室が三つ、バスルームが二つの家——当時の基準では大きな家——を建てるのには約二千ドルかかった（そのころ父は十八歳くらいですでに働いていたため、父が稼いだお金が費用の足しになった）。その土地は三区画ぶんあった。いつか孫たちがそこに家を建てるだろうという思惑からだ。しかし、両親の期待は打ち砕かれた。たいていの若者——とくに音楽に興味を持つ若者——がそうであるように、私たちはそこを離れる必要があったし、そこにいたら未来はないと思われたからだ。

祖父はアメリカに到着した時点で英語の読み書きができた。彼は助けを必要としている地域の人びとのために手紙を書いたり翻訳してあげたりした。しかし到着から数年後、祖父の健康状態は悪化し、一九一五年に帰らぬ人となってしまう。享年四十五だった。祖父が亡くなったとき、祖母が家計を支えるのは容易ではなかった。そこで地元の神父が、バッファロー郊外にある全国的に有名な孤児院「ベイカー神父の少年の家」（Father Baker's Home for Boys）に父と叔父が住めるよう手筈を整えてくれた。おかげで祖母の経済的な負担は軽くなった。さらに彼女は、この施設にいれば権威を敬うことが身に付くだろうと期待した。孤児院で暮らしているあいだに、父は裁縫やパンの焼き方や楽器の演奏を学んだ。最初に習った楽器はピッコロとバリトン・ホルン（シチリア島のストリート・バンドをモデルにした――偶然にしてはかなり一致する点が多い――ニューオーリンズのブラス・バンドでよく用いられる楽器）だった。

アメリカ渡航前の記念に1911年にシチリアで撮影されたラ・バーベラ一家。渡航中の遭難の可能性がある場合—このときはあやうく遭難しかけたのだが—このような写真を撮ることは珍しくなかった。左から、ジョセフィン・ラ・バーベラ、サルヴァトリーチェ・ラ・バーベラ、サルヴァトーレ・ラ・バーベラ、パスクアーレ・ラ・バーベラ。フープを持っているのがジョセフ・ラ・バーベラ(ジョーの父親)。(提供：ジョー・ラ・バーベラ)

父が十四歳になると、祖母は孤児院から父を連れ出した。父が仕事に就いて家計を助ける必要があったからだ。父は鉄道の給水係の仕事を世話してもらった。このとき祖母は、父が孤児院を離れることを喜んだ。父はそこでポーランド語を話せるようになっていて（その街や孤児院の移民の大多数をポーランド人が占めていた）、イタリア語よりもポーランド語の方が流暢に話せるようになってしまうのではとやきもきしていたからだ。それから二十年間、父はその鉄道会社で働いた。

その間、彼の音楽への情熱は日に日に増していった。父は楽器を集めて、演奏方法を習得するようになる。最初はクラリネットで、次第にバルブ・トロンボーンなどの金管楽器を追加していった。練習場所は車掌車の中。二十歳になるころには、マウントモリス中のコンサートやダンス・バンドで演奏するようになり、三十歳で自身のアンサンブルを率いたり、米国在郷軍人会のバンドで指揮をしたりするようになった。孤児院で受けたレッスンをのぞけば、父は完全に独学のミュージシャンだった。

三十六歳のとき、父は定置機関技師としてニューヨーク州の公務員になった。そのために彼は、通信教育講座を受講して工学の学位を取得した――五年生までの教育しか受けていない男がこれをやってのけたのだ。父の職場は、マウントモリス結核病院の発電所になった。やがて私の母、ジョセフィン・チポラがその病院で看護師として働くことになる。二人は一九四三年六月二十六日に結婚し、以来ずっと仲のいい幸せな夫婦だ。口ひげが自慢の祖父（祖父の時代はそれがおしゃれだった）と違って、父はきれいにひげを剃っていた。また、祖母が髪を結い上げていた（これもその当時の装いだった）のに対し、母は襟足で切りそろえていた。これはもちろん私の欲目だが、両親はこの世で一番優しい人たちだった。二人はいつも微笑んでいた（私が怒らせさえしなければ）。

私の一番上の兄、パシェル「パット」・エマニュエル・ラ・バーベラは、一九四四年四月七日に生まれた。ジョン・フィリップ・ラ・バーベラが生まれたのは一九四五年十一月十日。兄たちが五歳くらいのとき、父は居間のソファの上に楽器をたくさん並べ、二人に選ぶように言った。パットはヴァイオリンを選んだが、一度レッスンを受けた後、クラリネットに持ち替えた。ジョンはコルネット（これもまたシチリア島のマーチング・バンドの楽器だ）を選び、高校でトランペットに転向するまでそれを吹き続けた。私は一九四八年二月二十二日に生まれた。私のときはその儀式が少し変わって、父は私にドラム・セットを見せた。父の全体計画――ファミリー・バンドには、ドラマーが必要だったからだ。地元の楽団のバンド・リーダーを何年も務めた父は、自分の思い通りになるグループを率いようと決意していた。一年後、私もクラリネットやサックスを始め、高校を卒業するまでずっとそれらを吹き続けた。

五歳ごろの私は、父や兄たちと人前で演奏するようになっていた。しかし、ある土曜日のこと、私たちがギグに出演している間、家でひとりぼっちの夜を過ごした母は、自分もバンドに入りたい

ジョセフ・ラ・バーベラ（ジョーの父親）。1933年頃、地元楽団のバンド・リーダーの仕事に使われた宣材写真。父はあらゆるスタイルと規模のバンドを率いた。かつては、フィッシャーズ・ファン・ファームという地元のロードハウス（郊外の街道沿いのナイト・クラブ）でアール「ファーザ」ハインズと共演（対バン出演）したことがある。（提供：ジョー・ラ・バーベラ）

と言い出した。そこで父は母にベースの弾き方を教えた。父は、ベースの指板のどこに左手を置けば正しい音が出るのかを示した運指表を作成した。母は流しの上の壁にその運指表を貼り、食後の皿洗いのときにそれを見て覚えた。そして皿もテンポも落とさなかった！　実際、兄たちも私も、自分たちのジャム・セッションでレギュラー・メンバーが出演できないときは、母に代役を頼んだものだった。彼女がそうしたのは意外なことではなかった。母は、若い女性は家計を助けるために仕事に就き、最終的には結婚して子どもを産み、家庭に入るものだと言われて育った世代だ。しかし、ジョセフィン・チポラ（イタリア語で玉ねぎの意）は、それとは別の人生観を持っていた。一九二八年、ニューヨーク州は、近隣の村ソニア（スペルはSonyeaで、State of New York Epileptic Asylum＝ニューヨーク州てんかん者施設の頭文字をとったもの）*にある「てんかん患者のためのクレイグ居住地《コロニー》」（Craig Colony for Epileptics）で新たな看護師養成講座を開設した。当時は、若い女性はつねに家族の監督下にあるべきとされ、そうでない女性ははしたないと白い目で見られた。それでも母は意をけっして入学し、四人の弟妹たちが後に続けるよう道を開いた。そして全員が医療従事者になった。

　一九五五年（ビル・エヴァンスがニューヨークに出たのと同じ年）には、ラ・バーベラ・ファミリー・バンドが完全な形になった。私たちは結婚式、宴会、送別会、記念パーティーなど、求められればどんなところでも演奏した。私たちのセットリストは、さまざまなスタイルのごちゃ混ぜだった。たとえば、イタリア風ポルカやマズルカもあれば、ペリー・コモ、トニー・ベネット、ローズマリー・クルーニーなどの当時のポピュラー・ソング（私が当時歌っていた曲だ！）、カウント・ベイシー、デューク・エリントン、グレン・ミラー、フレッチャー・ヘンダーソン、アーティ・ショウといったス

宣材写真のラ・バーベラ・ファミリー・バンド。1955年ごろ。「ミッキーマウス・クラブ」というテレビ番組への出演をかけてロチェスターでオーディションを受けたころに撮影されもの。左から順に、ジョセフ・ラ・バーベラ、パット・ラ・バーベラ、ジョー・ラ・バーベラ、ジョセフィン・ラ・バーベラ、ジョン・ラ・バーベラ。（提供：ジョー・ラ・バーベラ）

イング時代のビッグ・バンドのジャズ・ヒット曲もあった。ジョンがコルネットを演奏し、パットはアルト・サックスとクラリネット、父はピアノ、母はベース、そして私はドラムを担当――まるでニューオーリンズのジャズ・バンドのようだった。

　私たち兄弟は大半の音楽をレコードで聴いた。ライヴ・ショーを開催している（と私たちが思っていた）会場のほとんどは、車で北へ一時間の場所ロチェスターにあった。そうした会場の中には未成年者が出入りできないところもあった。しかし、私たちが住んでいたマウントモリスには、週に一度のジャズ・ライヴ・ショーを売りにしていたクラブがあった――ラデルファ・ホテルだ。この施設は、私が十五歳のときに仲良くなるボブ・ラデル

＊訳註　頭文字説は噂であり、実際には先住民のセネカ族の言葉から付けられた名前。

ファの家族が所有し経営していた。ボブは優れたドラマーであり、ロチェスターやバッファローのジャズ・ライヴを聴きに私たち兄弟を連れて行ってくれるよき師でもあった。このホテルのおかげで、テリー・ギブスやソフト・ウィンズ（ハーブ・エリス、ジョニー・フリゴ、レイ・ブラウン）やスイング・ドラムのレジェンド、ジーン・クルーパといったアーティストがみな、マウントモリスで演奏してくれたのだ。一度、父がマチネ（昼公演）に連れて行ってくれ、肩車で五分間ほどこの偉大なドラマーの演奏を聞かせてくれた。クルーパと共演していたのは、ピアノのデイヴ・マッケンナとテナー・サックスのエディ・シューだった。

　私たちのファミリー・バンドは、スター発掘番組にもいくつか出演した。たとえばテッド・マックの「オリジナル・アマチュア・アワー」。私たちはそこでマック氏に会ってコーンのアイスクリームを分け合って食べた。また、テレビ番組「ミッキーマウス・クラブ」のオーディションも受けた。番組が全米でタレント発掘を行っているときに、ロチェスターにもやって来たからだ。そのオーディションは、地元の大きな百貨店シブリーズの最上階で開催された。その日私たちは決勝まで勝ち進んだが、演奏だけでなくタップダンスも披露したスティーヴ・ガッドという若者に敗れた。スティーヴと私は後に何度も顔を合わせることになる。

　学校ではどの子もみなドラムをやりたがった。でもクラリネットが空席だったため、私が指名された。また、学校のダンス・バンド（「ジャズ・バンド」という言葉は当時禁じられていた）でテナー・サックスも少しかじった。それと並行して、父の音楽のためにスイング時代のドラミングを覚え、ベイビー・ドッズのような初期のドラマーたちを自分なりに理解して消化していた。それから間接的にではあるが、情報通の学校のバンド・ディレクターのおかげで、私はビバップのドラミングもむさぼるように聴き始めた。

彼の名前はフランク・マティーナ。おそらく二十代後半か三十代前半のまだわりと若い大男で、ベースをやっていた（私が三、四年生のときには彼とギグをしたものだ）。彼は前任者とは違って、主にコンサート・バンドやマーチング・バンドの音楽に関心を持つ「保守的な」ミュージシャンではなかった。マティーナ先生は、新しく出てきたビバップのモダンなサウンドを取り入れた。先生はバンド・クラス［訳註：音楽の授業の一つ］の予算を使って、コロムビア・レコード・クラブ（新品のLPを提供する人気の通信販売）に入会した。そして兄のパットにレコードを選ばせてくれた。それが私たち兄弟にとって大きな転機となるのだった。私たちを辛抱強く指導し、励ましてくれたフランク・マティーナにはとても感謝している。

そのころの私たちは、両親の影響でカウント・ベイシー、ベニー・グッドマン、グレン・ミラーの音楽を愛し、ギグで演奏していた。私たちは家族のちっぽけなステレオ――取りはずし可能なスピーカー付きの持ち運びできる赤い装置で、33 1/3回転のLPレコード盤と、それより小さい45回転のシングル盤を再生できた。シングル盤は中央の穴が大きいので、そこにプラスチックのアダプターをはめることでプレイヤーにセットできるようになっていた――で聴くそれらのサウンドに夢中になった。消費電力がわずか1 1/2ワットのこのステレオは、わが家の地下室――兄や両親たちと練習した場所――とキッチン――食事中はいつもここで音楽を聴いていた――を行き来した。それは今日の基準からすれば原始的なものだったが、私の人生を変えるには十分な技術だった。

一方、マティーナ先生とレコード・クラブのおかげで、パットはよく家にモダンなサウンドを持ち帰った――そのアーティストたちのスタイルは、私たちの心を鷲づかみにした。やがて私たちはレスター・ヤングやチャーリー・パーカー、ディジー・ガレスピーを知る。一九五九年後半のある日、パットは『ジャズ・トラック』というマイルス・デイヴィスのLPを持って部屋に入ってきた。一年前に録音されたそのアルバムには、マイルスが初めてスタジオで録った「オン・グリーン・ドルフィン・ストリート」、「星影のステラ〈ステラ・バイ・スターライト〉」、「プット・ユア・リトル・フット・ライト・アウト」〈「フラン・ダンス」とも呼ばれる〉が入っていた。このセッションのために、マイルスはキャノンボール・アダレイ〈アルト・サックス〉、ポール・チェンバース〈ベース〉、ジミー・コブ〈ドラム〉から成るアンサンブルを起用した。後に彼の金字塔的名盤『カインド・オブ・ブルー』を録音することになるメンバーだ（A面には、フランス映画のサウンドトラックとしてマイルスがヨーロッパのバンド〈移住組のケニー・クラークもその一人〉と共演して録音したトラックが収められている）[2]。その瞬間まで、私たちの心をつかんでいたピアニストは、ナット・「キング」・コール、ハンク・ジョーンズ、オスカー・ピーターソンだった。しかし、このレコードは別の角度から私たちに訴えかけてきた。そこには何か特別なものがあった。それがビル・エヴァンスだった。

「オン・グリーン・ドルフィン・ストリート」でビルの奏でるイントロはとても言葉では言い表せない。エキゾチックな雰囲気を作り出して、後に続く素晴らしいソロ・リレー〈彼自身のソロも含む〉の舞台を整えていた。残りのトラックとともにこれらの曲を聴くことが、私たち兄弟や親しい友人たちにとって毎日の儀式となった。その音楽は、私たちがそれまで感じたことがなかった感情をかき立てた。ビバップの高速フレーズとは違って、そのテンポはゆったりとした優雅な駆け足だった――しかしソロはどれも熱かった。奏者たちは〔訳註：音を敷き詰めたような奏法で知られる〕コルトレーンがいるにもかかわらず）間《ま》をうまく活かしながらも、豊かな和声を大いに楽しんでいた。ダイナミクスは控え目になっているようだったが、私たちは他の何よりもこれらのパフォーマンスが最高だと何度も感じた。その瞬間から、私は熱烈なビル・エヴァンス・ファンになった。

その後パットは『カインド・オブ・ブルー』を持ち帰った。私たちはそれを一日中聴いた。時には授業をサボり、ステレオを持ってバンド・クラスの教室に隠れたこともある。マティーナ先生は聖人だった。こんな不正行為に目をつぶってくれたばかりか、パットにレコードを選ばせてくれたのだから。やがて、ビル・エヴァンスのレコードがどんどんやって来た。そしてすぐに私はリヴァーサイドのサンプラー〔訳註：複数のアーティストの音源を集めた販促用のアルバム〕LP『ソウル・オブ・ジャズ・ピアノ』の虜になった。そこにはビルが自ら作曲し、演奏する「ピース・ピース」が収められていた。またもや私は、ビルの演奏の魅惑的な美しさとシンプルさにうちふるえた。彼はいったいどうやって、たった二つのコードからこれだけのものを引き出せたのか？　そういう響きは他の誰にもなかった。そしてついに私たちは『エヴリバディ・ディグズ・ビル・エヴァンス』（これにはサンプラー盤の「ピース・ピース」が収録されている）を手に入れ、このアルバムの残りの曲でビルがベースのサム・ジョーンズやドラムの「フィリー」・ジョー・ジョーンズとスイングしまくるのを聴いて大いに盛り上がった。次にやって来たのがビルのLP『ワルツ・フォー・デビー』で、「マイ・フーリッシュ・ハート」のビルの演奏を聴いた私はその場で固まってしまった。彼の演奏はあまりに魅力的で、いつも聴く人を特別な場所へと連れて行ってくれる。自分が彼と直接つながっているように感じるのだ。

同じころ、私は多くの年上のミュージシャンたちとクラブで演奏した。みな、両親の知り合いだ。彼らはいつも車で私と私のドラム・セットを迎えに来て、仕事の後は無事に送り届けてくれた。私は正式にドラムを習ったことはなかったが、友人のボブ・ラデルファから多くを教わり、彼の仕事に参加させてもらった。

パットは一九六二年に高校を卒業し、ニューヨーク州立大学の巨大大学群の一つ、ポツダム教育大学に進学した。しかし一学期通っただけで休学し、結局は中退してしまう。そこはプロのミュージシャンを目指す者が入るところではなかったのだ。両親はひどくショックを受けていた。大学を辞めたのは大間違いだと思ったからだ。二人は音楽を愛していたが、プロになるには何が必要なのかはまったく理解していなかった、いや、ひょっとすると嫌というほどわかっていたのかもしれない！　父はつねに自分と家族が生活するための正規の仕事を持っていた。しかし、パットはボストンにあるジャズ専門の大学、バークリー音楽大学の噂を聞いていた。そこがぴったり合う場所のように思えたのだ。半年間の休学中に仕事をしていくらかお金を貯めたパットは、新しい楽器を購入してバークリー音楽大学を受験し、合格した。バークリー音楽大学は期待以上のところであることがわかったため、パットはジョンにも私にも入学を勧めた。バディ・リッチのバンドの仕事が忙しかったパットは、卒業に単位が一つ足りず結局は退学してしまったのだが、後に復学して学士号を取得している。ジョンは一九六三年に高校を卒業し、パットと同じく最初はポツダム教育大学に入った。彼は五学期ほど通ってからバークリーに転入した。

私は十二歳まで兄たちと毎日地下室でジャズを演奏していた。ジョンが大学進学で家を出たとき、私は十五歳で、同年代の仲間内でジャズをやっている人はいなかった。だから私にとってジャズをやるというのは、レコードに合わせて演奏したり、年上のミュージシャンたちとギグをしたりすることだった。やがて私は大人たちとギグをするようになっていた。私は一九六六年に高校を卒業し、バークリーに進学した。パットから強く勧められていたし、それが最良の選択に思えた。アラン・ドーソンからドラムを学べると知ってからはなおさらだった。私はアランがブッカー・アーヴィンやジャッキー・バイアードのレコードで大活躍しているのを聴いたことがあったため、自分が師事すべきはこの人だと思ったのだ。五歳のころから私の先を行って道を開いてきてくれた兄たちと一緒にいられることもうれしかった。ボストンのような大都市に出て行くのは、ワクワクする反面怖くもあった。でも、兄たちが面倒を見てくれるとわかっていた。

ボストンにいた短い期間に、偶然ビル・エヴァンスに会うことになろうとは、思いもよらなかった。

第2章　バークリー（とビル）

1966年9月～1967年12月

ボストンのような大都会での生活は、ニューヨーク州の中心から遠く離れた地方の片田舎から出てきた若者にはショッキングだった。夜にこんなにサイレンや騒音を聞いたことはなかった。そのうち私は、一人歩きできるのはどこで、そうでないのはどこかなど、ここでやっていくための要領を覚えた。住まいはバークリー音楽大学の寮――かつてのホテルを改装したところだった。部屋は狭く、二段ベッドが三台にバスルームが一つだった。私たちは何とかそれでうまくやっていた。隣の部屋の奴らは友人だった。ある週末、彼らは窓を開けっ放しにしたまま帰省するというミスを犯した。日曜日の夜、気づくとそのうちの一人が廊下の先で叫びながらハトを追いかけていた。その翼を持った侵入者は、彼らの留守中に入り込んでそこら中にフンをしたのだった！

寮でのちょっとした災難はさておき、一九六六年の秋はバークリーでジャズを学ぶのにはうってつけだった。なにしろ教員陣が、トランペットのハーブ・ポメロイ、トロンボーンのフィル・ウィルソン、ピアノのレイ・サンティシ、ベースのジョン・ネヴェス、サックスのジョン・ラポータ、ジミー・モッシャー、チャーリー・マリアーノ、アンディ・マクギーといったトップクラスだったのだ。彼らは本物で、全員が数々の経歴を誇っていた。ポメロイ、ラポータ、モッシャー、ウィルソンは、編曲や作曲も教えていた。ポメロイの授業を取ったことは一度もなかったが、彼からはとくに影響を受けた。時々彼のアンサンブルで代役を務め、いつも励ましてもらったからだ。モッシャーとラポータは、学外のギグに私を雇ってくれ、生涯の友人となっている。

中でも一番は、アラン・ドーソンにレッスンを受けたことだ。彼はジャズやジャズ・ドラミングに関することは何もかも喜んで共有してくれる、最も寛大で忍耐強く、博識な教師だったのだ。今日に至るまで、私はアランから受けた教えを自分の授業に活かしている。

私のクラスメートたちは今や世に認められたベテランばかりで、名前を挙げれば名士録のようなことになるだろう。たとえば、ギタリストのジョン・アバークロンビーやミック・グッドリック、ベーシストのジョージ・ムラーツ、ミロスラフ・ヴィトウス、カルヴィン・ヒル、リック・レアード（エレキ・ベースでの仕事のほうが有名だが、彼は素晴らしいアップライト・ベース奏者だ）、ピアニストのリッチー・バイラーク、アラン・ブロードベント、ドラマーのハーヴィー・メイソンといった具合だ。ハーヴィーは当時、他のみんなと同じく正統派のジャズを演奏していたが、後にファンクやポップ・ミュージックへの関心を深め、ロサンゼルスのセッション・ミュージシャンとして途方もないキャリアを築くことになる。

しかし学生時代は、ブロードベントとバイラークだけがピアニストとして際立っていたわけではなかった。彼らほど有名にはならずとも、優れたピアニストは大勢いた。たとえばマイク・ヒューズ、佐藤允彦《まさひこ》、カール・シュローダー（彼は後にサラ・ヴォーンの伴奏者兼音楽ディレクターを長く務めることになる）などだ。マイク・ヒューズと私はしょっちゅうジャム・セッションをし、ビル・エヴァンスのグループが先駆けてやった概念をよく真似した。たとえばウォーキング〔訳註：四分音符によるベース・ライン〕にとらわれない自由なタイム・フィール（テンポ感）、三人の奏者全員が対話するようなグループ・インプロヴィゼーション、そしてもちろん、ドラムはワイヤー・ブラシ使用、といったことだ。

私は兄のジョンやパットともよく演奏した。町で人気のジャズ・ワークショップというクラブを経営していたフレッド・テイラーからは、幾度となくお呼びがかかった。フレッドはつねに前座を必要としていたため、困ったときはいつも私たち兄弟に電話をかけてきて、代役となるグループを作った。というのも、時々前座が約束をすっぽかすことがあったからだ。(1) あるときは、ラサーン・ローランド・カークと同じステージに立った。またあるときは、アート・ファーマーやジミー・ヒースの前座を務めた。さらに別のときには、ウィントン・ケリー・トリオが演奏する予定だったところを、私たちが代役を務めた。てんかんを患っていたウィントンが、初日に発作を起こし、演奏を続けられなくなってしまったため、フレッドから電話がかかってきて、「すぐに来て演奏してくれ」と言われたのだ。ウィントン・ケリーのギグで、私たちはベーシストのポール・チェンバースと伝説的なドラマー、ジミー・コブに会った。いろいろなレコードで聴いてきたミュージシャンたちだ。私はジミーのドラムで演奏させてもらったのだが、その中にはマイルス・デイヴィスの『カインド・オブ・ブルー』のレコーディングで彼が使用したあのシンバルも含まれていた。彼はとても親切だった。ジャズが聴けるクラブは街にいくつかあったが、全国的に有名なアーティストを呼んでいたのは、（ボイルストン・ストリートにある）ワークショップと、街からちょっとはずれた（ボストン北部のピーボディーという活気のない町にある）レニーズ・オン・ザ・ターンパイクというクラブだけだった。

そして一九六七年の秋、私が大学二年生になった年の前期期間中に、ビル・エヴァンスがジャズ・ワークショップで演奏することになった。ベースのエディ・ゴメスとドラムの「フィリー」・ジョー・ジョーンズ（私が最も影響を受けた一人）がビルと共演することになっていたので、私は崇拝する二人を生で見て聴く機会を逃すつもりはなかった。私たち兄弟はそのころすでに、『エヴリバディ・ディグズ・ビル・エヴァンス』や『インタープレイ』など、ビル・エヴァンスのレコードを何枚も持っていた。つまり彼の大ファンだと言ってもよかった。

私たち三人は、クラブに到着すると壁際のいつもの席に着き、ステージのほうを向いた。午後九時にビルとエディがステージに上がったものの、「フィリー」・ジョーはどこにも見当たらない。ドラム・セットはそこにあり、すぐに演奏できる状態になっていた。そしてビルは演奏を始めなければならなかった。とにかく約束だけは果たす必要があったからだ。思うに、その日フィリーは好きな時間に現れたのだろう。ビルはその時点でそういうことに慣れているようだった。

若いころの私が一番最初に経験したジレンマの一つは、こうして引き起こされた。ビルとエディは二曲ほど演奏し、私は葛藤したままそこに座っていた。私は思った……ほら、自分ならここで立ち上がってステージに上がり、すぐに演奏を始められるぞ、と。フレッド・テイラーは私を知っていたし、おそらく私の能力を保証してくれただろう。それに、この夏にビル・エヴァンスの前のベーシスト、チャック・イスラエルとギグをやったばかりだった（そのことについては後述する）。そしてチャックは、ビルは君の演奏を気に入ると思う、と言ってくれた。

私の葛藤はこうだ。ステージに上がってフィリーのドラムを叩こうか、それともこのまま自分の席でビルとエディの演奏を聴いているべきか？　二曲目が終わるまで、私はさんざん考えた。ビルのところに歩いて行って、「よかったら、あなたのドラマーが到着するまで喜んでドラムをやりますが」と言おうかと。しかし結局フィリーが到着し、私は座ったままでいた。ビルやエディには面識がないのだから、ステージに乱入するのはよくないだろうと考えて。そして、それはやってはいけないことだったのだと実感した。一気にスターの座に駆け上がるハリウッド映画ではないのだから（一般の読者のためにお伝えすると、「シットイン〈飛び入り出演〉」には暗黙のルールがある。それは特権であって権利ではないということだ。つまり自分から言い出すものではなく、招かれてやるものなのだ）。結局私は音楽に対する配慮から自分の席にとどまった。私はその後、一九七八年に彼のオーディションを受けるよりもずっと前に、またビル・エヴァンスに遭遇することになる。

一方、先ほど触れた夏のギグは、私がプロのミュージシャンとして人生を歩む重要なきっかけとなった。バークリーでの最初の学年を終えたその夏、私はマウントモリスに帰省せずにボストンに留まり、レノックスにあるタングルウッド（バークシャー山脈にあるボストン交響楽団の夏の拠点）に向かった。私はピアノのロン・フランセン、ベースのディック・ルピノ、サックスのフランク・ニザリ——みなニューイングランド音楽院の学生だ——とともにアヴァロック・インでのギグの仕事を手に入れた。通りの向かい側はミュージック・インで、一九五〇年代はガンサー・シュラー、マックス・ローチ、ビル・エヴァンスが「レノックス・スクール・オブ・ジャズ」のサマー・キャンプで教えていたところだったため、そのギグはなおいっそう刺激的だった(2)。

ミュージック・インでは、チャック・イスラエルがその夏のあいだ演奏するグループのリーダーで、メンバーにはギタリストのジーン・バートンチーニ、ピアニストのホッド・オブライエン、ドラマーのアーニー・ワイズ、歌手のビル・ヘンダーソンがいた。アーニーがそのギグに飽きてしまったことがわかると、彼らはすぐに新しいドラマーを探しはじめた。ある晩、チャックがアヴァロックで私の演奏を聴き、彼のバンドに加わらないかと誘ってくれた。私は、何とか両方のクラブで演奏できないかと頼んだ。実際、二週間ほどはそれでうまくいっていたのだが、とうとう片方のクラブのオーナーから苦情が出た。私は選択を迫られた。するとチャックは、ニューヨークを拠点に活動していたプロのジーン・ガメイジをアヴァロックでの私の後任に指名した。兄のパットも、フランク・ニザリが抜けたためアヴァロックのバンドに加わった。

チャック、ジーン、ホッドと演奏することで、私の技量は格段に向上した。なぜなら、彼らは本物のプロだったからだ。その経験は、彼らのようになりたいという欲望に火をつけた。あのレベルで演奏し、それで稼ぐというのがどういうことなのかを知ってしまったのだ。バークリーに戻った私は、学業に身が入らずにいた。それからさらに半期が過ぎたころ、歌手のフランキー・ランドールから電話をもらい、ラスベガスでのギグに誘われた。フランキーは、バディ・リッチのバンドの前座を務めていて、そのバンドが今度、彼の伴奏をするのだという。私は大学をサボってそのギグを引き受けることにした。

それは難しい決断で、正直なところ私は、その月に次の学期の授業料分のお金を稼いだら、大学に戻るつもりだった。しかし、私の成績は良くなかった。学業に専念していなかったからだ。そして学部長は、私の休学を認めなかった。バークリーを卒業できればよかったのだが、今思えば、バディ・リッチのバンドをはじめとする場所で私を待ち受けていた経験は、その時でなければ得られないものだった。そして私はそういう重要な機会を得たことをずっと感謝している。

第3章 仲間のつながり
1968年〜1976年

ニューヨーク州の片田舎から出てきた若者にとって、ボストンがモーニング・コールなら、ラスベガスは刺激過剰なサイレンのようだった。歌手のフランキー・ランドールのギグは、ザ・サンズ・ホテル・アンド・カジノで行われた――ラスベガス・ストリップにあるシンシティ（Sin City）の伝説的な娯楽のメッカの一つで、犯罪組織のボスたちがさまざまな局面で一部を所有してきた[1]（一時期は、歌手のフランク・シナトラも事業の株を所有していた[2]）。フランキー・ランドールは実に素晴らしいテノール歌手で、オールド・ブルー・アイズ〔訳註：シナトラのこと〕とほぼ同じスタイルのスイングやバラードを歌ったが、ジュリアード音楽院の卒業生でもあり、優れたピアニストでもあった。

（音楽ディレクターのテッド・ハウを含む）私たち三人は、豪華ホテルのスイート・ルームに住み込んで仕事をした。テッドはバークリーでの私の指導教官の一人で、彼もまた卓越したジャズ・ピアニストであり、編曲者、作曲家であった。ギグは一か月続いたが、給料は千ドルで、フランキーが約束してくれた額に届かなかった（私がバークリーに戻らなかった大きな理由がこれだ）。その後、私はフランキーとバディのバンドとともにロサンゼルスに向かい、ザ・ファクトリー・イン・ハリウッドという、今はもうないクラブで一夜限りのギグを行った。ロサンゼルスにいる間、私はバディが間近に控えたライヴ・レコーディングに向けてリハーサルを行うのを見守った。それがパシフィック・ジャズ・レーベルのアルバム『バディ・アンド・ソウル』だ。私もまた、バディとインドのタブラの巨匠アラ・ラカをフィーチャーしたプロジェクトに向けてバンドとリハーサルを行った。

バディのバンドとの演奏は、貴重な体験だった。兄のパットはテナー・サックスを演奏し、ジョンは四月までトランペット・セクションで演奏した（彼はその後バンドを離れたが、主な編曲者としてバディとの関係は続いた）。（筋金入りのファン以外にはあまり知られていないが、バディは楽譜を読めなかった。バディは他のドラマーにバンドでの譜読みを任せ、それを耳で聴いて覚えていたのだが、一度聴けば大丈夫——つまり暗譜してしまうのだった！　フランキー・ランドールとの仕事の間、私はその役割を任された。その間、「チャンネル・ワン・スイート」や「ビッグ・ママ・キャス」といったバディの代表的な名曲と格闘することになった。実のところ、私は主にバディの代役を務め続けたのだが、彼は感謝してくれたし、前述のとおり、通し稽古が終わってからが彼の出番で、彼は毎回記憶を呼び起こしながら演奏していた。

一方、私は毎晩ショーの間は舞台のそでに立ち、彼のやることをすべて吸収した。この人の華々しさときたら、本当に衝撃的だった。時々私たちはドラムやドラミングについて話したが、言うまでもなくバディは忙しい人だった。それでもドラム関連の真面目な質問をすると、彼は喜んで答えてくれたし、おおむね彼はやりやすい人だといつも思っていた。しかしもちろん、私は直接彼の下で働いているのではなく、むしろ彼に協力する立場だったので、そこには大きな違いがあった。バディがバン

1968年1月、ラスベガスのザ・サンズ・ホテルでの1か月にわたるギグで、バディ・リッチのバンドと共に歌手のフランキー・ランドールのバックを務めるドラムのジョー・ラ・バーベラ。（提供：ジョー・ラ・バーベラ）

ドを怒鳴りつけている「暴言テープ」が長年出回っていたが、それらはすべて、一部を切り取ったものだと思う。率直に言おう。誰にも困ったところがあるものだが、彼の人間性があるからこそ、そのレコードは魅力的なものになっているのだ。彼のバンドの中で毎晩彼以上に頑張っている者はいなかったことを心に留めておいてほしい。また、バディはレスター・ヤングと共演して以降、名だたるジャズ・アーティストと共演してきたため、彼の基準はきわめて高かった。彼の下で働いたミュージシャンたちの意見は異なるかもしれないが、それが私の見解だ。ロサンゼルスにあるパシフィック・ジャズのスタジオでこのバンドがリハーサルとレコーディングをしているときに、彼がかぶった怒りの仮面の下を垣間見たことがある。ドラムのセッティングを任された新入りの「バンド・ボーイ」の仕事ぶりがまずく、ちゃんとしたセッティングになっていなかったため、バディの怒りが爆発したのだ！　その罵倒が数分続いたところで、私は彼の方に歩み寄り、セッティングのやり方ならわかるから、よかったらやりますよ、と申し出た。彼はウィンクをしてとても静かに言った。「わかっている、でも私がコイツをきちんと仕込まなかったら、この先も毎回間違えるだろ」と。

さて、ラスベガスに話を戻すと、その雰囲気は相変わらず楽しく、その月は私たちもそれなりに愉快な時間を過ごした。たとえば、ある晩フランキーの出演中に、バディがバスローブにスリッパという出で立ちでマーチング・バス・ドラムを携えてステージに登場し、拍子を取りながらステージを横切り、退出して行った。これにはみな大爆笑だった！　別の晩は、私が劇場の観客席から見ていると、冬用の厚手のコートを着たバディが自分のドラムのところに現れ、それを着たまま何の説明もなく「ウエスト・サイド・ストーリー」をはじめとする曲目すべてを演奏しきった。そのセットが終わると私は楽屋に突撃し、あれはいったい何だったのかとバディに尋ねた。すると、ある客が彼にそんなことはできないと言って五千ドル賭けたのだという。そうなると、受けて立たないわけにはいかなかった。ショーには毎晩、ジェリー・ルイス、アラン・キング、ビル・コスビーといった有名人がやって来た。街に誰かしらアーティストが来たら、聴きに行って挨拶をする、そういう時代だったのだ。

ラスベガスにはその月、ルイ・アームストロングやウェイン・コクラン&ザ・C・C・ライダーズをはじめ、偉大なアーティストが大勢いた。アームストロングに会う機会はなかったが、ザ・C・C・

ライダーズのレイト・ショーには行くことができた。誰もがこのバンドの十七歳の若きベーシストの噂をしていた。それがジャコ・パストリアスだったのだが、彼はすごかった！　当時ロックはそれほど好きではなかったのに、このバンドを生で聴いたことで、すっかり信者になってしまった。

私は、トニー・ウィリアムスやジャック・ディジョネットといった、自分にとっての新たなヒーローについてバディに聞いてみた。彼は「たしかに彼らは素晴らしいが、十年後はどうだ？　そのときにわかるさ」と言った。つまり彼は、才能だけではトップの座に居続けることはできないと言っていたのだと思う。そのためには多大な努力と献身と覚悟が必要だと。バディは、芸術に全力を尽くすドラマーすべてをリスペクトしていた。言うまでもなく、トニーとジャックは時の試練に耐えて名を残している。

バディと私の友人関係は、バディが亡くなるまで続いた。私が徴兵されて陸軍にいるころ、バディの背中の痛みがひどく、ギグの代役を頼まれたことがある。もちろんこれは、アメリカ政府と週末の外出許可次第なのだが、たいていうまくいった。私は配属先のニュージャージー州フォート・ディックスの門の外でバンドのツアー・バスと落ち合ったものだ。結局ギグには二回出た。バディはいつも、契約を果たすためにファースト・セットは自分で演奏したが、セカンド・セットは私が演奏した。彼がどれほどの痛みを抱えていたのかは想像がつかないが、胎児のような格好で大柄なステージ係二人に抱えられてドラムのところまで連れて行ってもらう姿を鮮明に覚えている。それなのにいったんドラムの前に座って幕が上がると、演奏するのだ――それも激しく。

バディのバンドとやったギグの中でも、その日付のせいで一生忘れることがないギグがある。それは一九六九年七月二十日――ニール・アームストロングが初めて月に降り立った日だ。その日は週末の外出許可をもらっていなかったので、ウィラード・アレクサンダーの事務所（バディの出演契約の窓口）が基地司令官に外出許可を求める連絡をしてくれ、それが通ったのだ！　基地の前でバスと合流すると、私たちはその晩ロングアイランドで行われるギグに出演するためにニュージャージー・ターンパイクに向かった。バディは自分の楽屋にテレビを入れるよう頼み、私たち全員が一部始終を見られるように出演時間を調整した。一九六九年なのでテレビは白黒だったが、誰もがくぎ付けになった――けっして消えることのない記憶の一つだ。その週末はもう一つ、忘れられない出来事がフォート・ディックスに戻る途中で起こった。雨が降る中、ニュージャージー・ターンパイクを走っていると、突然バスの目の前にドライブインから車が飛び出してきた。バスの運転手は腕利きだったが、それでもバスは左側のガードレールにぶつかって跳ね返り、かなりの距離をスリップした後、ほぼひっくり返ったような状態で右側の路肩に停車した。奇跡的に誰もケガをせず、全員がバスから這い出すと、バディが信じられないといった様子で首を振りながら立っていた。一方、リード・トランペットのマイク・プライスは、私たちにぶつかった車を運転していた夫婦と一緒に立っていた。年配の夫婦でかなり動揺していたので、マイクがジョークを飛ばして場の空気を和らげた。「ちなみに、他にも最近鉢合わせたビッグ・バンドがあったりしますか？」と。ミュージシャンらしいユーモアだ！

フランキー・ランドールとのギグを終えた私は、故郷のマウントモリスから北へ一時間のところにあるロチェスターに移った。当時ロチェスターの音楽シーンは、楽器が手に入りやすくレッスンも受けやすいことから移民二世が押し寄せて活況を呈していた。この地域ではイタリア系コミュニティが巨大で、ミュージシャンのかなりの割合を占めていた。わかりやすい例を挙げると、ヴァイオリニストのジョー・ヴェヌーティ、ギタリストのエディ・ラング（本名サルヴァトーレ・マッサーロ）とバッキー・ピザレリ、そしてピアニストのジョージ・ウォーリントン（パレルモ生まれで本名はジャチント・フィーリャ）などがイタリア系だ。何年か後にギグでベースのピーター・ワシントンもまたシチリア島にルーツを持つと知って驚いた。地元のニューヨーク州北部だと、当時のロチェスターの音楽シーンの一部を挙げただけでも、チャックとギャップ（それぞれトランペットとピアノ）のマンジョーネ・ブラザーズ、サックス奏者のジョー・ロマーノ、ドラマーのロイ・マッカーディ、ベーシストのロン・カーター（地元のイーストマン音楽学校に進学）といった顔ぶれだ。私たち兄弟が最初に聴いたジャズの生演奏のいくつかは、チャックとギャップが出演するものだった。

私がチャックのカルテットに出会ったころ、そのバンドにはサックスとフルートのジェリー・ニーウッド、ベースのアレン・マーフィー、ドラムのヴィニー・ルッジェーロがいた。ギャップはベースのトニー・レヴィン、ドラムのスティーヴ・ガッド（二人ともイーストマン音楽学校の学生）とのトリオを率いていた。一九六八年、スティーヴが陸軍に入隊すると、彼のかわりにギグに出演しないかという電話をギャップからもらった。ギャップは非常に几帳面なバンド・リーダーで、リクエストに応じて演奏するダンス・ギグ用のレパートリーと、スイング・ジャズのレパートリーを用意していた——今もそれを続けている。当時、仕事はいくらでもあった。私たちは火曜から金曜の午後はいつもゼロックス・スクエアのシェイクスピア・ラウンジで演奏した。そこの夜の部はチャックのバンドの担当だったので、私たちは夜は（土曜日まで）別のクラブで演奏したのだった。

一九六八年十一月、ウディ・ハーマンのロード（巡業）・マネージャーのビル・バーンから電話がかかってきて、バンドに加わる気はないかと聞かれた。私はもちろん、ウディのバンドに参加したいと思ったが、できなかった。一九六八年十一月六日に陸軍に徴兵されていたからだ。幸運にも、配属先はニュージャージー州フォート・ディックスの第一七三アメリカ陸軍軍楽隊だった。それは典型的な駐屯地のバンドで、行進、パレード、入隊式のための曲の数々を優れたミュージシャンたちと一緒に演奏した。私は主に陸軍のコンサート・バンドや小編成のジャズ・コンボで演奏した。それ以外のときは、ジャム・セッションをしたりジャズのギグをやったりした。ニューヨークに近かったため、週末の外出許可を取って市内に行き、マイルス・デイヴィス、ジョー・ヘンダーソン、フレディ・ハバード、マッコイ・タイナーといったアーティストが率いるバンドを生で聴くことができたし、しょっちゅうそうした。この間に失われた多くの命を思うと、安全な国内に留まることができた自分がいかに恵まれていたかということに戸惑いを覚える。ビル・エヴァンスも〔訳註：兵役を終えた〕一九五四年に、同じように感じていた。

二年間の兵役の後、ロチェスターに戻ってギャップのギグを数か月やっていると、一九七一年にふたたびウディ・ハーマンから声がかかった。ウディの「サンダリング・ハード」*1には一年間在籍した。それは、すべてのジャズ・ドラマーにしてもらいたいと思うような経験の一つだった。ウディはあまりに偉大なバンド・リーダーだった――とても辛抱強いのだ。彼は優れたソリストの演奏を聴くのが何よりも好きで、彼らにはいつもそうさせていた！　彼の下で働いた偉大なテナー・サックス奏者たちをリストにすると、とんでもない長さになってしまうが、その中にはスタン・ゲッツ、アル・コー

1972年ごろ、ウディ・ハーマン（クラリネット）とともにドラムを演奏するジョー・ラ・バーベラ（左端）。場所は思い出せないが、メンバーから考えると在籍期間の初期のころ。前列左から順に、スティーヴ・レデラー（テナー・サックス）、フランク・チベリ（テナー・サックス）、ウディ・ハーマン（クラリネット）、トム・アナスタス（バリトン・サックス）。（提供：ジョー・ラ・バーベラ）

ン、ズート・シムズ、サル・ニスティコ、フランク・チベリ、ゴードン・ブリスカー、グレゴリー・ハーバート、ジョー・ロヴァーノらが入っている。その間、優れたソリストは他の楽器にもいた。たとえば、トロンボーンのフィル・ウィルソン、ピアノのジョン・ヒックス、トランペットのポール・フォンテーンなどが挙げられる。一九七〇年よりも前、ウディやメイナード・ファーガソン、スタン・ケントンらが率いたようなビッグ・バンドは、どのパートにもベテラン奏者を配していた。しかし、私がウディのバンドに入る少し前から財務状況が悪化しはじめ、仕事は大学を出たばかりの人たちに合わせた初心者レベルのギグばかりになってしまった（セクション・リーダーのポジションにはまだ年齢と経験を重ねたベテランたちが残っていた）。しかしウディの献身と情熱はけっして揺るがず、削れるものがあるうちは大丈夫という考えだった。ビッグ・バンドで巡業を続けるということは、彼らをフルタイムで雇っているということで、経費が非常にかかった。バスのコストだけでも破産しかねない。そこで、予定をびっしり詰め込むことが重要だった。ウディのバンドでの一年目は、全国各地のダンス、コンサート、ジャズのさまざまな会場を連日休みなく回るというスケジュールだった。

ウディのバンドで演奏した曲は、ダンス用のアレンジもコンサート用のアレンジも秀逸で、ダンス・ナンバーもジャズ・ナンバーに負けないくらい楽しかった！　一九七二年、私はニューポート・ジャズ・フェスティバルでウディと一緒に演奏した。このギグは、サックスのスタン・ゲッツとアル・コーンや、ベースのチャビー・ジャクソンなど、ウディのバンドから巣立ったミュージシャンたちとの再会というふうに宣伝された。舞台裏では、当時十九歳のピーター・アースキンと少しだけ世間話をした。彼はスタン・ケントンのバンドでドラマーとしてデビューするところで、少し緊張していると打ち明けてくれた。彼の活躍は素晴らしかった！

ドラマーのピーター・アースキンがその日を振り返った……

ジョー・ラ・バーベラに会った日は正確に覚えている——一九七二年七月三日。スタン・ケントン・オーケストラのギグのオーディションを受けた日だ。

自著の『No Beethoven』に書いたように、[*2]「ケントンのバンドは、私がオーディション中とは知らない。彼らのほとんどにしてみれば、ジューン・クリスティがすでに若く髪が長いヒッピー風のドラマーを引き入れていたからだ。かわいそうなジューン・クリスティは、彼女が歌う曲をバンドに合わせて初見で演奏するために座っているこの別のドラマーの身に何が起こっているのか知らない。リハーサルする予定の彼女の持ち歌六曲のうち一曲目をスタンが指示し、私はそれに全力を尽くす。必然的にそうなるのは、私が座っているこのドラム・セットには、これまでの人生で見たことも叩いたこともないくらい大きなシンバルが付いているし、このバンドは本当に音量が大きいから――そのうえ、強烈とはいかないまでも良い印象を与えようと思っているからだ！」

「リハーサル／オーディションはうまくいったと思う。その晩のコンサート――それは私の最初のギグであるとともに、スタンのバンドとジューン・クリスティの最後の共演となるのだった――がいつ始まるのかを知らされていたし、荷物をまとめて、一週間ほど後にバンドと合流し、スタン・ケントン・オーケストラのドラマーになるように言われたからだ」

「ジョー・ラ・バーベラはその晩、ウディ・ハーマンのドラムを担当していた。彼はとても親切だったし、私を励ましてくれた[(3)]」

*訳註1　ウディのバンドの名称の一つ。メンバーやコンセプトが変わるたびにさまざまな「ハード（動物の群れ）」に改称された。
*訳註2　日本語版『ウェザー・リポート&ジャコ・パストリアスと過ごした日々』CDブック。日本語版では以下の引用箇所は割愛されている。

ジョーもまた、当時は長髪で見た目がヒッピー風のドラマーだった。私は気が合いそうだと感じて彼に引き付けられたに違いない。それに私は、ここにいても大丈夫だという安心感のようなものを求めていた。不意に自分がここで何をしているのかよくわからなくなってしまったのだ。そこには路上の戦士たち、つまり巡業のミュージシャンたちが集っていた……長髪の若者もいれば、年配の人間もいる。年上だからといって必ずしも賢いとは限らないけれど、共通するのは白髪交じりだということ。ジョーは私の眼の中に戸惑いを感じ取ったに違いない。そしてこれは彼の人間性によるところが大きいのだが、彼はほんの一瞬ではあっても、私のところに来て平常心を取り戻させてくれた。

ジョー・ラ・バーベラは、バランスの達人だ。私が言っているのは音の強弱のことではなく、むしろ一つの曲に命を吹き込むのに必要な、押し引きをコントロールする直感的なセンスや能力のことだ。もちろん、それはビッグ・バンドにおいても重要だが、ピアノ・トリオにおいては絶対に欠かせないものだ。そしてジョー・ラ・バーベラは、ビッグ・バンドのロード（巡業）・ミュージシャン（そこでは私たちはみな、まさに見習いだった）のうち、最初に卒業してメジャー・リーグに入った一人となり、ビル・エヴァンスのトリオでドラムを担当することになるのだった。さらに野球にたとえて言うなら、それは成績の良い二軍チームからヤンキースの二番または三番バッターになるようなものだ。ジョーがそんなに遠回りをしなかったのは、彼がすでに少人数での演奏に通じていて、ウディ・ハーマンのビッグ・バンドにそのスイング感をもたらしていたからだ。

一九七二年のその夜に彼が演奏するのを聞いて、私はこの男が成したことに対して感嘆と畏敬の

2017年ごろのピーター・アースキン（右）とジョー・ラ・バーベラ。ピーターが教鞭をとっている南カリフォルニア大学でドラム講座のあとに撮影。（提供：ピーター・アースキン）

念でいっぱいになった。そして同じくらい卓越したドラマーになれるよう努力しようという気になった。私がそうなるには少し時間がかかった。でも、あまりにも先が遠い、こなすべきギグの数が多すぎるというふうに感じたときはいつも……初めて「打席に向かう」ときにジョーがくれた優しさを思い出したのだった。(4)

何年もたってから、私は自分の履歴書にウディのバンドがあることがいかに重要かを実感することになる。ウディの「ハード」を経験した奏者はあまりにも多く、そうした人たちには、ウディの下でやっていたならできる奴だ！　とわかってもらえるのだ。ハロルド・ダンコやテナー・サックスのグレゴリー・ハーバートなど、そのバンドでできた友人の何人かとは長いつきあいになった。ハロルドと私はじつは陸軍で出会っていて、やがてニューヨークのロフトで共同生活をし、一緒に多くの演奏をこなすことになるのだった。グレゴリーは薬物の事故によって悲劇的な死を遂げるが、それは私個人にとっても音楽界にとっても大きな痛手だった。もう一つ、忘れてはならないのがアルフォンソ・ジョンソンとの友情だ。彼は、私の在籍期間の途中からベースの座を引き継いだ。背が高く痩せ形で、総じて流行の先端を行っていた彼は、このバンドでスイング曲のときにはアップライト・ベースを、ファンク曲ではエレキ・ベースを弾くようになったが、どちらもいかしていた。バンドに加入したとき、彼はまだ十九歳だったと思う。徐々に彼はエレキ・ベース一本になっていったが、私はそれでかまわなかった。私たちの関係は、私がチャック・マンジョーネのバンドに移った後も続いた。そこでベースの席が空いたときに私はアルフォンソを推薦したし、彼はそこにぴったりはまった。ウディのバンドで私たちが一緒にレコーディングをしたのは一回で、それが『ザ・レイヴン・スピークス』だ。

ベーシストのアルフォンソ・ジョンソンが当時を振り返った……

ジョーと私がウディ・ハーマンのビッグ・バンドで巡業し演奏していたころのことを思い出す。そのころのビッグ・バンドはたいていそうだったが、それはヒット・エンド・ランだらけの一年だった。ギグで演奏した後、夜通しバスに乗って次の街に移動し、数時間休憩したらサウンド・チェックをして、またギグをする、という流れを来る日も来る日も繰り返す。ジョーがいつも私に言っていたのは、「バンドが巡業続きで疲れているときが一番スイングするんだよ」ということ。彼はまったく正しかった。ホーン・セクションはリラックスして、音楽を推進する仕事をリズム・セクションに任せるようになるし、それがまたいい感じだった。ジョーとの演奏は、ソリストのバックでいかに音を聴いて演奏するか、そしていかに余力を残して必要なときに爆発させるかについて、多くのことを私に教えてくれた。(5)

私がウディのバンドにいるとき、チャック・マンジョーネから電話があり、彼のカルテットのドラマーをやらないかと誘われた。十代のころから彼の音楽の大ファンだったし、少人数のグループのほうが魅力的に感じたため、私はその話に飛びついた。それは以前と同じく、ニューヨークに移るスティーヴ・ガッドのかわりだった。トランペット兼キーボードのチャックに加えて、木管楽器のジェリー・ニーウッドは健在だったが、このときバンドにはベースのジーン・パーラが加わっていた。後に彼のかわりに私の推薦でアルフォンソが入るのだった。チャックのカルテットでは、レコードを一枚制作した。トロントにある有名なマッセイ・ホールでオーケストラのコンサートを生で録音した『ランド・オブ・メイク・ビリーブ』だ。一九八七年に私が西海岸のカリフォルニアに移ったとき、アルフォンソと私はふたたびつながり、カリフォルニア芸術大学で教鞭をとる同僚となった。

　チャックはジャズとオーケストラを現代風に融合《フュージョン》することで時代を先取りしていた。その最初の大きなコンサート「フレンズ・アンド・ラヴ」は画期的で、今や音楽にさまざまな要素を融合させた代表例の一つとなっている。そのコンサートは、イーストマン・シアターで満場の聴衆を前に行われた。スター総出演のアンサンブルがステージ上にいるだけでなく、観客席のまわりには、チャックによってひそかにコーラス隊が配され、それが最後のクライマックスの場面で立ち上がって歌った。その効果は見事というほかなく、ステージから流れる素晴らしい音楽とあいまって、その夜の聴衆は誰一人けっして忘れないに違いないと思えるようなイベントを作り上げた。その演奏はミック・グゾウスキーと、私のもう一人の生涯の友人、ディック・ジカリによってテープに忠実に録音され、最終的にマーキュリー・レコードからリリースされた。これがチャックの第二段階、フュージョンへと向かう音楽の旅の始まりだった。

　チャックとは四年間一緒に過ごし、ニューヨーク（ヴィレッジ・ヴァンガード、ハーフ・ノート、ニューポート・ジャズ・フェスティバル）、ロサンゼルス（シュライン・オーディトリアム、ドンテズ）、ロンドン（ロニー・スコッツ）、フィンランド（ポリ・ジャズ・フェスティバル）など、世界中を巡業した。ツアーがないときは、サックスのジョー・ロマーノたちと一緒にロチェスター周辺でギ

チャック・マンジョーネ・バンドとともにイーストマン・シアター（ニューヨーク州ロチェスター）のステージに立つジョー・ラ・バーベラ。左からジェリー・ニーウッド（ソプラノ・サックス）、ジョー・ラ・バーベラ（ドラム）、チャック・マンジョーネ（フリューゲルホルン、フェンダー・ローズ・キーボード）、アルフォンソ・ジョンソン（エレキベース）。1973年ごろ。（提供：ジョー・ラ・バーベラ）

グをした。ジョーは私に多大な影響を与えた。私は十八歳のときにジョーに出会い、彼やトランペットのサム・ノートとともにバッファローでギグをやり始めた。二人からはずいぶん多くのことを学んだ。彼らのようなミュージシャンは、音楽的に非常に高いレベルで演奏するうえ、あまりにも自信にあふれているため、それがステージ全体に行きわたって実際以上に素晴らしく聞こえる。彼らは自分たちの演奏を披露してみんなに聴いてもらうことを恐れなかった。この二人がそろうと、いつも火花が飛び散っているような感じの演奏になった。

チャックの仕事をしているあい

だ、私はビル・エヴァンスに二回遭遇した。一回目は、一九七四〜七五年ごろのことで、ビルはトロントにあるバーボン・ストリートというクラブでベースのエディ・ゴメス、ドラムのマーティ・モレルと演奏していた。私はチャック、アルフォンソ、ジェリーとともに客席に座っていた。そのセットが終わると、エディがすぐにステージを降りてこちらにやって来て、私にこう聞いた。マーティがトリオを離れてトロントに移住することになった、オーディションを受けてみないか、と。以前、ニューヨークにあるボトムラインというクラブでチャックのバンドとビルのトリオが対バン（同時出演）したことがある。彼はそのときに私の演奏を聴いて知っていたのだと思う。これは正式な誘いではなく、ただギグでオーディションをしたいということのようだった。

私は本当に光栄に思ったが、それを断った。もう少しだけチャックのところに居たかったからだ。チャックとは三年ほど一緒にやって来て、個人的に親しくなっていた上、彼の仕事にはずみがつき始めているように感じていた。彼はA&Mレコードと契約したところで、私たちはアルバムを三枚出すことになっていた。出演依頼は以前よりも安定して入るようになり始めた。それに、ビルと共演することが、自分のキャリアのその時点で必要なことなのか、よくわからなかった。

次に私がビルに遭遇した場所は、一九七五年のモントレー・ジャズ・フェスティバルだった。チャックはメイン・ステージに出演することになっていた。ビルは、「ザ・ピアノ・プレイハウス」と銘打ったオールスター・グループと共演していた。そのグループには他にジョン・ルイス、マリアン・マクパートランド、パトリース・ラッシェンがいた。(6)

チャックのバンドとともにステージに上がる前に、私はビルが舞台裏の隅の方に一人でいるのを見かけた。彼は少し落ち込んでいて、具合が悪そうに見えた。それまで、彼のパフォーマンスは何度も見てきたが、直接会ったことはなかった。今度こそチャンスを逃すつもりはなかった私は、歩み寄って片手を差し出し、「ビルですか？　こんにちは。ジョー・ラ・バーベラです。大ファンで尊敬しています。ドラマーです」と言った。彼は「やあ」と答えてくれたが、それだけだった。すぐに私は、何らかの理由で彼には自分の時間が必要なのだと察した。何となく、これ以上踏み込んではいけない――挨拶だけして立ち去れ、と言われているような気がしたのだ。私は自分のヒーローの一人に会えたことに満足して、そこで話を切り上げた。

もう一つ、チャックのカルテットで印象に残っているのは、ジョージア州アトランタのグレート・サウスイースト・ミュージック・ホールでやったギグだ。そこはショッピング・モールの中にあるクラブで、記憶が正しければ、百五十席くらいのところだ。私たちはそこで一週間公演を行ったが、同時出演はビリー・クリスタルだった。当時、ビリーはテレビ・ドラマ「ソープ」の役柄で知られていたが、スタンダップ・コメディもまだやっていて、とても面白かった！　彼はピアニストと一緒に仕事をしていたので、音楽のギャグがたくさんあった。しかし私に一番刺さったのは、彼が子どものころに見ていた一九五〇年代のテレビ番組すべてと各シリーズのキャラクターの魔除けをするという持ちネタだ。あの面白さはその場にいないとわからないけれど。

私たちはみな、舞台裏でたむろしていたので、ビリーが自分の家族を通じてジャズに造詣が深くなったことを知った。彼の叔父ミルト・ゲイブラーはコモドア・レコードを設立し、中でもビリー・ホリデイ、ルイ・アームストロング、ナット・「キング」・コール、エラ・フィッツジェラルド、ライオネル・ハンプトンのレコーディングを行った。(7) 彼はビリー・ホリデイと映画に行くことや、デクスター・ゴードンがいかに頻繁に自宅を訪れるかを私たちに話してくれた。ジャズとコメディは相性がいいのだ。なぜなら、どちらも自然にわき出てくるものを観客に届けるからだ。もちろん、コメディアンが使うネタには枠組みがあるが、そこにはその場でやるアドリブの余地がある。長年にわたって、コメディアンはクラブでよくジャズ・バンドと組んできた。ロード・バックリー、レニー・ブルース、ディック・ショーン、フリップ・ウィルソン、ゴッドフリー・ケンブリッジ、アーウィン・コーリイはみなジャズ・ミュージシャンとともに出演した。

私は一九七六年までチャックのところにいた。私がチャックのバンドに加入したとき、彼の音楽はもっと伝統的な、スイングするビバップ・ジャズに根差したものだったし、私はそういうジャズで育った。それがこのころには、よりポピュラー色の強いサウンドに向かいつつあった。私は、一九七三年の『ランド・オブ・メイク・ビリーブ』(トロントのマッセイ・ホールで生録音)、一九七五年の『チェイス・ザ・クラウズ・アウェイ』とその直後の『哀しみのベラヴィア』をレコーディングするなど、彼の方向転換の一翼を担うようになっていた。チャックと行ったレコーディングはそこそこ成功したし、私はそれらすべてを誇りに思っている(『チェイス・ザ・クラウズ・アウェイ』は最終的に「ゴールド・ディスク」を獲得——アルバムが少なくとも五〇万枚売れた)。私が抜けた後、チャックは一九七七年にヒットチャートの上位入りを果たしたインストゥルメンタル曲「フィール・ソー・グッド」で大成功を収め、この曲は主流だったトップ40形式のラジオ番組で安定してランクインし、オンエアされた。チャックと共演している間、私はかなり成長することができた。多くのことを学んだし、少人数のグループでやる機会をもらえたことに感謝している。しかし、そのままそのバンドに留まっていたら、自分が間違った方向に進んでいるように感じたことだろう。このころ、ジェリー・ニーウッドとアルフォンソ・ジョンソンの二人はすでにこのバンドを離れていた。ジェリーはニューヨークに移り、アルフォンソはウェザー・リポートに加入した。

私はまた正統派のジャズに触れる必要があった。そしてそれができると思われる場所は一つしかなかった。ニューヨークだ。

第4章

オーディション

1976年6月〜1979年1月

一九七九年までに、ビル・エヴァンスは最も影響力のあるジャズ・ミュージシャンのランキングで、世代を問わずいつも上位に入るようになっていた。一九五五年にニューヨークにやって来た彼は、マイルス・デイヴィスのグループの一員として人びとの鼓膜を刺激した（そのバンドでは、クレジットはされていないものの、このトランペッターのアルバム『カインド・オブ・ブルー』に収録されている名曲「ブルー・イン・グリーン」を作曲した）。また、リーダーとして多数のアルバムをレコーディングし(1)、グラミー賞を六回受賞(2)、そしてファンや批評家からの揺るぎない尊敬を獲得していた。

しかしおそらく、それよりも重要なのは、同世代や後の世代のミュージシャンたちに影響を与えた新たな和声（ハーモニー）とリズムの表現方法を生み出すことによって、ジャズ・ピアノ・トリオのサウンドの概念を作り変えたことだ。三者がきわめてクリエイティヴに、かつリズム的にはより自由な方法でシームレスにやり取りしながらも、すでに確立されている形式は忠実に守るというアイデアは革命的だった。

一方私は、ニューヨークで直ちに行動を開始し、幸運にもわりとすぐにギグの仕事をいくつか手に入れることができた。ウディ・ハーマンやチャック・マンジョーネと仕事をしていたおかげで、この街の多くのミュージシャンが私のことを知っていたからだ。しかし人脈作りという点で最も効果的だったのは、グリニッチヴィレッジ七番街南にある人気のたまり場、スイート・ベイジルで、ギタリストのジム・ホールやベーシストのマイケル・ムーアとギグをした週だった。ゲイリー・バートンの前のドラマーで私と仲の良いビル・グッドウィンが、彼のかわりに私を呼んでくれたのだ。みんながこのトリオを聴きにやって来たので、その週、私は多くの人と近付きになれた。

私はニューヨークのあらゆるクラブでさまざまなリーダーとフリーランスで仕事をして満足していた。その一例として、ギタリストのジョン・スコフィールドとジャック・ウィルキンス、ピアニストのバーニー・レイトンとハル・ギャルパー、トランペッターのランディ・ブレッカーとその弟のテナー・サックス奏者マイケル、トランペッターのアート・ファーマー、ヴォーカリストのクリス・コナー、ジャッキー&ロイ、ジャッキー・パリス、トロンボーン奏者のボブ・ブルックマイヤーなどが挙げられる。

私はマンハッタンのチェルシー地区二十三丁目、七番街にあるロフトに住んでいた。ピアニストのハロルド・ダンコと私は、これもまた偉大なキーボードの名手、ケニー・ワーナーからそこを買った。後にハロルドと私は、サックス奏者のジョー・ロヴァーノとトランペッターのグレン・ドレヴェスにそれを売却する。彼らが所有している間、そのロフトは忌まわしい火事で焼け落ちた。一つ下の階のレストランの厨房が火元だったらしい。あまりの高熱に、そこにしまってあったジョー・ロヴァーノのシンバルの一つが、サルヴァドール・ダリの絵のように溶けてしまった。奇跡的にケガをした人はいなかった。
ニューヨークでの生活はとても気に入っていた！　家賃はハロルド・ダンコと折半して月に六百ドルで、さらに隣のブロックに月に五十ドルで屋内立体駐車場を借りていた。私たちはロフトでいつもジャム・セッションをし、午前三時前に寝たことはなかった。住んでいるロフトからは、外に出て曲がり角まで歩いたら、地下鉄に乗って南へ数駅でグリニッチヴィレッジに着く。そこは私にとってすべてが起こる場所だった。あるいは、地下鉄で北上して四十二丁目に行くと、マニーズ・ミュージック、フランク・イッポリトのプロフェッショナル・ドラム・ショップ、バリー・グリーンスパンのドラマーズ・ワールド、ジョー・クサティスのモダン・ドラム・ショップ、サム・アッシュ、アドラーズがある。たしかに、ロフトは冬は寒く、夏は暑くて一ドル硬貨ほどの大きさのゴキブリが出るし、真下にあるブラーニー・ストーンのおかげでいつもコンビーフやキャベツの匂いがした。でも私は二十六歳で、夢を生きていた！

一九七七年の夏の終わりころ、私はヴィブラフォン奏者のゲイリー・バートンのカルテットに雇われた。そこにはベースのスティーヴ・スワロウもいた。ジョン・スコフィールドがそのバンドでギターをやっていて、私をゲイリーに推薦してくれたのだ。また、ジョンはこの間、別のカルテットをベルリン・ジャズ・フェスティバルに連れて行き、彼のエンヤ・レコード初のアルバムをミュンヘンにあるドミシル・クラブで行ったライヴでレコーディングした。このときはリッチー・バイラークがピアノを、ジョージ・ムラーツがベースを弾いた。翌年、私はふたたびベルリン・ジャズ・フェスティバルに出演した。今回はマイケル・ブレッカー・カルテットとしての参加で、メンバーにはハル・ギャルパーとチップ・ジャクソンがいた。私はマイケル&ランディ・ブレッカー、ミロスラフ・ヴィトウスとともにハルのクインテットのメンバーでもあった。それは、マイケルとランディがグリニッチヴィレッジに出した新しいクラブ、セブンス・アベニュー・サウスの初日を飾るためのバンドだった。このクラブが店をたたむまで、私は何度もここで演奏した。

そんなわけで、グリニッチヴィレッジにあるヴィレッジ・ヴァンガード、スイート・ベイジル、セブンス・アベニュー・サウス、ホッパーズ、アップタウンにあるストライカーズ、ナイアックにあるジ・オフィス、ニュージャージーにあるガリヴァーズの間を行き来して、私はかなり忙しくしていた。たしかに裕福になってはいなかったが、自分で生計を立ててジャズを演奏していた。何といっても、私は夢を生きていたのだ。そのころ、ビル・エヴァンスは彼のトリオを再編しようとしていた。

一九七八年に入るとすぐに、ビルはヴィレッジ・ヴァンガードでベース奏者のオーディションを開始した。ある晩私は、近くでやっていた自分のギグの休憩中にそこに立ち寄り、ルーファス・リードとジョージ・ムラーツがそれぞれ何曲かを演奏するのを聴いた。どちらの演奏も素晴らしかった。その週は街中のベース奏者がみんなやって来たのではないかと思うほどだったし、彼らがビルと一緒に演奏することをいかに楽しんでいるかは一目瞭然だった。

最終的にギグを勝ち取ったのはマイケル・ムーアだったが、彼はわずか数か月で去ってしまい、ビルがベーシストを探しているという噂がふたたび広がった。今回ビルは、サウスイースタン・ルイジアナ大学の学生時代からのピアニスト仲間、フレッド・クレーンに助言を求め、彼からマーク・ジョンソンはどうかと提案されていた。当時二十四歳のマークは、国内有数のジャズの学校、ノース・テキサス州立大学〔訳註：現在のノース・テキサス大学〕出身だった。そのころマークは、ウディ・ハーマンのバンドで演奏していた。ビルは彼を雇い、その先はみなさん知っての通りだ。

一九七八年九月、ビルは「フィリー」・ジョーと別々の道を行くことに決めた。当時ビルは、ベルギー人でハーモニカとギターの名手のトゥーツ・シールマンスとのコラボレーション・アルバム『アフィニティ』をレコーディングしていた。そして私は、ヴィレッジ・ヴァンガードの近くの六番街にあるクラブ、ホッパーズでトゥーツと共演していた。

ある晩、私たちが最初のセットを始める前、私はトゥーツがこのグループの演奏を聴きに来ていたビル・エヴァンスや、長年彼のマネージャーを務めているヘレン・キーンと挨拶を交わしているのに気づいた。実際、彼らは私をチェックしに来ていた。ビルの古い友人でギタリストのジョー・ピューマが、トリオに私を推薦してくれたのだった。ジョー・ピューマとビルは、一九五五年にビルが初めて登場したときに何度も一緒に演奏し、レコーディングを行っている。彼らはもちろん、ステージの外でも仲が良かった。というのも、二人は地元の競馬場で多くの時間を楽しく過ごしていたからだ。ジョーは最高のギター奏者だが、脳卒中で不自由になった左腕で演奏するのだから、なおいっそう注目すべき存在だった。私は友人のウォーレン・オッズのおかげで、ジョーやバーニー・レイトンとともにマンハッタンのミッドタウンイースト地区にあるジミー・ウェストンズで働き始めていた。そこは歴史に名高いナイト・クラブで、常連にはフランク・シナトラやハワード・コセルがいた。ジョーは私の目の前の席に座っていたので、私は立ち上がって手を伸ばし、挨拶をした。彼は私を見てからライド・シンバルを指差しこう言った。「そっちはシンバル（君の演奏を）」。それから自分の耳を指差して、「こっちは耳（よおく聴かせてもらおう）！」と言った。そのセットが終わるころには、私たちは音楽仲間になっていた。

一月の初旬にヘレンから電話がかかってきて、ヴァンガードに来てオーディションを受けてほしいと言われた。私はまたホッパーズでトゥーツと共演していたが、彼は私がヴァンガードでビルのオーディションを受けた後、戻って来て最後までギグができるようセットの時間を調整してくれた。

休憩時間になると、私は十二丁目の通りを渡り、七番街にあるヴァンガードまでまっすぐ歩いて行った。そして階段を下りてそのクラブに入り、ビルに挨拶をしてマークに会った。少しドラムを調整した後、私たちは演奏を始めた。童顔で長い金髪の巻き毛のマークは、二十四歳という実年齢よりもはるかに若く見えた。しかし、その演奏はたしかに猛烈だった！　ビルはとても自信にあふれ、どの曲においても方向性がはっきりしていたので、私はすんなりとそこに溶け込むことができた。私は、ニューヨークにやって来て以来こなしてきた他のすべての演奏（ジム・ホール、ジョン・スコフィールド、ゲイリー・バートン、マイケル&ランディ・ブレッカー）と同じくらい、トゥーツとのセットをうまくやり終えたばかりで、とても自信を持ってそのクラブに入った。そのとき私が感じていたことを正確に言葉で表すことはできないが、爽快感というのが当たらずとも遠からずだったに違いない。

正直なところ、その感覚はトリオの仕事を得た後、ビルと共演しているときに幾度となく訪れた。私たちはヴァンガードで少なくとも六回は演奏したが、その感覚がなくなることはなかった。私の中のビル・エヴァンスは、音楽業界で他の誰よりもはるかに抜きん出た存在だったため、それはいつも刺激的だった。その晩の私はまったく緊張していなかった――それはたぶん、ニューヨークですでに自分の地位を確立していて、ギグの仕事をそこまで求めていなかったからだろう。ビルはこれからやる曲について一言も発することなく、いきなり演奏を開始し、私はそれに付いていくことを求められた。パート譜はマークのベースの分だけで、ドラムの分はなかったので、私は自分の耳と目だけに頼らざるを得なかった。後になってわかったのは、私たちが一緒に演奏するにはこの方法しかないということだった。このトリオは、外部からミュージシャンを招いたときくらいしかリハーサルをやらなかったからだ。そのときどんな曲をやったのか、最後の曲が「マイ・ロマンス」で、ビルのあの有名なアレンジを、マークやビルとのソロの応酬もある中で自分がやり遂げたこと以外よく覚えていない。しかし、ビルやマークと一緒に演奏したとたん爽快な気分になったことは、この先も忘れないだろう。そのセッションの後、ビルが私のそばを通りかかり、「おい君、私のレパートリーを調べてきたのか？やった曲をぜんぶ知っているようだったけれど」と言った。実際、私はもちろん人生のほとんどを通じてビルのファンだったので、正確なアレンジは知らなかったかもしれないが、この人の伴奏に関してはやるべきことがわかっていたのだと思う。

ベーシストのマーク・ジョンソンがこのオーディションを振り返った……

覚えているのは、ギタリストのジョー・ピューマがジョーを推薦し、その推薦だけをもとに、ビルが彼をグループに参加させてみる気になったということだ。でも、実際にジョーが入ってみると、それが決め手となった。僕はスティーヴ・ホートンをギグに参加させようとしていた。ジョーのことは知らなかったんだ。スティーヴのサウンドはマーティ・モレルに似ていたが、ジョーのほうがベテランで、幅広い経験をしていた。オーディションのことは覚えていない。でも、ジョーはビルを感心させた、それは知っている。僕に決定権はなかったし、ただその場にいられることがありがたかった。ビルは僕に意見を求めなかった。部屋にヘレンがいたかどうかはわからない。たぶん彼女も同意したのだろう(3)。

数日後、ヘレンからふたたび電話がかかってきて、フィラデルフィアのビジュウ・カフェ（かつてホテルだったところで、ビリー・ホリデイが住んでいたこともあった(4)）で一週間、トリオで演奏してほしいと言われた。ビジュウではビルとアート・ブレイキー・アンド・ザ・ジャズ・メッセンジャーズが対バン（同時出演）の予定になっていると知って、私はそのどちらともステージを共有できることにワクワクした。それで一九七九年一月、私はそのギグでスタートを切った。ビルは自分で運転して現地に向かったが、私は頼りになる愛車の赤い一九七一年モデルのボルボ142-Sにマークとヘレンを乗せて行った。

道中、ヘレンは私に、固定メンバーとしてトリオに留まらないかとたずねた。その時点で私は、ウディ・ハーマンと一年間巡業し、チャック・マンジョーネと四年間、ゲイリー・バートンとは一年近くやって来ていた。そしてニューヨークではちょっとしたスタジオの仕事が入るようになっていた。街のほとんどのドラマーは、スタジオの仕事すべてに注目していて、「それが目標だ」と言っていた。編曲・作曲家のドン・セベスキーは、何度かジングルのレコーディングに私を雇ってくれた。また、マックスウェルハウス・コーヒーのオリジナルＣＭ*をリメイクする際に演奏したのも私だ。それにつ

1980年ごろ、イタリアのローマにて。ヨーロッパでの公演のあと、自分のベースをしまうマーク・ジョンソン。ビルがベースとしてマークを雇ったとき、彼は24歳だった。ノース・テキサス州立大学の音楽部の卒業生で、ウディ・ハーマンの「サンダリング・ハード」ではベテランだった。(提供：ジョー・ラ・バーベラ)

いては、ウッド・ブロックとマイクを持っているのが私だけだったからだが。私は即興演奏を始めたが、レコーディングのブースから最初に言われたことは、「そんな独自色はいらない。楽譜通りに。パーコレーターの音なんだから。エルヴィン・ジョーンズじゃないんだ」だった。それまで私は、ヴィレッジ・ヴァンガード、スイート・ベイジル、セブンス・アベニュー・サウス、ホッパーズ、ストライカーズといったクラブに持ち回りでまだ出入りしていた。本当はニューヨークに少し根を下ろしたかったし、どのスタジオ・ミュージシャンも言うように、巡業に出ると、仕事をくれる人たちにすぐに忘れられてしまう。

　また、私は新婚で、二十三丁目の部屋から、もっと小さなロフトに引っ越していた。センター通りとグランド通りが交わるところ、ちょうどリトルイタリーとチャイナタウンが頭からぶつかるように接しているところだ。ゲイリー・バートンとのギグは、彼がクリスマス直前にグループを解散したことで唐突に終わった。偉大なバンドをクビになるのは、とくに休暇中にそうなるのは痛かったが、ゲイリーは私個人に問題があるわけではないと言ってくれた。彼はしばしば、メンバーを刷新して再出発しなければならないという境地に至るのだった。幸運なことにその直後、テナー・サックス奏者のジョー・ファレルがジョン・スコフィールドを雇い、彼がまたもや私をそのギグに参加させてくれた。

　つまり結婚したことで、私は本気で安定性を求めていた。残りの人生をサイドマンとして働くこともできるが、そういう人生では、ギグの仕事を手に入れ、失い、長期にわたって遠征——家を離れるということ——を繰り返すことになる。私は巡業がどんなものか知っていた。それは変わらない……けっして。報酬と言えば音楽くらいで、それで食べていけるとは限らない。私は他の友人たちのように、ニューヨークで足場を固め、レコーディング・セッションをするような現役ミュージシャンの仲間入りをしたかった――この街に留まって、家族を養えるように。私は当初へレンにそう伝えていた。彼女はそれをわかってくれて、率直に言ってくれてありがとうと言った。

その週ビジュウでギグをしたあと、私の気持ちは変化した。ステージに立って肌で感じたことがあるからだ。ビルやマークとのトリオはすぐにしっくりとなじんだ。そう感じたのは客席の人びとだけではなく、私たちもだった。メンバーがそれぞれ有名な巨匠という「オールスター」グループには目新しさのようなものがあるが、どういうわけかそれが必ずしも最高の結果を生むとはかぎらない。名前は挙げないが、理論的には素晴らしくなるはずなのに、単に相性が合わず良い演奏にならないグループを誰もが聴いたことがあると思う。たしかにマークと私はスターでもなければ、まだ名前が売れてすらいなかったが、ビルとの相性は最初から抜群だった。ビルがそれをただ毎晩のように微妙に成長していく音楽から感じ取っていたことは知っている。

ステージ上でのコミュニケーションは難なくとれた。おもにそれはビルのおかげで、私たちが自然体でいられるように、演奏しやすいようにしてくれたからだ。私たちはみな、たがいがたがいの音楽的なアイデアを絶妙のタイミングで予想して反応していること、そしてタイム・フィールが良い感じに決まっていることに気づいた。ドラムの強弱の幅を広げることはできないと思っていたが、ビルはそれをさせてくれた。そして私は自分のやることすべてが音楽に影響を与えていると瞬時に感じ取っ

＊訳註　コーヒーをパーコレーターで抽出するときの音をウッド・ブロックで表現したもの。

た。私は、マークや私が繰り出したアイデアをビルがいとも簡単にさばき、それを彼自身のアイデアにシームレスに組み入れ、トリオのサウンドに一体感をもたらすのを自分の目と耳で知ることができた。トリオの中でのドラムの演奏は、他の規模のアンサンブルでやるのとは少し違うが、基本はつねに同じ、つまり音楽のために尽くすことだ。かつてバディ・リッチに「少人数のグループのドラマー」になりたいと言ったら、「ドラマーなら全部やるんだ、ビッグ・バンドも少人数のグループも」と言って一蹴された。彼はまったくもって正しかった。ビルと一緒にやることになったとき、演奏方法をそれほど大きく調整する必要はなかった。すぐに私は、ビルは理にかなってさえいればどんな音楽的なやり取りでも受け入れてくれることに気づいた。彼は音楽を尊重している相手には、成長の余地を十二分に与えてくれるのだった。

ビジュウでその週、ビルの新しいトリオによる遅い時間のセットを聴いたとき、ピアニストの**ジョン・ディ・マルティーノ**は二十歳だった。フィラデルフィア生まれの彼は、昔のガールフレンドをこのクラブに誘った。そこで少しばかり飲んだ二人は、エヴァンスと彼の新しいトリオに心を奪われた。「その音楽を聴いて僕は歓喜に震えた」とディ・マルティーノは言う。彼はサックス奏者のヒューストン・パーソン、歌手のフレディ・コール、打楽器奏者のレイ・バレットと共演したことがあった。「マークの譜面台を覗き見したら、走り書きで変更箇所がたくさん書き込まれていたのを覚えている。まるでビルが飛行機に乗っているときに書いたかのようだった」

そのセットの後、彼はいくつか質問をしようとビルに近付いた。このピアニストに質問しようと

ニューヨークのピアニスト、ジョン・ディ・マルティーノは、フィラデルフィアのビジュウ・カフェにビル・エヴァンス・トリオを聴きに行ったとき、高校生だった。それはジョーにとってビルとの初めてのギグだった。（撮影：ジャニス・ウィルキンス、提供：ジョン・ディ・マルティーノ）

したときのことについて、ディ・マルティーノはこう語った。「僕には、親しみを込めて相手の腕をつかむ癖があった。でもビルはうめいて、そのまま歩き続けた」。ジョーとマークは笑い、とくに驚きもしないようだった。「リハーサルはやるのかと聞いたら、彼らはクスクス笑うだけだったな」[5]

この種のコミュニケーションがまさにジャズの特徴で、それは音楽への献身からしか生まれない。こんなに早い段階でこれだけ良い感じになるなら、時間とともにどんどん良くなっていくに違いなかった。この仕事の契約が終わるころ、妻との話し合いの末、私はトリオに残ることを決めた。ここでの滞在が終わりに近付いたころ、休憩中にビルに「どうするか決めたのか」と聞かれた。私はこの音楽に参加したい、と彼に伝えた。それには彼も喜んでくれたようだった。この決断に至るまでに、私は自分のルーツがジャズにあることを受け入れた。そもそも私は、ジャズを演奏することから音楽に興味を持ったのだった。そしてスタジオでの仕事がもたらす経済的な安定を強く望んではいたものの、内心自分は職業としてセッションの仕事をすることには向いていないとわかっていた。正直、私は楽譜を読むのがそこまで得意ではないし、ポピュラー音楽の最新のトレンドにくわしいわけでもない。ジャズを演奏すること。私のミュージシャンとしての人生はそこから始まり、結局、それがいつも私を正しい道に導いてきた。そしてビルの申し出は、運よくチャンスを手にできたなら、まさに私がやりたかったこと——そういう質の音楽を演奏すること——だった。それを見逃すなんて、私にはできなかった。

第5章
ふたたび巡業へ
1979年1月〜4月

フィラデルフィアでのギグの後、ニューヨークの自宅に戻ると、すぐにヘレンから電話がかかってきて、トリオに加入するか確認された。私は彼女に言った。フィラデルフィアでの二週間があったからこそ決断できた、申し出を受けたい、と。ビルやマークと一緒に演奏し、観客からああいう熱気を感じるのは、ただただ素晴らしかった。以前、チャック・マンジョーネとやっているときもそう感じたことがある——観客がのめり込んでいる姿を見たときだ。そのときの強烈な高揚感。そういうとき、自分を駆り立てる力を、そもそも自分がなぜ音楽をやるのかという理由を強く感じる。音楽を愛している。何かを引き起こす、その感覚を愛しているのだということを。ビジュウでのギグの間ずっと、私は何かとてもポジティブなものを感じていた。ビル・エヴァンスは、私のヒーローの一人だった。彼が楽しんでいて、観客も楽しんでいるものを演奏するということにしびれた。私は絶対に残るから、とヘレンに伝えた。

その月の下旬、私たちはシカゴに向けて出発し、一月二十三日に初めてリックス・カフェ・アメリケインを訪れた（ここには全部で三回お世話になった）。レイク・ショア・ドライヴ沿いのホリデイ・

1979年1月、イリノイ州シカゴのリックス・カフェ・アメリケインでステージに立つビル・エヴァンス・トリオ。マーク・ジョンソンとゲイリー・ノヴァクの2人がこの演奏の思い出を懐かしく語っている。(撮影・提供：スティーヴ・ケイガン)

インの中にあるリックス・カフェを経営していたのは、昼はがたいのいいシカゴの警察官、夜はジャズの興行主の顔を持つジェリー・ケイ。このクラブの名前からハンフリー・ボガートの名作映画『カサブランカ』が思い浮かぶなら、それは狙い通りだった。ジェリーは、ボギーが演じたリックのように、白いディナー・ジャケットと蝶ネクタイを身に着けていた。また、バンドを出演させて紹介し、クラブのルールを定めた——つまり、演奏中にしゃべる愚か者は容赦しなかった。一度警告して従わなかった者には、彼が直々にドアを指し示して出て行くように言った。その店のやり方はまさに理想的だった。私たちは意気投合し、ビルが亡くなった後も、シカゴに行ったときは彼を訪ねたものだ。一九七九年一月は、シカゴの基準から見てもとても厳しい冬で、私たちは文字通り街を閉ざす嵐に見舞われた。雪の吹き溜まりがあらゆる道路を覆い尽くし、車は動けなくなった。ホテルの部屋で目覚めた私は、シカゴ有数のにぎやかな大通りのレイク・ショア・ドライヴが、いつもと違ってしんと静まり返っているのに気づいた。

リックスではその後も、もっとましな天気だった一九八〇年四月の訪問時を含め二回演奏した。そのときは、ジョン・ベルーシとダン・エイクロイドが市の埠頭付近で映画『ブルース・ブラザーズ』の撮影をしていた。夜には、サックス奏者の「ブルー」・ルー・マリーニをはじめとするバンド・メンバーの何人かが私たちを聴きにやって来た。また、二度目の訪問は、街で航空ショーがあったことでも思い出深い。その日は一日中、アーノルド・シュワルツェネッガーの映画『トゥルーライズ』に出てくるようなAV―8Bハリアーなどの戦闘機がホテルの部屋の窓すれすれを飛んでいた。十階の窓からミシガン湖を眺めていたら、突然、戦闘機がまっすぐこちらに迫ってくる状況を想像してみてほしい！

一方、トリオの勢いは増し続けた。ビルの最新のグループが噂になり、私たちの二週間の公演中に人びとがこのバンドを聴きにやって来た。この店は本当に繁盛していた。さらに良いことに、私たちは人びととつながり、トリオの発展について良い感触を得ていた。

マーク・ジョンソンがそのギグを振り返った……

僕たちは、シカゴのリックス・カフェ・アメリケインで演奏していた。レイク・ショア・ドライヴ沿いのホリデイ・インの中にあるクラブだ。その仕事の間、『ダウン・ビート』誌がビルの記事とインタビューがらみでトリオの写真を撮るために、そこにカメラマンを送り込んでいたので覚えている。

一セットを終えたところで、僕はコカ・コーラを飲みにバーへ行った。自分の飲み物をちびちび飲んでいると、ビジネス・スーツを着た男性が近づいてきた。彼は僕に、自分はこのホテルに泊まっている農場経営者で、事業のことで銀行家と会うために街に来ている、と言った。リックス・カフェは生演奏が聴ける最寄りの場所なので、ふらりと入ったそうだ。彼はこう言った。「ほら、私は今までジャズのライヴを聴いたことがなかったから。君に伝えなくちゃと思ってね、あれはある種の宗教的な体験だったって」

大げさなことを言うつもりはないけれど、ビルやジョーとステージに立つのは教会に行くようなものだった。ステージは僕たちの聖域で、精神的な超越を体験する機会を与えてくれる厳粛な場所だった。当時僕は本当にこんなふうに感じていたんだ。そしてステージ上で音楽を作り上げるときのそういう関わり方は、僕がどこで誰と演奏しようが今日まで続いている。作り上げている最中のあの集中した「今」という瞬間に身を置くことには、素晴らしく充実した何かがある一方、ずっとこうしていたいと思えることこそが、自分たちの求めるものなのだと心から思う。そして完全に没頭しているときは、何か崇高な力が働いているかのような感覚になるんだ。何年も前にあの農場経

リックス・カフェ・アメリケインで行ったギグの休憩中のビル・エヴァンス・トリオ。私たちはジャケットを着ていないが、ホストのジェリー・ケイは、『カサブランカ』のハンフリー・ボガートにならって常に白いディナー・ジャケットに蝶ネクタイという姿で登場した。(撮影・提供：スティーヴ・ケイガン)

営者が僕に伝えてくれたことを考えると、時おりこういう感覚が部分的に観客に伝わるのだろう[1]。

このやり取りは私が実際に見たわけではなく、のちにマークが教えてくれたものだが、私はそんな感想を聞いて本当に驚いた。それは、ジャズの強力なコミュニケーション能力を示しているだけでなく、ビルとこのトリオについて雄弁に語っている。つまり、私たちがたがいにとてもうまく作用し合っていたから、その音楽が人びとに届いていたということだ。それは毎晩のように起こった。また、マークのコメント――今現在も誰と演奏しようがその超越を感じるということ――は、まさに私も同じで、ビルやマークと一緒にやって学んだことだ。

リックスでのこの仕事の間、ビルの陸軍時代の仲間の一人、ラリー・ノヴァクがやって来た。ラリーとビル、そしてもう一人サム・ディステファーノというシカゴのピアニストは全員、かつて第五陸軍軍楽隊に所属していて、以来ずっと親しくしていた。ラリーは十一歳になる息子ゲイリーをギグに連れて来ていた。

ゲイリー・ノヴァクがコンサートで初めてビル・エヴァンスを聴いたときのことを振り返った……

ビル・エヴァンスに初めて触れたのは、ピアニストの両親、ラリー・ノヴァクとキャロル・ノヴァクを通してだった。話は父の親友で私の名付け親のサム・ディステファーノから始まる。サムもシカゴ出身で、ナイト・クラブ・チェーン「プレイボーイ」のエンターテインメント・ディレクターを務めた後、同じ仕事でラスベガスのリヴィエラ・ホテル&カジノに移っている。

サムとビルは、朝鮮戦争中にフォート・シェリダンで行われた陸軍の基礎訓練中に同部屋だった。これは一九五二年のことだったと思う。徴兵を避けるために第五陸軍軍楽隊に入ったことで、ビルは要するにサムの命を救ったんだ。ビルは四十八時間ほどでサムにフルートの吹き方を教え、陸軍軍楽隊でマーチを演奏できるようにした。そのおかげで、その後すぐにサムがうちの両親を引き合わせることになる。そのころサムがビルを父に紹介し、彼らはすぐに仲良くなった。

ビルが入隊してから間もなく、父の徴兵の順番が回ってきて、父もまたフォート・シェリダン行きになりそうだった。ビルとサムの助言に従って、父はすぐにトロンボーンの奏法を身に付け、同じく第五陸軍軍楽隊に入ることで、〔訳註：実戦投入もある〕現役勤務を回避した。私が今ここにいるのはおそらく、友人を現役勤務から守りたいというビルの思いやりのある性格のおかげだろう。

ジャズ・ピアニストが二人もいるシカゴの家庭で育った

ロサンゼルスのドラマー、ゲイリー・ノヴァクは、11歳のときにシカゴで初めてビル・エヴァンスを聴いた。ノヴァクの両親はビルの友人で、ビルはよく彼らの家に立ち寄った。ゲイリーは子どものころ、自宅の地下室でビルと何度かジャム・セッションをしたことがある。（撮影：アレックス・ソルカ、提供：ゲイリー・ノヴァク）

ので、ビルの音楽はわが家では神聖なものだった。ドラムをやり始めたころ、私が触れる音楽はすべてビルだった。生演奏に対して初めて心が動いたのは、十一歳のときだった。両親はシカゴのレイク・ショア・ドライヴ沿いにあるリックス・カフェ・アメリケインというクラブでビルに会うため、私をダウンタウンに連れて行った。父も母もそこで何度かトリオで演奏したことがあったので、その場所は子どもの私にとってても馴染みのある場所だった。オーナーのジェリーは父にとても良くしてくれ、いつも子どもの私の世話を焼いてくれた。私の記憶が正しければ、ジェリーはシカゴの警察官だった。だから父はリックスで演奏しているときは、駐車違反の切符を切られる心配をせずにすんだ。

一九八〇年の四月ごろ、ジョーとマーク・ジョンソンが加わったビルのトリオを見に連れて行ってもらったことを思い出す。その音楽は昨日のことのように覚えている。私はまだ十一歳だったけれど、自分が何かとても特別なものを目撃しているとわかった。観客が彼らの腕前と感性に魅了されていたのを覚えている。そのトリオの顔ぶれは、父の音楽人生を変え、その後私の音楽人生をも変えた。こんな特別なものを目撃できたことに一生感謝する。私はこのときのテンポ感とその自由さについて考えながらその場を後にした。その音楽の広がりは深かった――十一歳の子どもにとっても。

両親とビルとの関係を本当の意味で理解できたのは、私がもう少し大きくなってからだった。彼はサムとともにかなり頻繁にわが家にやって来たので、私は幸運にもうちの地下室でビルと「マイ・ロマンス」や「ハウ・マイ・ハート・シングス」を演奏することができた。ビルは私の稽古場に置かれた父のフェンダー・ローズを弾いていた。多くのミュージシャンがうちに来て、交流したり、料理をしたり、リハーサルをしたり、何か楽しいことをやったりした。ビルが街にいるとき、両親は必ずこの友人に会いに行ったものだった。私はとても幸運なジャズっ子だった。(2)

数年後、私はノヴァク家に招かれ、まだ少年だったゲイリーの演奏を聴く機会に恵まれることになる。彼はすでにドラムとピアノでスイングしていた。現在私たちは友人となり、ロサンゼルスでは近所に住んでいる。音楽シーンを追ってみれば、今のゲイリー・ノヴァクが業界では抜きん出たドラマーの一人だということがわかるだろう。

一月三十日、私たちはアイオワ州エイムズに向かい、ライヴ・コンサートのレコーディングを行った。それは、『ジャズ・アット・ザ・メインテナンス・ショップ』と呼ばれるシリーズの一部で、アイオワ州立大学で収録され、後に公共テレビで放送された（私たちの演奏は YouTube で見ることができる）。このコンサート・シリーズは、サックス奏者のフィル・ウッズやデクスター・ゴードンなど、多くの伝説的なジャズ・ミュージシャンが行っている。その晩のことはよく覚えている。外がとんでもなく寒かったからだ。大学の学生会館の中に、百九十五席のクラブ「Mショップ」、あるいは「メインテナンス・ショップ」はあった。(3)

しかし、到着したとたん、私たちは言葉を失った。当時、ビルはクラブで演奏するときは奥行きが少なくとも七フィートあるボールドウィン・ピアノを、コンサート・ホールで演奏するときは九フィートのものを要求していた。その場所に置かれていたのが何だったかは思い出せないが、そのピアノは、とくにビデオテープに収録して放送する予定のものを演奏するにしては、質が劣るものだった。ビルはスタインウェイを好んでいたが、演奏にはボールドウィンを使った。それは同社が巡業中のアーティストに自社のピアノを提供していたからだ。スタインウェイ社は、すべてのアーティストに楽器を提供するわけではなかった（おそらく、アルトゥール・ルービンシュタインのようなクラシックの巨匠には提供しても、ビルのようなジャズ・アーティストに提供するとは限らなかった）。つまり、ビルに用意されたピアノは、彼の足を引っ張るような代物だった。そして彼は腹を立てていた。別のメーカーのピアノを用意するのはいいとしても、その状態が良くないのではどうしようもない。そしてそのピアノは低音の鳴りが今一つで、ビルはその音域ではだいぶ苦労していた。

それでも私たちはかなり時間をかけてサウンド・チェックを行い、正しいサウンドに調整し、撮影班がバンドの撮影アングルを決めるのに協力した。しかし、私たちが本番のために戻ってみると、スタッフがテーブルを移動させてしまったため、カメラ・アングルがすべて台無しになっていた。さらに悪いことに、音響がひどい状態になっていた。ビルは自分のモニター・スピーカーで返し（フィードバック）を聴いていた。公演中、ビルは音響とピアノについて思うところをつい漏らした。「ゲイリーズ・ワルツ」を演奏する直前には、「この曲は繊細に演奏すべきワルツです」と言いつつも、「今弾いているピアノが満足なものとは言えないので、歯がゆくて音楽に刺々《とげとげ》しさが出てしまうかもしれません。でも私たちはできる限りのことをやります」と言った。「スーサイド・イズ・ペインレス（もしも、あの世にゆけたら）」（「M☆A☆S☆H マッシュのテーマ」）を演奏する前には、モニター・スピーカーにもっとベースの音が欲しいと要求したが、今度はそれが大きすぎたようだった。その曲の後、ビルは

アイオワ州エイムズにあるアイオワ州立大学のメインテナンス・ショップにて公演に向けたサウンド・チェック中のビル・エヴァンス・トリオ。1979年1月30日。左から、ビル・エヴァンス、マーク・ジョンソン、ジョー・ラ・バーベラ。（撮影：リズ・ヘイブンス、提供：ジョー・ラ・バーベラ）

音響担当をまっすぐ見つめ、「低音が強すぎる」と言った。それから、あからさまな皮肉を込めて首を振りながらこう付け加えた。「サウンド・チェックをしておいてよかった。ここで三十分ほどかけてちゃんとした音にしたんですよ」。これに対して聴衆の何人かは気さくな笑い声を上げた。「でも、とにかく先に進んで、何とかここを乗り切りましょう。それが私たちの仕事ですから」

そんなことから、ビルは仕事がやりにくい相手だという印象を持つ人がいたのは知っている。でも実際は、彼ほどの名声を持つ人の中では最もつきあいやすい人だった。ビルは、ひどい状況であっても、それが防ぎようのないものであれば、じっと我慢する人だ。でもこの場合、そんな必要はなかった。公演のために相当な準備を重ねたにもかかわらず、誰かが途中でへまをした。そして今度は、アーティストが質の悪いピアノに苦戦しなければならなかった。想像してみてほしい。もしもビルにちゃんとしたピアノが用意されていたら、これらのコンサートがどんなに素晴らしいものになっていただろうか？（アイオワ公共テレビによると、各セットは二つの番組として制作され、一九七九年三月と五月に地元アイオワ州で初めて放送された）[4]。このコンサートの二つのセットはどちらも、最終的にビデオとしてリリースされた。セット1は『ビル・エヴァンス・トリオ・ジャズ・アット・ザ・メインテナンス・ショップ』、セット2は『ラスト・パフォーマンス』というタイトルだ。

それからしばらくしてビルが私に語ったのは、劣悪なピアノと悪夢のような音響のせいで憂鬱な気分に陥っていても、本番でバンドの演奏がうまくいけば、それによって救われるということだ。それがいつ起こるかは予測できない。それについて説明もできない。そんなふうにうまくいったときに、音楽の力を証明するだけだ。このトリオはまだ出来たばかりだったが、それがその晩エイムズで起こっ

アイオワ州エイムズのメインテナンス・ショップにてサウンド・チェック中のビル・エヴァンス。1979年1月30日。用意されたピアノは、契約で合意した楽器ではなく、それに対するビルの不満がはっきりと見て取れた。(撮影：リズ・ヘイブンス、提供：ジョー・ラ・バーベラ)

たことだった。ビルがそのギグを楽しんでいることが私にはわかった。なぜならトリオの全員で一つの会話を作り上げていたからだ。ビルは私が叩くリズムのモチーフを拾い上げ、私はビルからリズムのアイデアを受け取って、それらをパスし合った。そしてもちろん、ビルはマークが繰り出したものも気に入っていた。時々ビルはマークのソロ中に伴奏の手を止めたが、むしろ彼は目を閉じて、その顔に浮かぶ笑みをゆっくりと深くしていったのだった。状況が良くなくても、彼は楽しんでいたと言える（もちろん、彼はあのショーのあと、私たちが直面した問題のことでヘレン・キーンを叱ったに違いない）。それがこのバンドの初期のころだったことを考えると、彼はこのバンドが成功しつつあるという手ごたえを感じるようになっていたのだと思う。

ファースト・セットでは、カメラはほとんどビルとマークを映し、時おりグループ全体を引きの画で映した。たまにブラシをスイープする私の手がアップで映るものの、カメラは遠くのビルに焦点を合わせていた。セカンド・セットの二曲目の「34スキドゥー」を演奏するころに、カメラマンが私のドラム・キットのところまでやって来て場所を見つけ、私の手元を側面や背後から撮った。その後さらに調整が進んで、別の角度からトリオがもっとよく見えるようになった。この種の問題はないに越したことはないが、一般の人たちが気づくよりも頻繁に起こる。そしてそれは、トリオがステージに上がったときに感じていた不満をさらに増大させた。奇跡的にも、そうした不満のすべてが徐々に消えていった。音楽が文字通りそれに勝ったからだ。

エイムズでの公演は、今でも私にとって特別だ。それまで自分の演奏がテレビで放送されたことがあまりなかったからだ（私がこのギグに興奮していた大きな理由がこれだ）。その映像は結局ニューヨークでも放送されたが、残念なことにビルが亡くなった後だった。地元ニューヨーク州オールバニーのPBS（公共放送サービス）局では、ビデオデッキ（これを覚えているだろうか？）がまだないころ、午前三時ごろに放送されたので、それを見るために夜更かしした私は、寝不足でふらふらになり、目は充血する始末だった。これを見るビルはもういないのだと思うと、私はとても悲しい気持ちになった。同じころに『1958マイルス』というレコードが再発売されたときもそうだった。(5) 私が胸がいっぱいになったのは、ビルが前もってこのトラックのカセット・テープを聴かせてくれていたからだ。彼は自分がこれらの巨匠たちとスイングしているのをもう一度聴けてとても喜んでいた。彼は私にこう教えてくれた。あの日はどの曲もかなり抑えた演奏になったため、マイルスはきっとドラマーのジミー・コブが羽目をはずしたくてウズウズしているのを感じて、「ラヴ・フォー・セール」をやると告げたのだろうと。

その年の春が来ると、ビルには太平洋岸北西部でのツアーが控えていた。私たちの予定では、サンフランシスコで飛行機を乗り継ぐことになっていた。ところが、航空会社の修理工がストライキに入ってしまった。(6) 私たちはどうするかすぐに話し合いをした。そしてストライキのせいでサンフランシスコから先に行けるかどうか怪しくても、出発するということで全員が一致した。みんなただ本当に演奏したかったのだと思う。サンフランシスコに到着すると、ビルが私たちのためにいいホテルを予約してくれた。私はノースウエスト航空に電話をかけて、カナダへのフライトを全員分予約した。四月十三日、私たちはエドモントンのメイフラワー・レストランで公演を行った。それは二つの理由で忘れられない公演となった。まず、そこは教会の建物を改装したところで、朝鮮戦争時代の戦闘機が天井から吊り下げられていた（あれを忘れられる人がいるのだろうか?）。そしてこの晩、私たちはこのコンサートの興行主、レイルタウン・ジャズ・ソサイエティのウェイトレスをしていたローリー・ヴァホーマンに出会ったのだった。この公演の後、ビルはヘレン・キーンの名刺の裏に自分の電話番号を書いてローリーに渡した。そしてビルがニューヨークに戻ると、二人は手紙をやり取りして関係を深めていった。

ローリー・ヴァホーマンがその夜を振り返った……

その部屋は、ディスコ兼中華レストランに改装された古い教会でした。店内は二晩とも満員。雰囲気は教会のようで――グラスを合わせる音はそんなに聞こえてきませんでした。私はとてもぴったりとした、フルレングスの黒いカクテル・ドレスを着ていました。ビルと私が出会ったとき、ジョーが同席していました。私は接客中だったんです。ビルは最初に私の声を聞いて、それに惹かれたそうです（のちに彼がそう言っていました）。私は公演後のディナーのことで、「何か召し上がりますか?」とたずねました。彼は要ると答え……その後、ホテルの自分の部屋に来ないかと誘ってきました。私はその誘いに興奮して、「喜んで。ボーイフレンドを連れて行っていいですか?　彼は本当にあなたの大ファンなんです」と返事しました。彼はこれに笑いをこらえながら「それは私が考えていたこととちょっと違うな」と言いました。それで私たちは、家具のない私の部屋に戻りました。椅子を三脚持って、大勢の彼のファンと一緒に。ビルはペプシを希望しましたが、あいにくうちにはなかったので、磁器のヴィンテージ・カップでお茶を出したんです。その後ビルは、ヘレーン・キーンの名刺の裏に電話番号を書いて渡してくれました[7]。

エドモントンから、私たちはカルガリーに向けて車で南下した。ギグの開催場所はカルガリー・インで、私たちの宿泊先もそこだった。私が車から自分のドラムを降ろしているあいだ、ビルは四月十五日のコンサート会場となるホテルのダンスホールでピアノの点検をしていた。エイムズのピアノは期待はずれだったが、少なくとも弾くことはできた。カルガリー・インのピアノは最悪だった。鍵盤は一部壊れていたし、屋根を開けると中の弦もいくつか切れていて、そこには灰皿の中身が捨てられていた。

ローリー・ヴァホーマンはビルと出会ったとき、カナダのエドモントンにあるメイフラワー・レストランでウェイトレスをしていた。1979年にそこで行われた公演中のことだった。彼女はやがてニューヨークに移り、1980年にビルが亡くなるまで一緒に暮らした。(撮影：フランシーン・トムリン、1980年、提供：ローリー・ヴァホーマン)

ビルは近くで床掃除をしていた男を見て、担当者は誰かとその男に尋ねた。すると、男はこのイベントを主催する非営利団体、ジャズ・カルガリーの委員だということがわかった。ビルは彼に、このピアノは満足のいくものではないと伝えた。私はビルが彼に、コンサートの開始予定時刻までにピアノの調律師を呼んで修理させるなら、トリオは一セットだけ演奏する、と言ったのをはっきりと覚えている。男は身構えるような反応を示し、契約ではビルが二セット演奏することになっていると指摘した。ビルは、開始時間までにピアノを修理して演奏可能な状態にするなら、ショーを一回やろう、と反論した。ますます敵意をつのらせた男は、ビルに「演奏しないなら訴える」と言った。ビルは自分の意見を繰り返し言った。午後八時までにピアノを修理してまともな音が出るようにしろ、そうすればショーを一回やろう、と。このとき時刻は午後五時だった。

地元のファンにとっては残念なことに、ピアノの状態を改善するような手は何も打たれなかった。掃除を試みることさえも。担当者は、一歩も譲らなかった。ギグの時間になると、私たちは部屋を出て階下のロビーに向かった。そこはコンサートを待つファンであふれ返っていた。私たちはギグ用の格好をしていた。ビルはダンスホールに入ってピアノを調べると、ロビーに戻り、私たちや待ちきれない様子のひいき客の一群の前で、駄目だというように首を振った。

私たち三人はホテルのドアから外に出て、通りを渡った。そこで映画館を見つけて映画を一本見た（マーク・ジョンソンの記憶によると、その映画はリドリー・スコット監督のＳＦホラー映画『エイリアン』だったかもしれないということだ。ビルはこの映画になんの反応も示さなかった。ビルといた二年間に、私たちは三回、一緒に映画を見た。このＳＦの名作に、ウディ・アレンの『マンハッタン』、それにスティーブ・マックイーン主演のあまり知られていない西部劇『トム・ホーン』だ）。地元の新聞は翌日、ビル・エヴァンスは自分のファンを大事にしない、という見出しでビルを激しく非難した。しかし、批判した側は、現にあった事実を見てもいなかった。主催者側が用意した楽器が質の悪い、受け入れがたいものだったということを。

昔からカルガリーに住むドラマーで、カルガリー・インで何度もギグをやったことがあるマルコム・ページがその晩をふり返った……

そのコンサートに間に合うように出かけたのに、着いてみればすべてがキャンセルされていた。噂ではビルが病気だということだった。でも結局、原因はピアノだった。カルガリー・インでは何度も演《や》ったことがあるから、あのピアノのことは知っていた。ハインツマン・アンド・カンパニーの古いピアノだ。あれはもう本当にひどかった。当時エレクトリック・ピアノは珍しかった。ここのピアノは見るに堪《た》えないもので、中にビールが三本とピザが入っていたことがある。そのピアノはいつも放置されていて、誰でもいたずらして回ることができたんだ。調律なんかされたことなかったんじゃないかと思う(8)。

主催者側の話（次のトゥンデ・アグビのコメントを参照）を聞いてからは、どこか途中で行き違いがあったように思えるし、ビルが演奏するのにふさわしい楽器を入手しようとした彼の努力にはもちろん拍手を送る。ビル・エヴァンスはプロだった。私たちはエイムズで、彼がサウンド・チェックに時間がかかっても（それは結局無駄だったけれど）、質の悪いピアノに手を焼いても何とかやり遂げたのを見ている。私はカルガリーのピアノをこの目で見たし、あれは私ですら弾かなかっただろうと思ったのをはっきり覚えている。今思えば、ビルは自分がショーをキャンセルした理由——ピアノが演奏不能

ジョーと一緒に写っているのは、カナダ人ドラマーのマルコム・ページ。彼は、1979年4月15日、ビル・エヴァンス・トリオを聴きにカルガリー・インに足を運んだが、ピアノが演奏不能な状態だったためビルが出演を拒否したことを知る羽目になった。（撮影：パッティ・ページ、提供：マルコム・ページ）

なくらい壊れていたこと——を観客に伝えるべきだったのかもしれない。おそらく、彼らに自分の目でピアノを見てもらい、結論を出してもらうこともできただろう。でも彼はそうしなかった。あのとき彼はこう考えただけだと思う。いいかい、それをやるのは私の仕事ではない。私の仕事は、ちゃんとしたピアノが用意されたときにそれを弾くことなんだと。私は、自分の信念を曲げない彼を尊敬している。だから全面的に彼を支持した。アグビ氏が、あのピアノで大丈夫だと思ったのは本当だと信じている。しかし実際、ピアノは壊れていた。単純な話、ビル・エヴァンスほどのアーティストに、備え付けのピアノで演奏してもらおうと本気で考えること自体、主催者として弁解の余地はなかった——まったくばかげている！

カルガリーのエネルギー会社の役員、トゥンデ・アグビは、当時ジャズ・カルガリーの会長だった。彼はビルが（マネージャーのヘレン・キーンを通じて）ボールドウィンのピアノを要望したことを振り返った……

「私はボールドウィンを扱っているピアノ販売店とつきあいがあったので、その会場に一台運ぶよう手配しました」とアグビは言った。しかし一週間を切ったところで、「私に言わせれば下手な言いわけでしかないことをさんざん」並べ立てて、その店が手を引いてしまったのだという。「私は彼らを説得するためにあらゆる手を尽くしました」

店からの言いわけの中には、ジャズ・カルガリーの会員になっているピアノ調律師とは契約できないというものもあった。また、店の関係者は、ビルがボールドウィン・アーティストだということを知らなかったようで、ビルのマネージャーのヘレン・キーンに連絡して確認することができなかったのだ、とアグビは付け加えた。

「コンサートの前の火曜日から、私たちがボールドウィンを入手できるかどうかも、その理由についても、二転三転していました。そして木曜日には、店がピアノを提供してくれないことがはっきりしたのです。私は店側に電話したのですが、誰も出てくれませんでした。だから会場にあるもので何とか間に合わせるしかなかった。焦点は、ボールドウィンか会場備え付けのピアノかということでした」

アグビによると、ビルがダンスホールで話した男は、全体会議の委員だったジェリー・ジュバで、ホテルのピアノを点検して、使える状態かどうかを確認する役割を買って出たのだという。ジュバがたしかにピアノを点検し、演奏可能だと折り返し報告したのだ、とアグビは振り返った。

「私がコンサートを見るために会場に到着したとき、自分たちは演奏するつもりがないとビルが言ったんです」とアグビは言った。「私は電話でビルと話そうとしました。でも彼はピアノを弾くつもりはないと言うんです。楽器はビルが快適に弾ける基準に達していなかった。私も見ましたが、大丈夫だと思いました。ビルが求めるような高い基準は満たしていなかったかもしれませんが、私はビルほど才能のあるミュージシャンではないので、コンサートは続けられると思ったんです。結局、私たちは客に返金しなければならなかった。あれはビルの大ファンだった私にとってはとくに不本意な出来事で、がっかりしました」(9)

幸いにも、ツアーが終わる前に、私たちはバンクーバーに立ち寄り、リッジ・シアターで大入りの観客を前に演奏することができた。ビルはその立派なホールで、間違いなく一流の調律師によって手入れされた美しいベビー・グランドピアノを弾いた。そのピアノの音は素晴らしく、ビルは感激し、観客は目当てのもの、つまりは素晴らしい音楽の夕べを手に入れた。このコンサートは、カナダ放送協会のために収録され、その年の終わりごろに放送された。残念ながら、それがレコードとして世に出ることはなかった。

二日後、トリオはワシントンDCのジョージタウン地区にある伝説的なジャズ・クラブ、ブルース・アレイにいた。そこでの公演は、一週間を予定していた。その連続公演が始まったのが四月十七日。ところが、初日かそれくらいに、ビルは兄のハリーが自殺したという知らせを受けた。ビルはハリー(彼は統合失調症を患っていた)ととても仲が良く、心から彼を尊敬していた。

この知らせがその晩すぐにビルにおよぼした計り知れない影響についてマーク・ジョンソンが振り返った……

僕はいつも目を閉じて演奏していた。ピアノの音が聞こえてこないことに気づいたのは、「リ・パーソン・アイ・ニュー」が始まって八小節目ぐらいのところだった。目を開けると、ビルが涙を流し、「彼はあまりにも私の音楽の一部だった」と言いながらピアノから後ずさりしようとしているのが見えた。僕はハリーが自殺したことを知らなかった。ビルはもしかすると、僕にはジョーに対するよりも少し遠慮があったかもしれない……たぶん僕のほうが若かったから。僕たちはブルース・

アレイの後、南西部に行って短期講座や上級音楽セミナーやコンサートを行う予定だったけれども、それらは延期になった。あのときは最悪だった。それがビルにとって終わりの始まりだったんだ。[10]

私もブルース・アレイでのその晩のことを覚えている。私たちは「リ・パーソン・アイ・ニュー」を演奏しはじめたところだった。ビルの方を見ると、彼はピアノを弾くのをやめて涙を流していた。ビルは「無理だ」もしくは「もう続けられない」というようなことを言って、ステージを降りてしまった。楽屋で彼はマークと私の二人に、ハリーが自殺したことを明かした。その晩はそれで終わりになったことは間違いない。ギグを立て直すべく、クラブ側は残りの公演でビルの代役にマーク・コープランド（かつてはマーク・コーエンとして知られていた）を立て、その週を乗り切ろうとした。私たちは少なくとも一晩、マークをピアノに迎えて演奏することになった。マークはそのギグのことをよく覚えていて、電子メールで教えてくれた。

ピアニストのマーク・コープランドがそのエピソードを振り返る……

ジョーとマーク・ジョンソンと私は、ブルース・アレイでその週の残り二晩だか三晩だかの公演をやる予定だった。ビルの兄ハリーが週の半ばに亡くなり、ビルは悲しみのあまりギグどころではないのが明らかだったからだ。クラブは、私たち三人がリハーサルできるように手はずを整えてくれた。しかしその日の遅くだったか翌日だったかに、ビルがオーナーと報酬のことでもめて、ジョーとマークを引き揚げてしまったので、結局私は地元のジャズ・ミュージシャンたちと穴埋めをす

ピアニストのマーク・コープランドは、ビル・エヴァンスが兄ハリーの死を知ったあと、ワシントンDCにあるブルース・アレイで彼の代役を務めた。
（撮影：フランチェスコ・プランドーニ、提供：マーク・コープランド）

る羽目になった。

そのリハーサルのことは覚えている。なぜかというと、当時、私はスタンダード曲のリハーモナイズ〔訳註：メロディに対して別のコード進行を用いることで曲の雰囲気を変える技法〕にハマっていて、そうしたリハーモナイゼーションを即興演奏の基本として使っていた。リハーサルの後、私は楽譜のことでマークと話をした。私のはリハーモナイズしたコード進行がごちゃごちゃと書き込まれていたのに対し、彼によると、ビルは基本的なコード進行を基にハーモニーを作っているのだという。私は驚きを隠せなかった。そしてマークはこんな感じのことを言った。「ビルの楽譜を見たほうがいい。全部ii－V*（ツー・ファイヴ）で、見た目はいたって普通だから」と。もちろん、ビルのサウンドはまったく普通ではなかった。

私は、彼の楽譜――と手法――が私のと似たようなことになっているのではと予想していたのだ。
これには興味を引かれた。時がたつにつれ、ビルの手法は理にかなっていることが明らかになり、六〇年代の初めにはハービー・ハンコックが取り入れて発展させていた。
今の私には、程度の差はあっても枠組みとしては元のコード進行に忠実に、それらを基にヴォイシングや代理コードを組み立てるほうがより音楽的だということがはっきりしているように思える。それは多かれ少なかれ、私がこの三十五年間やってきたことだ。ジョーやマークとやったリハーサルは、こうした美的選択を発展させるうえで一役買ったのだった。[11]
このことでビルが精神的に大打撃を受けたことは明らかだったが、それでもトリオは発展し続けた。そしてまさにマーク・コープランドにとってそうであったように、ビルは私の音楽のキャリアにおいて最も重要な師の一人になるのだった。

＊訳註　ダイアトニック・コードの二番目のコードから五番目のコードに進むコード進行。ジャズで多用される。

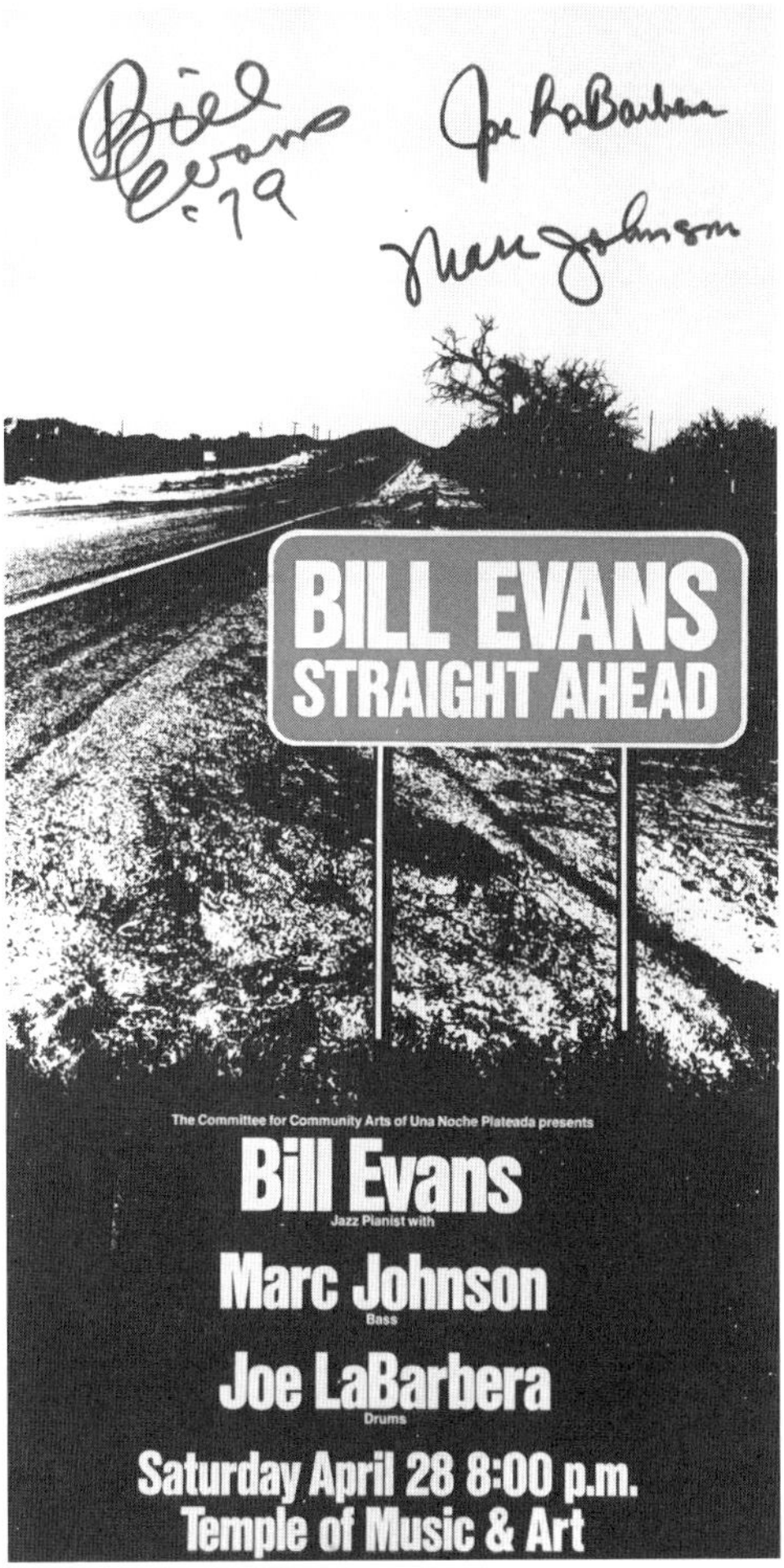

アリゾナ州トゥーソンで開催されたテンプル・オブ・ミュージック＆アートの公演を宣伝するビル・エヴァンス・トリオのコンサート・ポスター。このコンサートは、ビルの兄、ハリー・エヴァンスの訃報を受けて数日間延期された。このポスターの裏に、ビルは私宛てに「このあいだのセットは申し訳なかった」というメッセージを書いてくれた。（提供：ジョー・ラ・バーベラ）

第6章　ビルからのレッスン——発見の喜び

1979年4月〜5月

ビル・エヴァンスのような偉大なミュージシャンのそばにいることの大きな利点は、彼が言葉で、あるいはただ演奏を通して伝えてくれるあらゆる知識に触れられることだった。彼は、一九六六年に兄のハリーとともに作ったビデオ『ザ・ユニヴァーサル・マインド・オブ・ビル・エヴァンス』でジャズの即興演奏へのアプローチを明かしている。実際、それはどんな仕事にも応用できるものだった。一言で言えば、人は特定の物事に自分の全神経を集中させる必要があるということだ。そういう状態になるために、ビルはただ心の中で「スイッチを入れ」て、プロセスを開始するのだった。

それには少し練習が必要だが、最終的には自分自身を訓練することで、演奏中に完全に「その瞬間に集中」できるようになり、それによって精神的・肉体的疲労を克服できる。正直な話、そういうことが起こるのを私は何度もこの目で見た。とくにビルの人生が終わりに向かうなか、彼の体力が枯渇したも同然のとき——それでも彼はどうにか底力を発揮し、難局を乗り越えた。

一九八〇年に放送されたカナダ放送協会ラジオのロス・ポーターとのインタビューで、ビルは、自分の外側の肉体は急速に衰えていってはいるが、内側には純粋な精神があると語った。(1)おそらくこれが彼のエネルギーの源だったのだ。少し補足すると、ビルはこのころ（一九七九〜一九八〇年）のアメリカでは、ほとんど強迫観念と言ってもいいくらい肉体的な健康と外見が非常に重視されていると感じていた。ビルはこれに何の反感も持っていなかったが、もっと健全な内なる自分よりもそちらを優先する人が多いと感じていた。彼は自分の身体の状態が良くないことは全面的に認めたものの、内側にはたしかに純粋な精神を持っていた。私はこの考えに反論するつもりはまったくない。しかし今思えば、それはある強迫観念に別の強迫観念で対抗していたに過ぎない。私たち夫婦が第一子の誕生を控えていたとき、私はもっと運動しなければと感じて毎日ランニングをするようになった。するとビルは、運動なら前の晩自分もやった、何度か早歩きでトイレに行ったから！　とからかったのだった。若いころの彼がいかにスポーツマンだったか考えると、本当に皮肉なことだ。余暇にはフットボール、ゴルフ、水泳などあらゆるスポーツを楽しみ、見た目は伝統的なアイビー・リーグの大学生のようだったのだから。

もう一つ、私が面白いと思った概念は、ビルが「発見の喜び」と呼んだものだ。私は、一九七九年の春にアリゾナ州トゥーソンで開催された短期講座で、彼がこの言葉を使うのを初めて聞いた。トリオはそこで一連のワークショップとコンサートを行った。私はこの言葉と、それが意味するものすべてを最初から気に入っていた。あるとき一人の学生がビルに、レコーディングのとき、このコードのヴォイシングでどの音を使っているのかという突っ込んだ質問をした。それは論理的な質問で、私たちの多くは、レコーディングのときにやったかもしれないことについて同じような質問をされ、その場でうまく答えてきた。

しかしビルの回答は、私たちの誰もが予想しないものだった。ビルがその学生に言ったのはこういうことだ。自分がどう弾いたかをそっくりそのまま君に教えることはできるが、それは君にとって何の意味もないし、君はおそらくすぐにそれを忘れてしまうだろう。君が本当にやらなければならないことは、私が演奏した曲に取り組み、私がやったように自力で最後までやってみることだ。それから、これまでの君の音楽への理解をもとに、自分独自のものを見つけるんだ。ただ君の質問に答えるだけでは、君から発見の喜びを奪ってしまうことになるから。これは私や学生たちにとって、本当に素晴らしいレッスンだった。

プロ・レベルの発見の喜びはどうだろうか？　たしかに私は稽古場で自分自身の発見をしてきたし、それは今でも変わらない。しかしビルは、私やこれまでの共演者すべてに、ステージ上で発見する機会を与えてくれた。彼はこれを、グループの全員がフルで参加すること以外何も取り決めないという方法でやってのけた。ビルは、メンバーになった人に前任者のような演奏をしてほしくなかった（実のところ、バンド・リーダーのなかにはそういう人もいる！）し、音楽の中で自分のヴォイスを自力で見つけてほしかったのだ。そのためには、とてつもない忍耐力と自信――自分自身の能力に対する自信と、自分が見抜いたメンバーの能力に対する自信――を持ったリーダーが必要になる。

ビルによると、自力で音楽的な発見をするというのは、マイルス・デイヴィスのバンドでも同じだったという。コルトレーンのカルテットがロチェスターで演奏したときに、十代だった私たち兄弟は休憩中のマッコイ・タイナーと話をしたのだが、彼もそのグループについてほぼ同じようなことを言っていた。というのも、「インプレッションズ」という曲の途中、マッコイが演奏を止めたところがあったので、私たちは彼に、コルトレーンから「ストロール」（演奏を止める、という意味のジャズ用語）の合図があったのかと尋ねた。彼はノーと答えた。単にその音楽に加えるべきものが他に何も思い浮かばなかったのだ。何年かたって、コルトレーンのその伝説的なバンドのドラマー、エルヴィン・ジョーンズが教えてくれたのは、彼らは音楽について事前に話し合ったことがないということだ。『至上の愛』ですら、この方法でレコーディングされ、コルトレーンはタイトルが書かれていないパート譜を配ると、すぐにカウントを始めたそうだ。キャノンボール・アダレイについて書かれたものを読んだことがあるが、彼のグループも同じやり方で仕事をしていた。もちろん、アレンジの特定のパートをリハーサルしてもいいが、そのパートを自分なりに解釈することは、そのグループらしさを出すのに欠かせない。

まだ基本を学んでいる最中の学生から経験豊富なプロまで、「発見の喜び」は、自由に探究することにともなう責任をみんなが自覚しているかぎり、実りのある旅になるに違いない。

ニューヨークを拠点に活動するピアニストのアンディ・ラヴァーンが、ビルのレッスンを振り返る……

ビルがヴィレッジ・ヴァンガードで二週間演奏していたとき、私は十八歳で、高校を卒業したばかりだった。このときのバンド・メンバーは、ベースがエディ・ゴメス、ドラムがマーティ・モレル。私は毎晩通ったものだ。

ビルはそうしたギグでは、観客に話しかけることなく演奏してセットを終え、休憩のときは裏に引っ込むのが常だった。でも、これは本当にすごいことだけれど、その晩たまたま私はガールフレ

アンディ・ラヴァーンは18歳のとき、ブロンクスにあるビル・エヴァンスのアパート―アンディの家からほんの数ブロック先―でビルから何度かピアノのレッスンを受けた。ビルはかなり時間をさいて教えたうえ、アンディからレッスン代を取らなかった。（撮影・提供：アンディ・ラヴァーン）

ンドと一緒に最前列に座っていた。するとビルがステージを降りてきて、私たちの隣のテーブルに座ったんだ。彼は話をしていて、その内容が私にも聞こえた。ブロンクス区のリヴァーデイル地区にある西二百四十六丁目の新しいアパートに引っ越したばかりだと言っていた。そこは私の家と同じ通りだった。当時の私は、とてもうぶで引っ込み思案だった。でもこのときは、自分もそこに住んでいます、と彼に言わずにはいられなかった。私はそのテーブルに近付いて「失礼します、エヴァンスさん……」と声をかけ、自分も同じ通りに住んでいて、ピアノをやっていると伝えた。すると、なんと彼は私を自宅に招待してくれたんだ。

私たちは訪問の日時を決めた。ビルの自宅までは歩いて三分だった。彼はアパートの四階に住んでいたのだけれど、ロビーで私を出迎えてくれた。部屋に上がる前に、彼が郵便受けをのぞくと、ジョン・ミーガン著の『ジャズ・インプロヴィゼーション4　現代のピアノ・スタイル』という本が入った小包が届いていた。

この本には、ビルのルートを弾かないレフトハンド・ヴォイシングのすべてが詰まっていた。当時（一九六〇年代の半ばころ）、私はそういうことをまだ知らなかった。それは当時の私が理解できないことの一つだった。ビルはその本の「まえがき」を書いていたのだった。

こうして私はビルから何度かレッスンを受けることになった。その内容はこうだ。まず私が彼の前でピアノを弾く。その間彼はピアノの高音側に座っていた。私は神経がすり減るような思いで弾いた。当時私はジュリアード音楽院に通っていて、ジャズの理論やハーモニーについてはあまり知らなかった。次は、ビルが私のために演奏してくれる。これらのレッスンのビデオかテープがあればよかったのだけれど。私にあるのは記憶だけなので、それを忘れずにいたいと思う。

その後は二人で連弾。そしてビルは概念的な話をいくつかしてくれた。彼は、どんなハーモニーを作りたいのか、自分の目標を設定する必要がある、その目標にたどり着くための道はいくつもある、と言った。自分のキャリアと成長を振りかえってみると、すべてはそこから始まっていた。

ビルは、自分の真似事のような演奏はしてほしくないという思いがとても強かった。それは、彼がとくに強く感じていたことの一つだと私は知っている。彼は、「発見の喜び」について話してくれた。

最初のレッスンの終わりに、彼はその日手に入れたばかりの本を私に見せてくれた。そして帰り際、「これを持って行ったら？」と言ってくれた。

そのとき、私はレッスン代についてはどうなるのかよくわかっていなかったが、結局、彼は私からいっさいお金を取らなかった。今の時代、教えてくれる人はいくらでもいるだろうが、タダで教えてくれる人がいるだろうか？　いやいない。(2)

第7章 We Will Meet Again
1979年8月

ビルは新しいトリオでレコーディングをしたがっていたが、その計画にはちょっとした障害があった。前のトリオで録ったアルバムが二枚――どちらもドラマーはエリオット・ジグムンド、ベーシストはエディ・ゴメス――が発売を控えていたのだ。発売元は一方がファンタジー・レコード、もう一方がワーナー・ブラザースだった。次のレコーディングもまた、ワーナー・ブラザースで予定されていて、当初はビルと編曲家・作曲家のクラウス・オガーマンおよびフル・オーケストラとのコラボレーションが企画されていた。しかし、オガーマンが悩んでいたこともあり、トリオのアルバムが立て続けにリリースされるのを避けたかったビルは、いつもの形式とは違う何かに挑戦することにした。選んだのは、新しいトリオを核としたホーンベースのクインテット。ビルはすでにテナー・サックス奏者のラリー・シュナイダーの大ファンだった。彼は、ビルとハーモニカのトゥーツ・シールマンスが競演した一九七九年のアルバム『アフィニティ』で演奏したことがあるのだ。トランペットは誰がいいかとビルに聞かれたとき、私はついこの間までよく一緒に演奏していたトム・ハレルを推薦した。

私たちはマンハッタンにあるCBSの三十丁目スタジオでレコーディングを行った。コロムビア・

レコードが所有するこのスタジオは、かつて教会だった一万平方フィートの広大な建物を、荘厳な音響を維持するためにほぼそのままの状態で残したところで、当代最高レベルのスタジオとして広く認められていた[1]。ルイ・アームストロング、マイルス・デイヴィス、デイヴ・ブルーベック、デューク・エリントンなど、偉大なジャズ・ミュージシャンはみなここでレコーディングを行ってきた[2]。控えめに言っても、私は興奮していた。レコーディングの経験は以前にもあったが、今回はビル・エヴァンスとだ。ビルとのレコードというのは私にとって一大事で、しかも奏者としての参加だ。私はその成功を願った。また、これまで数えきれないほどマイルス・デイヴィスのセッションがレコーディングされてきたこの神聖な殿堂でのレコーディングというのも一大事だった。その歴史は文字通り壁からにじみ出ていた!

セッションは、八月六日から九日までの四日間にわたって行われた。雰囲気はとても明るく前向きなものだった。マイルス・デイヴィスが『カインド・オブ・ブルー』や、『ポーギー&ベス』、『スケッチ・オブ・スペイン』といった多くのスタジオ・セッションをこのスタジオでレコーディングしたことは有名だった。ラリーとトムは、『カインド・オブ・ブルー』のセッション時のマイルスとジョン・コルトレーンの立ち位置をビルに聞いて、それぞれその場所に陣取った。バンドが使う部分は、わが家の居間と同じくらいの面積で、ピアノの位置は私から一〇フィート（約三メートル）も離れていなかった。私のドラムと他のミュージシャンたちとの間にはおそらくハーフサイズの遮音パネルがあった。

また、ビルの要望で、私たちはヘッドフォンを使用しなかった。そのため私たちは、よく聴いて、なおかつ適切な音を出すことに集中せざるを得なかった。それは結果として本当によかったと言っておかなければならない。ほとんどはエンジニアのフランク・ライコの功績で、彼はマイルス・デイヴィスのアルバム『マイルストーンズ』や、トニー・ベネット、セロニアス・モンク、および多数のブロードウェイ作品のレコーディングのエンジニアリングを手掛けてきた。フランクと私はその日から友人となり、私たちはトニー・ベネットのセッションでふたたびいっしょに仕事をすることになるのだった。(3)

私たちはセッションのリハーサルをやらなかった。ビルはいつも通りのやり方でレコーディングを進めた。私たちがスタジオに着くと、楽譜がそこにあり、テープを回す前に主な部分をざっと読んで、誰がソロを取るか話し合い、それから演奏を開始した。どの曲も二テイクずつ録音したのだが、「ビルズ・ヒット・チューン」だけは例外で、十数回もテイクを重ねなければならなかった。ビルは何かが気に入らなかったのだ。もしかすると、ホーン隊が楽譜通りに吹いていたので、もっと自由なリズムでフレージングしてほしかったのかもしれない。メロディにすっかり馴染んでしまえば、ほとんどのジャズ・ミュージシャンがそうするのだろうが、何らかの助言や、少なくともある程度一緒に演奏する時間がない状態でホーンの二人にそれを求めるのは無理な話だった。

長年ビルのマネージャーを務めるヘレン・キーンは、ビルのレコーディング契約のほぼすべてでやってきたように、このセッションをプロデュースした。ヘレンは、人目を引く存在だった——背が高く、金髪で、堂々としていた。私の第一印象は、プロに徹した人というもので、それは正しいことが証明された。また、彼女は親しくなれば愛すべき人なのだが、必要とあらば無慈悲にもなれた。そして彼女は明らかに、ビルとそのキャリアに完全に入れ込んでいた。

ヘレンは大手芸能プロダクション、MCAの初の女性エージェントとしてそのキャリアをスタートさせ、ミュージシャンの出演契約を取り付ける仕事から、最終的にはテレビや映画、ラジオにまで手を広げた。その仕事に就くことで、彼女は「ガラスの天井*」を突き破り、女性たちに一人前のエージェントになる選択肢や、少なくともその可能性を与えた。やがて、彼女はケニー・バレル、アート・ファーマー、ジョアン・ブラッキーン、俳優のジェフリー・ホールダー（セブンアップの「非コーラ」のテレビCMで最も知られている）、そして有名なダンサー／振付師カルメン・デ・ラバレイドのエージェントを務めるようになる。

しかし、ビルは彼女の一番のクライアントだった。時々、彼女が担当する他のジャズ・ミュージシャンに仕事が入ったのは、それが結局はビルをブッキングすることにもつながるからだった。したがってビルの個人マネージャー兼プロデューサーを務めるのは、合理的と思われた。ヘレンはビルのレコーディングの癖や好みをすべて知っていた。彼女は、ビルが好むレコーディング環境や、彼が快適に感じるためには具体的に何が必要かを知っていた――「スタジオを予約するから、あなたは来るだけでいい」という態度とは対照的に。ビルとヘレンの契約は口約束だったが、十七年間続いた。そしてビルは、レーベル、レコーディング、ブッキングなど本当にすべてに関してつねにヘレンの判断に全幅の信頼を置いていた。ヘレンの当時の夫ジーン・リースが、クライアントになる可能性があるからと彼女をヴィレッジ・ヴァンガードに連れて行き、ビルの演奏を初めて聴かせた夜、彼女は「ああ、これは心が乱されることになりそう」と言った。それは一度ならず本当のこととなったが、それをものともせずに、彼女はすさまじい熱意と気配りでビルを守った。間違いなく、彼女はビルにとって理想的なマネージャーだった。

　私たちは全部でビルのオリジナルを七曲と、「フォー・オール・ウィ・ノウ」というスタンダードを一曲レコーディングした。そのいくつかは、かなり難易度が高かった。「コムラード・コンラッド」は、二つのセクションに分かれている。一つは四分の四拍子、もう一つは四分の三拍子（ワルツ）で、曲を通してそれらが交互に切り替わる。しかもソロ中は、メロディ楽器がコーラスごとに転調するのだが、ここではラリーとトムの経験がものを言った。なぜなら彼らはこれを事前の準備なしでやってのけたのだから！「ファイヴ」はリズム運動のような曲で、メロディ・ラインがしばしば一小節四拍の間に五つの音を奏でる。ホーンの二人にとっては、そのどれもが初見で簡単にできることではなかった。マークと私はギグで定期的にこれをビルと一緒に演奏していたので、手慣れたものだった。

　このセッションで私が個人的にとりわけ気に入っている曲は、一九三四年に書かれ、以前にビリー・ホリデイによってレコーディングされた「フォー・オール・ウィ・ノウ」だ。ビルは、ロバータ・フラックとダニー・ハサウェイによってレコーディングされたこの歌に惹かれていた。それはとても力強く、予言的とも言えるパフォーマンスだった。というのも、ダニーは一九七九年一月十三日に自殺したのだ。その事実をビルが見過ごすはずはなく、以前そのことについてこんなふうに言っていた。ダニーはおそらく、この世はもう十分だと思ったんだろう、と（ほとんどのビル・エヴァンス・ファンは、私たちが通常ジャズと考えるもの以外のヴォーカル曲にビルが時々心を動かされ、感銘を受け

＊訳註　女性やマイノリティの昇進を阻む見えない障壁。

ていたことを知ったら、おそらく驚くことだろう。その一例が、ビルが毎晩のように演奏していた、ボビー・ジェントリーの「モーニン・グローリー」だ。ビル・エヴァンスの音楽の幅広さにはいつも驚かされっぱなしだった)。

マーク・ジョンソンがそのセッションを振り返った……

僕は前の年にビルとスタジオでレコーディングをしていたので、彼のやり方をみなよりも少しだけ知っていた——ビルが曲の構成を練り、それをミュージシャンたちとやっていくので、複数のテイクを録音するだろうと。ラリー・シュナイダーは、ビルとトゥーツ・シールマンスのアルバム『アフィニティ』のレコーディングのときに共演して知っていたけれど、トム・ハレルは噂で少し知っているだけだった。

収録曲の何曲かはギグやサウンド・チェックですでに演奏したことがあるもので、トリオは「ビルズ・ヒット・チューン」、「ファイヴ」、「ローリー」には慣れていた。「ファイヴ」は、ヴィレッジ・ヴァンガードでサード・セットの後に締めのようなものとして演奏していた曲だ。「コムラード・コンラッド」は、ビル・エヴァンスの前のアルバムで聴いてよく知っていた……「ペリズ・スコープ」もそうだ。「オンリー・チャイルド」は知らなかった。

ヘレン・キーンは、音楽のことはビルにまかせていた。彼女は特定のテイクの優劣については意見を言った。そしてレコーディング・セッションを実現させるという基本的な部分を担っていた。しかし音楽的なことはすべてビルに委ねた。

思い出すのは、トム・ハレルが何度もトイレにこもってしまい、テイクを録る前にほぼ毎回ビルが彼を呼びに行かなければならなかったことだ。それからほどなくして、僕はトムが統合失調症を患っていることを知った。そんな事情にもかかわらず、彼の演奏はとても美しかった。

僕はビルが作る音楽の一部になれて幸運だと思っていた。そしてただひたすらビルとジョーとバンドのためにいい演奏がしたかった。(4)

私も「オンリー・チャイルド」は知らなかったが、すぐにそのメロディに惹かれた。トムとラリーは覚えていないかもしれないが、私はビルが彼らに、この曲のコーダ(終結部)を作る任務を課したのを覚えている。これはまさに、ビルがよき師である好例だ。というのも、ビルは彼らに別のレベルで制作過程に関わる機会を与えようとしていたからだ。彼が言ったのは、「エ、ン、デ、ィ、ン、グは君た、ち、が、考、え、て、く、れ、な、い、か。私は一服しに行ってくるから」というような内容だった。二十分ほどして彼が戻ってきたとき、エンディングはまだできていなかった。するとビルはピアノの方に歩いて行き、全員に「これを書き留めて」と言うと、その場でさっとエンディングを作曲した。レコーディングではそれを使用したのだが、最高だった!

セッションの報酬は二倍だったので、出来は素晴らしいものになった。一九八〇年の第二十三回グラミー賞で、このアルバム『ウィ・ウィル・ミート・アゲイン』は「最優秀ジャズ・インストゥルメンタル・パフォーマンス賞、グループ部門」を受賞した。また、ビルは、「アイ・ウィル・セイ・グッドバイ」の演奏で「最優秀ジャズ・インストゥルメンタル・パフォーマンス賞、ソリスト部門」も受賞した。[5] ニューヨークで行われた授賞式では、ビルにグラミー賞が贈られた（そして私は自分が出席したことを何となく覚えている）。ウェブサイト allmusic.com では、このアルバムに星が（五つのうち）四つ付けられている。[6]

第8章　ビルと過ごした時間　1

妻が妊娠した後、私たち夫婦はニューヨーク州の北部、キングストンから少しはずれたレイクカトリーンというところに引っ越した。マンハッタンからは二時間半かかる。ニューヨークで仕事があるとき、ビルは彼と一緒の仕事かどうかに関係なく、ニュージャージー州フォートリーにある彼のアパートに私を泊めてくれた。おかげで通勤にかかる時間と費用を節約できた。でも、おそらくそれ以上に意味があったのは、それによってビルをもう少しよく知る機会が得られたことだ。というのも、巡業中――公演のときは別として――ビルは姿を消してしまうからだ。ビルに「お化け」というあだ名を付けたのは、「フィリー」・ジョー・ジョーンズだったと思う――それにはもっともな理由があったのだ。

一九八〇年二月の後半の二週間にそういう機会が一度あった。私は、ジミー・ロウルズ、キャロル・スローン、ジョージ・ムラーツとともにマイケルズ・パブでの仕事に雇われていたため、必然的にビルと一緒に過ごすこととなった。ビルは昼のあいだ、時々自分の寝室から出てきたので、私たちは音楽や生活のこと、前の晩にテレビで見たことなど、さまざまなことについて話をしたものだった。

私は、泊めてもらっているのだから節約のために料理をしようと考えて、彼に何が食べたいかたずねた。すると彼は即答で二つ挙げた。トルテリーニ・ボロネーゼとホットドッグ！　以上！　泊めてもらった期間を通して、私が作ったのはパスタとホットドッグと朝食だった。こんな簡単なものでこの人がどんなに喜んでくれたかは、とても言葉では伝えきれない。思うに、彼が本当に喜んでくれたのは、この行為に込められた気持ちだったのだろう。なぜなら、正直に言おう、それは本当にただのホットドッグや卵料理だったからだ。

ビルと彼の妻ネネットは、数か月前に別居していた。そしてある日、彼はニューヘイブンにいる妻と息子のエヴァンを訪ねて行った。しかし、事はうまくいかなかった。私は少しのあいだ留守にしていて、戻ってみると、ビルが通路で私を待っていた。そして文字通り泣き崩れた。私は、ほかに慰める方法が思いつかず、彼を抱きしめた。私はビルの身体を抱きしめることで彼を助けたことが三回あるが、これがそのうちの一回で、三回の中では間違いなく最も簡単だった。彼がようやく落ち着くと、私たちは座ってしばらくのあいだ話をした。彼は自分の持ち物を一箱持ち帰っていた。その中身は貴重な品々ばかりで、中には彼が高校や大学のときに録音したものがいくつかあった。その日の午後、私たちはそれらを聴いて過ごした。そしてビルは私が望むものをダビングさせてくれた。

ビルの家にはある種自宅のような居心地のよさがあり、とくにミュージック・エリアではそう感じた。居間にはテレビが一台と、ビルの素敵な古い五フィートのチッカリング製ベビー・グランドピアノがあった。そしてピアノの上には、ジョニー・マンデルやアラン＆マリリン・バーグマン夫妻などの新曲の楽譜が置かれていた。ある日、私はビルがもう寝たと思って、静かにピアノを弾いた。確か、私が習ったことのある彼の曲の何かだったはずだ。たぶん丸々五分は弾いたところで手を止めると、寝室からビルが「続けて」と言うのが聞こえた。私は信じられなかった。なにせ私のピアノの腕前はひどいのだ。しかし、どういうわけか彼はもっと聴きたがったので、私は思いつくかぎりあらゆる曲を弾き、マンデルの曲まで挑戦してみた（それは「メルト・アウェイ（Melt Away）」とかいう曲で、まだ日の目を見ていないものだと思う）。その後、ビルが部屋から出てきて、私をほめてくれた。それから彼は鍵盤に向かい、自身が編曲した「アワ・デライト」など何曲かを弾いてくれた。その日の私は、世界中の本物のピアニストすべての羨望の的だったに違いない。

私の下手なピアノ演奏のほかに、そのアパートで音楽が流れることはめったになかった。ビルは、政治問題やその他のトーク・ラジオを聴いたり、テレビを見たりすることを好んだ。そして政治問題と言えば、思い浮かぶ出来事が一つある。トリオは一九八〇年九月にモスクワで五つのコンサートを行うことになっていて、ビルはそれを心待ちにしていた。彼の母方のソロカ家はロシア出身で、父親はウェールズ系だった。どちらの家族も文化として音楽、とくに歌を取り入れていた。ビルにとってはこれが音楽への最初の入り口だった。

また、ビルの母親の祖国には、ビルの熱烈なファンがいることが事あるごとに伝えられていた。一九七九年にロシア（ソ連）がアフガニスタンを侵攻すると、ビルは何かしなければならないと感じた。（ビルが亡くなってから一か月後に発表された）『ダウン・ビート』誌の編集者に宛てた手紙の中で、ビルは公にツアーをキャンセルし、自分の手紙が対象読者となるアメリカやロシアのファンに届くことを望んだ。その手紙から抜粋したものを紹介しよう。

「私の姓エヴァンスは明らかにウェールズ系のものですが、私の母の姓ソロカと、彼女が受け継いだ文化はロシアのものです。私の子ども時代の記憶は、こうして受け継がれた歌や精神にあふれた温かなものです……成長期の子どもにとっては、豊かなかけがえのない贈り物です。そのため、私はロシアを訪ねてみたいとずっと願ってきました。私自身のこうした部分のルーツをじかに感じてみたかった。おそらく、アフガニスタンのことがなくても、次のような結論に至ったかもしれません。というのも、私はしばしば、一人の意見によって長く続く苦しみや投獄がもたらされる可能性のある社会、そして芸術家の最も純粋なインスピレーションですら外側の基準に従うべきだとする社会に生きる人びとの悲劇を嘆いてきました。今まさに芸術の本質が否定されているのです！　そのような場所で自発的に演奏するのは、結局、人間の精神がおとしめられていく状況の中で受け身のまま生きることになります。私の意思表示はあまり、いやまったく意味がないでしょうが、私は自分の規範《コード》に従うのみで、それに満足しています」[1]

「私は自分の規範《コード》に従うのみで、それに満足しています」。この締めくくりの言葉に、良くも悪くもビルの人生そのものが集約されている。

第9章
バースデー・ブルースとブエノスアイレス
1979年8月〜9月

ビルの五十回目の誕生日があっという間に近づいてきた。その記念すべき日は八月十六日で、レッド・ロドニー&アイラ・サリヴァンのバンドにいた素晴らしいピアニスト、ゲイリー・ダイアルがパーティーのホスト役を買って出た。ゲイリーは、一九七〇年代の半ばにニューヨーク市によって建てられた、西四十三丁目にある二棟の高層タワー、マンハッタン・プラザに住んでいた。そこは法律により、入居者の約七〇パーセントが芸能の仕事をしている人たちだった（チャールズ・ミンガスもそこに住んでいた）[1]。ゲイリーの部屋は、眺めが最高だった。若気のいたりの幼稚なノリで、マークと私はアッパー・イースト・サイドでセクシーな商品を作るベーカリーを見つけ、際どいメッセージ付きのバースデー・ケーキを注文した。ビルはそれを見てクスクス笑っていた。

その日は、ケニー・ワーナー、ジョアン・ブラッキーン、ジョー・ロヴァーノなど、偉大なミュージシャンたちが大勢やって来た。ビルの別居中の妻、ネネットも参加した。それは楽しいイベントだった。ビルはこのとき、とても上機嫌で、まだとても元気だった。彼とネネットは——別居はしていたが——相変わらずとてもうまくいっていた。ビルはソロで少しピアノを弾いたあと、ジョアンと何曲か連弾し、私たちはみなそれを大いに楽しんだ。

ジョアンが演奏に加わったとき、ビルはピアノの低音側で演奏することを選び、ベース・ラインとコンピング（ソロの伴奏としてのコードによる即興演奏）を担当した。

ゲイリー・ダイアルがそのパーティーを振り返った……

じつはマーク・ジョンソンとは、彼がビルとギグをやるようになる前や、ビルと一緒にやっているあいだもずっと一緒に演奏していた。マークは、マンハッタン・プラザの私の部屋によくやって来たので、一緒に何曲も弾いたんだ。彼はうちに演奏しに来て、このアパートをすっかり気に入っていた。うちは四十四階だから、景色が最高で、演奏するにはもってこいの環境なんだ。当時は南を見ると、ミッドタウン、エンパイア・ステート・ビル、タイムズ・スクエアや、ニュージャージーの方がすべて見えた（その後、超高層ビルが建って、南側の景色は損なわれてしまった）。「なあ、もしかしてビルの誕生パーティーをここでやったらいいんじゃないか？」と言って提案したのはマークだった。私は「かまわないよ」と答えて、そのチャンスに飛びついた。でもそれは本当にマークのアイデアで、ビルはこの部屋も景色も、この環境すべてを気に入るだろうと考えてのことだった。

私たちは友人すべてを招待した。ゲストは、ケニー・ワーナー、ジョー・ロヴァーノ、ベーシストのフランク・グラヴィス、トランペッターのグレッグ・ルヴォロ（彼が私とビルの写真を撮ってくれた）、ピアニストのジョアン・ブラッキーンとジェラルド・ディアンジェロ、ドラマーのジェフ・ハーシュフィールド、ビルの妻のネネットなど三十人ぐらいいた。私はケータリングでサンドウィッチ、オードブル、ワイン、カクテルなどを用意した。

私たちはみな、ビルが到着するまでとくに何をするでもなく、おしゃべりをしながら過ごした。私のピアノは、六フィートのヤマハCシリーズ（音楽学校モデル）で、調律・整音済みだった。そして私は、ビルのタッチを捉えるため、その中にマイクを仕込んでいた。ビルに演奏を強要するつもりはなかったが、もしも彼が望んだ場合、ピアノの準備は万端だと思った。

ビルはとても紳士で、明らかに喜んで参加してくれていた。彼が到着したとき、私はビルがキャノンボール・アダレイと演奏した「ワルツ・フォー・デビー」が収められているレコード（『ノウ・ホワット・アイ・ミーン』）をステレオでかけていた。するとビルは、「へえ、レコーディングしてから聴いていなかったな。そのレコードは持っていないんだ。初めて聴いたよ」と言った。そしてピアノに歩み寄って座り、レコードに合わせて弾き始めた。そこで私はすぐさまレコードを止めて、座っている彼に「ビル、あなたの演奏を録音させてもらってもいいですか？」と聞いた。彼は見上げると、本当に気にも留めずに「もちろん」と言った。あれは本当に楽しかった。

ピアノの片側に立って、あんなふうに弾くビルをじっと見守ったことは、けっして忘れないだろう。ピアノの反対側にはマーク・ジョンソンがいて、「ビル、次は『ファン・ライド』がいいな」と言った。それからビルはリクエストに応じ始めた。私ではなく、マークのリクエストに。

彼はソロでピアノを二十五〜三十分ほど弾いた。「ファン・ライド」の他には、「ローリー」、「フォー・オール・ウィ・ノウ」、「ビルズ・ヒット・チューン」、そして「レター・トゥ・エヴァン」を弾いた。ビルは曲と曲の合間に冗談を飛ばしながら三十五分ほど弾いてくれた。それから彼はジョアン・ブラッキーンを連弾に誘った。ヘレン・キーンがジョアンのマネジメントも引き受けることになったので、ビルは彼女の演奏を聴きたかったんだ。二人は「フレディ・フリーローダー」と「スピーク・ロウ」を演奏した。その後は、ジョアンが一人で一曲弾いた。そしてバースデー・ケーキが出てきた。ケニー・ワーナーが「ハッピー・バースデー」をピアノで弾いた。ケーキが出た後、ビルは帰ってしまったが、他のみなは残った。その後はケニーが何曲かソロでピアノを弾き、私はジェラルド・ディアンジェロと連弾をした。

その日起こった面白いことの一つは、私がビルの演奏について耳にしていたとんでもない話について確認できたことだった。当時、私はレッド・ロドニーのバンドで演奏していて、レッドは週に五日くらい私のアパートにやって来た。そんなある日のこと、私はビルの誕生パーティーのホストを務めることを彼に話した。するとレッドは「俺たちがオスカー・ペティフォードのバンドにいたとき、オスカーはビルのコンピングをひどく嫌って、壁に掛かっていた斧を取り出して、殺すぞと彼を脅したんだ」と言った。私は、そんな話はでたらめだと言い張った。でもレッドは、「ビルのようなコンピングはするなよ」と私に言ったんだ。

ところがビルは、誕生パーティーのあの晩、その話は本当だと私に言った。「ステージから飛び降りて逃げた私を、オスカーは斧を持って追いかけてきたんだ」とビルは言った。「何が気に食わなかったのかよくわからなかったけれども、私のコンピングに関係があるとは聞いたな」

私は高校生のころ、ブリーカー・ストリートとトンプソン・ストリートの交差点にある大きなク

ピアニストのゲイリー・ダイアルがビルの50歳の誕生パーティーのホスト役を務めた。ジョアン・ブラッキーン、ジョー・ロヴァーノ、ケニー・ワーナーといったニューヨークの一流ジャズ・ミュージシャンの多くが、マンハッタン・プラザのダイアルの部屋で行われたパーティーに参加した。(撮影：グレッグ・ルヴォロ、提供：ゲイリー・ダイアル)

ラブ、トップ・オブ・ザ・ゲイトで、ビルがドラムのマーティ・モレルとベースのエディ・ゴメスと一緒に演奏しているのを聴いて、初めて彼に興味を持った。その数年後、ベーシストのチャック・イスラエルと共演し、バークリー音楽大学の学生だったころは、ドラマーのジョー・ハントと共演した。二人ともビルのバンドの経験者だった。ジョーは当時、バークリーの先生だったんだ。そうした経験から、私はビルのことをさらに知るようになった。

マークとジョーがギグに出たとき、私たちの誰もが格別な思いを抱いた。ビルが今や私たちと同世代の仲間と演奏していたからだ。彼らの「ナーディス」の演奏を聴けば、「ラスト・

トリオ」の一部始終がわかる。まずビルが、自由に引き伸ばした長い序奏をソロで弾く。そこで彼は毎回自分自身を乗り越えて行った。そしてますますポリトーナル・コード（多調和音）やリズムの置き換えを多用するようになっていった。次にソロを取るのはマーク。その次がジョーだ。そしてビルが入ってきて全員で演奏する。この曲の進化をトリオの歴史として見ていくと、本当に驚かされる。ビルはこの曲をセラピー曲と呼んだが、それは彼らがギグの最後にこの曲を演奏することで、まさにすべてを解放していたからだ[2]。

ビルのコンピングに対するオスカー・ペティフォードの反応をゲイリーの回想で読む限り、誰もがビル・エヴァンス《エヴリバディ・ディグズ・ビル・エヴァンス》を気に入るわけではなかったみたいだ！

一九七九年九月、トリオは南アメリカにおもむき、ブラジルとアルゼンチンでは何度も公演を行った。それはいろんな意味で本当に素晴らしい経験だった。まず、どちらの国のファンも、ビルとトリオへの理解の深さだけでなく、気前の良さにおいても群を抜いていた。私たちは美味しい食事を、時には珍しい環境でごちそうになった。ブエノスアイレスでは、長時間船に乗っていくつも連なる運河を船で下った。運河はどんどん狭くなって行って、とうとう私たちは一見何もない所に出てしまった。すると突然レストランが現れ、私たちはそこで素晴らしいシーフードのランチを楽しんだのだった。

コンサートはもっぱら劇場で開催された。多くのファンがカセット・プレイヤーを持ってやって来たため、ヘレンが毎晩ステージの前を行き来して、そういう人たちを追い出していたのでよく覚えている。

　また、私たちはブエノスアイレスのカーニョ・カトルセというタンゴ・クラブでショーを見たのだが、それがとてもいい経験になった。そのバンドは、リーダーがバンドネオンの名手ワルテル・リオスで、バンドネオン奏者が数人と、男女両方のヴォーカリストが何組かという構成だった。今思えば、歌唱順は歌手たちの地位や能力の順になっていた。私の耳にはトップバッターの歌手も素晴らしく聞こえたが、次々にアーティストが登場し、レベルはどんどん上がっていった。そして最後の歌手は、熱のこもったパフォーマンスで満場の大喝采を浴びた。このヴォーカリストがあまりにも素晴らしかったので、私たちの目には涙が浮かんだくらいだ。その人が歌った歌詞は一言も理解できなかったが、その音楽にはただ度肝を抜かれ、忘れられないものとなった。このコンサートの後、ビルがリオスを讃えると、リオスは自分の憧れの人が客席にいるのを見て仰天していた。次の晩は、ワルテル・リオスと伝説的なタンゴ作曲者のアストル・ピアソラがトリオを聴きに来てくれ、ビルに温かく迎えられていた。

　リオ滞在中は、シコズ・バーという地元の小さなナイト・クラブにルイス・エサを訪ねた。そこはイパネマ海岸に面した隠れ家のような演奏会場で、ルイスはソロでギグをやっていた。ルイスは、ジャズの名曲「ドルフィン」の作曲者で、ビルとは旧知の仲だった。ビルとマークが飛び入りで出演し、観客を喜ばせた。私はといえば、残念ながらそこにはドラムがなかったのだ。その場は熱狂に包まれた。

　ブラジルでは、サンパウロやブラジリアでも演奏をした。ファンや旧友たちが遠くから飛行機でやって来てビルを訪ね、コンサートに参加した。私が覚えているのは、ブラジリアでのコンサートだ。なぜなら、私たちが演奏する劇場の経営者が、自分たちの最上級のコンサート・ピアノをジャズ・ピアニストに使わせることに不安を抱いたからだ。用意された楽器に満足できなかったビルは、良いパフォーマンスをするには良いピアノが必要なのだと力説した。結局良いピアノが用意されたのかどうかは覚えていない。でも、ビルがその劇場のピアノ収蔵庫に行って、もっと優れた楽器を何台か見つけたことは覚えている。

また、イパネマ海岸で泳いだことも覚えている。当時そこではまだ、未処理の下水が湾に排出されていた。地元の人たちはそれに慣れていたが、外から来た者はそうはいかない。私はひどく具合が悪くなってしまった。

私がとても善良な人……つまりマーク・ジョンソンにとても悪いことをしてしまったのは、リオ滞在中のことだった。マークと私は少し前から、ビルの健康が損なわれていくにつれ、彼の薬物使用量が増え、時には演奏にも悪影響をおよぼすのを見てきた。マークは、コカインの魅力は何なのかと私にたずねた。私自身は時々それを使ったことがあったが、常用するほどのお金も欲求もなかった。私はこれを、ビルに伝えるチャンスだと考えた。ビルが「純粋な心の持ち主」と評するマークに、自分の行動がいかに影響をおよぼしているかを。

そこで私は、ホテルの部屋にいるビルに電話をかけ、マークがコカインを試したがっているから分けてあげたらどうか、と言った。私たちがビルの部屋に行くと、ビルは私をにらみつけながらも、マークが試せるぐらいのコカインを分けてくれたが、その間ずっとその悪影響についてくどくどと説明していた。さて、私たちはさっそく試してみたが、マークは（ありがたいことに）それをつまらないものだと判断し、その話はそれで終わった。

その後、ビルが私に電話をかけてきて、マークに二度とあんなことをするなと言った。私は彼に伝えた。あなたにならうと問題が起こる、マークを守りたいなら、あなたが止めるべきだ、と。わかっている。私がしたことは、素人考えもいいところの心理作戦で、しかも少し不愉快なものだった。でもこのときは、ビルにほんの少しでもいいから生き方を変えてもらえるなら、何でもやってみようと思っていた。何て単純だったんだろう！

第10章 ビルと過ごした時間 2

ビルのアパートで、私たちが食事中にする会話は、音楽から日常のことまであらゆるものに及んだ。こうした会話の中で、マイルス・デイヴィスの代表作『カインド・オブ・ブルー』のレコーディングが話題になったことがある。ビルがそれをいつものレコーディングの一つだよと言うものだから私は唖然としてしまった。彼は、その日ついに成し遂げられた偉業を軽く扱ったのではない。ただ、偉大なジャズ・ミュージシャンたちが毎回いかに高いレベルでセッションに身を投じているのかを語っただけなのだ。

最後に録音されたロス・ポーターとのインタビューの一つで、ビルはこの記念碑的なレコーディングの重要性を認めている。「私はしばしば、なぜそれがこんなにも浸透し、これほど影響を与えるものになったのか、不思議に思っていた」と彼は言った。「これはつい最近のことだけれど、自分の車でヴィレッジ・ヴァンガードから戻る途中、たまたまラジオを付けたら、ちょうど『オール・ブルース』がかかって……どういうわけか以前よりも少し客観的にこの曲をとらえることができた。そして気づいたんだ。そこでは何か特別なことが起こっているのだと」[1]

あるときは、ベースのスコット・ラファロとドラムのポール・モチアンとのトリオについて聞いてみた。二人はもちろん、ビルにとってとても特別な存在だ。ポールとビルは、クラリネット奏者のトニー・スコットやジェリー・ウォルドが率いるバンドで演奏していた、駆け出しのころからのつきあいだった。その後、ビルがリーダーとしての第一作のレコーディングのためにポールを雇った。それが、一九五七年にリヴァーサイド・レコードからリリースされた『ニュー・ジャズ・コンセプションズ』だ。私はポールとじっくり話す機会がなかったことを後悔しているが、ある晩、彼がヴァンガードを訪れたときに挨拶することはできた。見たところポールは、自分とベース奏者とともにトリオを再結成してレコーディングをしようとビルを誘っていたが、彼は断ったようだった。

スコット・ラファロは、ビルにとって単なる音楽仲間を超えた、本当にとても特別な存在だった。私は、自分がスコットにどれだけ影響を受けたかや、彼が私の故郷のマウントモリスからそう遠くない、ニューヨーク州ジェニーバ出身*だということをビルに伝えた。また、スコットが交通事故で亡くなった直後に『ダウン・ビート』誌の追悼記事を見たことも思い出していた。ビルはこのとき、スコットの冬物のコートを彼のガールフレンドのグロリアからもらったことについて話してくれた。ビルはそれを、文字通りぼろぼろになるまで着たそうだ。この会話の後、ビルは私に自分のシャツを一枚くれた。私は今でもそれを持っているが、袖を通したことは一度もない。

またあるときは、街で大成功を収めていたあるミュージシャンの話をした。彼は本当にジャズの演奏ができるのに、スタジオ・ミュージシャンとしてのキャリアを選んだのだ。それはもったいない、というのが私の意見だったが、ビルはただ「彼がそれを選んだんだ」と言った。シカゴのラジオＤＪ、ディック・バックリーとのインタビューでも、ビルは別の有名なピアニストについて、それと同じコメントを繰り返した。[2] こうしたコメントは、批評ではなく――自分の判断を交えずにただ事実を述べたものだった。

また、ビルはよく「才能なんて取るに足りない」と言っていた。ニューヨーク州スケネクタディの『The Entertainer（ジ・エンターテイナー）』紙に記事を書いているジョージア・アーバンのインタビューでは、さらに踏み込んだ発言をしている。「近所の牛乳配達人だって、おそらく優れた才能を持っている」とビルは彼女に語った（その仕事に従事するみなさんを軽んじるものではありません！）。「というのも、この仕事の現実を受け入れること、プロとしてふるまえること、仕事に私生活を持ちこまないこと、といった能力だけでなく、他にも多くの資質が要求されるからだ。そして真の芸術家なら、うぬぼれのようなもので頭が一杯になることはないだろう[3]」

ビルにとって何よりも重要なのは、自分の芸術に身を捧げ、それを続ける意志だった。正直な話、ビル・エヴァンスなら、音楽の仕事はスタジオの仕事をはじめ、よりどりみどりだったはずだ。

「ひとまず三十歳までを目標にした」と彼はポーターに語った。「二十五歳のときにこっちに出てきて、こう誓ったんだ。五年間はただ全力で打ち込もう、そしてもし自分がちゃんと進歩していなかったら、もし五年以内に、自分ができると思ったことを、世間も同じように認めてくれているとわかる反響のようなものが得られなかったら、別の選択をしなければならないだろうと。誰かの音楽ディレクターになってもいいし、スタジオ・ミュージシャンでも何でもいい。それで、私はそれを実行し、結果は

＊訳註　生まれはニュージャージー州ニューアーク。五歳のときにジェニーバへ引っ越した。

本当にうまくいった。よく考えるのは、自分がやりたいことで成功するには、集中し続け、遠回りをせずに頑張る必要があるということだ(4)」

先ほどのジョージア・アーバンのインタビューの中で、ビルは一九五五年に初めてニューヨークに出てきたときに、歌手のトニー・マーティンから誘いを受けたことについて話した。その仕事は、十八週間の稼働で年に二万五千ドルもらえるというものだった——当時それが大金だったことは間違いない！

「その話は十秒で断ったよ」とビルは言った。それは結局、ジャズ・ミュージシャンになるという本当の夢からはずれることになるとわかっていたからだ(5)。ジャズに身を捧げるというビルの意志が固かったことが、ここに表れている。ビルは、文字通り音楽でどんなことでも——音楽ディレクターからセッションの仕事まで——やれるだけのスキルをすべて持っていた（彼の初見演奏の能力は伝説的だった）。しかし、ジャズに身を捧げるということは確定事項で、ビルはそれにすべてを注いだのだった。

第11章　期待

アーティストは、自分たちの技術を追求する中で、つねに自分自身に高い要求を突きつけ、そのレベルに届かないときは、いつももどかしさを感じる。そんな期待は現実的ではないのだが、それでもなお、期待し続けずにはいられない。私の場合、そうした不満はよくあることだと思えることもあった。ビルは、はるかに高いレベルで仕事をしていたため、めったにそうしたことに煩わされなかった。彼も人間なので、時にはパフォーマンスへの不満を口にすることもあったが、たいていは、長年の経験と真の自信から来るものだと思われる、もっと理にかなった方法でパフォーマンスに取り組んでいた。ビルは兄のハリーとともに作ったビデオ『ザ・ユニヴァーサル・マインド・オブ・ビル・エヴァンス』で、必要なときに全神経を集中させることができるよう自分自身を訓練することについて話している。(1)彼は、自分がどのようにそのプロセスを開始するのかを、「スイッチを入れる」という言葉を使って説明した。そして私が彼と一緒に仕事をした二年間、私たちが演奏するときはいつも、彼の集中度が百パーセントを切ったことはないように見えた。もちろん、時にはむしろ力をふりしぼって演奏を開始するように見えたこともあった。そんなときビルは、彼が「プロとしてのベスト」と呼ぶ演奏方法に頼った。それは、平凡で職人のような芸術への取り組み方のように聞こえるかもしれないが、けっして演奏の質を落とすものではなかったし、私たちがそもそも目指しているものへの道を開いた。

私たちにはそれぞれ、自分にとって何よりも大事で、人生を変えかねないほど影響を受けたレコードがある。私にとって『ジャズ・トラック』、『カインド・オブ・ブルー』、『ワルツ・フォー・デビー』は、すべてそういうレコードだ。しかし、自分にとって特別なレコードに出演していたアーティストと一緒に演奏することになり、その魔法が毎晩生まれるわけではないことに気づいたとき、不満や葛藤が生まれるのかもしれない。ビルと毎晩一緒に演奏することになり、私はまた非現実的な期待をするようになった。そしてそういう状況は早くから発生した。それはたいてい、必要な音が聞こえなかったり、自分の音が会場に届かなかったりといった、音響がらみの問題だった。あるとき、ビルは私の不満を感じ取ったに違いない。私をそばに呼んで話をしてくれたからだ。彼は、最高レベルのパフォーマンスを毎晩のように実現することは不可能だと根気よく説明したうえで、それでも演奏の質がプロとしての高いレベルを下回ることはないと断言した。実際、私たちの演奏の質はつねに非常に高く、そしてこれはおそらく最も重要なことだが、観客を喜ばせた。頭では全部わかっていたのだが、私にとっては、口で言うほど簡単なことではなかった。実際、ビルと一緒にいるあいだは、自分のパフォーマンスに満足し、その時々の成果を受け入れられるまでにはなれなかった。でも後にようやく、そこにたどり着けた。

期待は他にも浮かんだ。私は、このグループがこのまましばらく一緒に活動し、音楽的に成長することを期待した。ビルの人気は最高潮に達し、トリオは注目を集めていたため、仕事に困ることはなさそうだった。私たちは一九八〇年十月に日本へのツアーを予定していたほか、オーストラリア・ツアーの話も出ていた。音楽的には、トリオ内でも観客との間でも高いレベルのコミュニケーションが成立していた。だから前途は明るいと思われた。ビルの健康という一点を除いては。

私はビルの薬物乱用歴を知っていた。高校生のときに、そのことについて書かれたものを読んだからだ。私がバンドに加入したとき、ビルのかつての薬物中毒は周知の事実だったが、彼がロックフェラー大学病院でメタドン治療を受けていることも知られていた。(2) しかし、私が加入するまでの間に、ビルはふたたび麻薬を使い始めていた。そしてトリオになって一年ほど経ったころ、私はそれが音楽に影響をおよぼしていることに気づくようになった。

私が最初にビルと演奏するようになったとき、グルーヴは盤石で、テンポは安定していた。ビルの音楽を演奏するということは、三つの楽器すべてのあいだで緻密なインタープレイをするということで、それはピアノ・トリオでは革新的な対位法を用いた手法だった。三者が全員、たがいの音楽的表現を即興で演奏しあう。ピアノのモチーフがドラム・フィルを呼び起こし、それが今度はマークに、「ウォーキング」・ベース・ラインを装飾するインスピレーションをもたらしたりする。時には、ビルのお手本のようなソロのあいだ、マークと私は可能なかぎり刺激的でスインギーなグルーヴを作り出す伴奏に徹した。そしてビルは、あるアイデアを演奏したら、次はそれを拍をずらして弾くという手法で新境地を開いた。この種の演奏をするのは、ネットも張らずに綱渡りをするようなものだった。それはおもに、人はみな、音楽の基本的な拍の位置はまったく変わらないものだと思って聴くからだ。このバンドに加入したとき、私はその拍を意識することなく自分がやりたいように演奏し、表現することができた。自分のドラム・スティックが着地したその瞬間、ビルが何も弾いていなかったとしても、彼は同じ位置にいるだろうと確信できた。マークもそうだ。

しかし、ビルの兄、ハリーが自殺を遂げてからは、それが変わったように思えた。ビルのテンポが時おり、ひどく走るようになったのだ。マークと私はこの傾向に気づき、休憩中やショーのあとに、これは麻薬の影響ではないかと二人で危ぶんだ。私は、ワークショップや短期講座でトゥーソンに一週間滞在した際、昼食のときにビルにそのことを投げかけた。薬物の使用について私たちが話したのはそれが最初だった。私は以前、彼がコカインを鼻から吸っているのを見たことがあった。だから、麻薬が音楽に影響していると思うかどうか彼にたずねた――それは「音楽に影響が出ている」と、わりとあからさまに伝える言い方だった。

麻薬について私たちが話したのはそれが初めてだったが、その後はもちろん、ずっと何度も話し合ってきた。南米から戻ったあとの十月、私たちはボストンのルル・ホワイツで演奏した。そして休憩中、ビルと私は彼のテンポの走りについて言い争いになった。それまで、私は彼に何度かその話題を持ちかけていた。どう言ったか一言一句を思い出すことはできないが、「ビル、テンポがどれだけ上がっているか気づいていますか？」みたいなことを言った。私は、ビルのテンポが速すぎて、ドラムの演奏が難しくなってきていると伝えようとしていた。まあ、彼は私に激怒した。カッとなった彼は、「黙ってついて来い」と言った。かなりぶっきらぼうで、けんか腰だったが、それは彼が自分でもそうなるのをどうにもできず、そのことにいらだっていたからだと思う。これは今だからこそ言えることだが。

こうした問題のいくつかは、録音にも漏れ出ていたほか、評論家や伝記作家に気づかれずにすむはずもなかった。ビルの世話をする仕事を引き継いでいたローリー・ヴァホーマンは、こんな状況でとてもよくやっていた。まだとても若い（当時二十三歳）女性だったにもかかわらず、彼女はますますビルの健康を気づかった――けっしてたやすいことではない。この間ずっと、ビルは本格的な医療を受けることをかたくなに拒否した。彼はしばしば、メタドン治療中でありながら適切な分量を服用しなかったり、コカインに戻ったりとズルをしていたため、それがまた問題を引き起こした。私は何度か、ビルのかわりに病院に行って医者と話をした。医者はたいてい、ビルが服用計画を守るよう頑張れと私を叱咤激励した――が、それは本末転倒な話だった。ビルはとても頭が良くて、私が彼の行動を操ろうとしたところで、すべてお見通しなのだった。ローリーが自著『ビル・エヴァンスと過ごした最期の18か月』でこのころについて書いているのを読んだが、彼女が期待したのは、最後までビルのそばにいることだったのだと思う。

この件は本当にもどかしかったが、強調しておかなければならないのは、ビルの薬物使用の影響を受けたのは彼の技術であって、中身ではないという点だ。ビルのアイデア、メロディ、ハーモニーの表現方法は、けっして変わらなかった。彼はどのギグでもつねに、「スイッチを入れ」て百パーセントの力を発揮できるように見えた。ビルは依然として、彼の当時の仲間たちの中でも、考え得る最高レベルの演奏をしていた。

私は時々、ビルと一緒に「ブロウ［訳註：コカインの俗語］」を吸ったことがあったし、一度など、麻薬を手に入れるという彼をマンハッタンの悪しき場所まで車で送ったこともある。しかし、そこまでハマることはなかった。その理由の一つは、私の鼻が大変なことになってしまったからだ。そしてもう一つ、そんなお金はなかったというのもある。それから、一九八〇年二月二十九日に娘が生まれたとき、私は養うべき家族が増えたという現実や、それにともなう費用についてよく考えた。私は薬に別れを告げた。

とはいえ、ビルの薬物使用によって、バンドに対する私の長期的な期待はしぼみ始めた。私はこのトリオに専念することも、犠牲を払う（巡業で家族と離れる）こともいとわなかった。私はトリオとの未来を期待した。できればトリオでジャズの新境地を開くところまで行って、――この音楽をやっていてお金持ちになることを期待する人はいないが――経済的にある程度安定するようになればと（当時は、モダン・ジャズ・カルテットを思い浮かべていたが、私たちのトリオは彼らとはちがい、明らかに共同事業ではなかった）。しかし、そのためにはもう一つ、決定的な期待をする必要があった。ビルが生き延びてこのバンドを成長させること、そして一年や二年で燃え尽きないことだ。

離れて暮らす家族を養わなければならないことも、私のもどかしさがつのる一因だった。海外での仕事の見込みがあっても、ヴィレッジ・ヴァンガード（や国中の同じくらい有力な他のクラブ）で年に六週間ほど仕事があっても、仕事のペースは落ちて行っているように思えた。

家計をやりくりするために、私はニューヨークでクラブ出演の話があれば誰とでも仕事をした。マークと私は、イェール大学のスタジオで、トランペットのトム・ハレル、サックスのジェリー・バーガンジィ、ピアノのアンディ・ラヴァーンとともにいくつかレコーディングをした。そして私は、歌手のキャロル・スローンやピアニストのジミー・ロウルズとも何度かレコーディングを行った。さらに、ニューヨーク州北部の自宅付近を拠点とする大きなウェディング・バンドとも仕事をした。そのグループは、アコーディオンとテナー・サックスを売りにしていた――そして彼らは素晴らしい奏者だった。私たちはナイアック‐キングストン間のハドソンバレーで行うギグでは、ポルカをはじめとする典型的なウェディング曲を演奏した。自分がビルと共演する一方で、こういう仕事をしているのは皮肉なことだと思った。ビルも、初めてニューヨークに出てきたときには同じことをやっていたからだ。彼はつねにタキシードにアイロンをかけてもらい、ギグの要請があればいつでも出られるようにしていた。私にとっては、それは子どものころから経験して知っていることだった。そのやり方は、六歳か七歳のころから知っていた。

ビルとのギグが減ってきていたため、私はそのことをヘレン・キーンに話したが、彼女は素っ気なく「あなたのボスに言いなさい」と言った。ヘレンと私はこのことで言い争いになったが、何とかそれを乗り越えた。実際、彼女とは、一九九六年に彼女が亡くなるまで、長きにわたってとても良好な関係が続いた。冷静に見て、このときのビルの健康状態では、ギグを増やすことは不可能だと思われた。そしてヘレンは、誰よりもこの状況にもどかしさを感じていたにちがいない。それは諸刃の剣だった。ビルは生きるためにお金を必要としていたが、トリオが普通に暮らせるだけの収入が得られるようなペースでツアーをする体力はなかった。私は一時、自分の損失になる原因を断ち切ってトリオを去るべきだとも考えたが、そうすることはできなかった。

ビルの健康状態を、アイオワ州エイムズ公演の放送と、ノルウェーのモルデで収録した最後のビデオとで比較すると、その違いは著しい――彼の演奏はこれまでどおり力強いのだが。モルデのコンサートでは、ビルは肉体的には明らかに衰弱していたにもかかわらず、ベンチ・プレスで二五〇ポンド

（約一一三キロ）を挙げる重量挙げ選手のような気迫でピアノを演奏した。私がバンドに加入したとき、彼はもっとずっとがっしりとして見えた。しかし実際、このころには、やつれて顔色も悪く、やせ細っていた。もしも彼の演奏を聴くよりも彼の姿をもっとよく見ていたら、彼が肉体的にいかに衰えていたか気づいたことだろう。目に見える比較が必要な場合は、ビルがトニー・ベネットとレコーディングしたアルバムのジャケットを見てほしい。そのころの彼の体重は、優に二〇ポンド（約九キロ）は重いのだ。私は最後の最後までそれに気づかなかった。最近私は、ある友人の九十歳の誕生パーティーに出席し、ここ一年会えていなかった多くの人びとに会った。私たちは全員、肉体的な変化が著しかった。たがいに会うのが久しぶりだったからだ。それに対し、ビルにはほぼ毎日会っていたため、私が彼の肉体的衰えにあまり気づかなかったのも無理はない。

　今この原稿を読んでいると、われながら自分勝手で恥ずかしく思うが、それは今現在の現実だ。一九八〇年に私が直面していた現実は、まったく異なっていた。

第12章　ビルと過ごした時間　3

ミュージシャンのユーモアがわかるには慣れが必要だ。近年はツアーから家に帰ると、妻のジリアンがいつもふざけて私に「さあ、今全部聞いて、片づけてしまいましょうか」と言う。私が持ち帰った多数のジョークのことだ。正直なところ、中にはいまいちなものもあった。それとも、私の話し方のせいだろうか？

ある朝、ビルのアパートで朝食を食べながら、私たちは前の晩にそれぞれ別々に見て面白いと思った「メアリー・タイラー・ムーア・ショー」のとある回について話した。この回では、人間関係がまたもや破綻してしまったメアリーを、ルー・グラント（エドワード・アズナー）が慰める。彼がメアリーを腕の中に包み込むと、彼女はアイルランドの古い子守唄「トゥーラルーラルーラル」のヴァース（導入部）を歌った。

遠い昔、はるかなキラーニーで
母は私に歌ってくれた　ささやくような優しい声で

ちょっとした素朴な歌を　懐かしいアイルランドの歌い方で
私はどんなことでもするだろう、母のあの歌を今日聴けるなら

しかし、ルーがコーラス（サビ）を歌い出すと、それはなぜか「アップ・ザ・レイジー・リバー」という歌になってしまうのだった。私たちは翌朝になってもそれで大笑いした。先ほども言ったが……これがミュージシャンのユーモアだ。

ほぼ毎日のように、ビルはずっとベッドに横になっていた。しかし時おり元気なときは、寝室から居間に出てきて、ジョニー・マンデルなどの友人たちから送られてきた楽譜の曲をいくつか弾いていた。また、「ニット・フォー・メリー・F」などの新曲にも取りかかっていた。この曲のことははっきり覚えている。彼は、「アワ・デライト」で使ったイントロやほかにもいくつか、今はもう思い出せないが、披露してくれた。ビルは、ニューヘイブンから戻った日を除いて、アパートで音楽をかけることはめったになかった。あのとき彼は、高校・大学時代やそれ以降の駆け出しのころに録音したものをすべて持ち帰った。それらの多くは、ボール紙ディスク（一九四〇年代の安価な録音技術）だった。私たちはその多くを聴き、私はすっかり魅了されてしまった。まさに天才の原点。彼は私が望むものをカセット・テープにダビングさせてくれた。私は今もそれを持っている。

ビルは若いころ、かなりのスポーツマンで、ゴルフ、テニス、ボウリング、フットボールを嗜んだ。テニスのレジェンド、ドン・バッジはビルのファンだったが、二人が一緒にプレイしたことがあるのかはわからない。ゴルフの腕前は相当なものだと聞いたことはあるが、私と一緒にいたときにはそう

いう話をしなかったし、ゴルフをしに行くこともなかった。彼の健康状態がそれを許さなかったからだ。ビルの家族が経営し、彼も援助していたゴルフ練習場については話してくれた。ビルは競馬が大好きで、ジョー・ピューマなどの友人と近くのヨンカーズにトロッター*をよく見に行っていた。ビルが競馬場での自分の賭け方の戦略を、シカゴのラジオ番組の司会者にくわしく語っているのを聞いたことがある。そこで語っていたのは、情報に基づいた分析的かつ包括的なアプローチで、それはしばしば勝利という結果をもたらしていた。たとえば、コースやその日のコンディション、騎手や馬、そしてそれぞれがその週に何度出走したかなどを知るというようなことだ。ビルの意見では、賭けずに芸術として楽しむこともでき、それは素晴らしい曲の展開を聴くようなものだという。私の最初の妻キャロルと私は、ある運命の晩にビルとヨンカーズ競馬場に行き、好きな馬の名前を選んだ結果、私たちにとってはとても痛い出費となる五十ドルを失った。ビルは、当然ながら勝っていた。

どこだったか、とあるクラブの舞台裏で、ビルはさらにもう一つ、隠れた運動スキルを披露した。ビリヤードだ。私は若いころに少しやったことがあり、自分ではかなりの腕前だと思っていたが、ビルにはあっさりと負けた。人は見かけに勝るものみたいだ。

＊訳註　騎手が二輪のカートに乗り、それを馬が引く繋駕速歩競走のうち、トロット（斜対歩）で競走する馬。

第13章

パリ・コンサート——ヨーロッパ、1979年

11月16日～12月13日

十一月、トリオは二回のうち最初の訪欧のため、大西洋横断を敢行した。ツアーは十一月十六日、フランスのボルドーで始まった。その日は、テナー・サックス奏者のスタン・ゲッツとの二本立ての公演だった。スタンのカルテットは、ツアー後半の他のいくつかのギグでも私たちとペアで出演することになる。さらにまた別の公演（オランダ）では、トゥーツ・シールマンスが私たちに加わった。

オランダから、トリオはイタリアに飛び、ペルージャのモルラッキ劇場で演奏した。私はそこでお気に入りのチョコレート——この地方の最も有名なお菓子の一つ——を何箱か購入した。それらは家族へのお土産に買ったものだが、ツアーが終わるまで残っているかは怪しかった。

そこから私たちはパリに飛んだ。翌日は小さなバルコニー付きの素敵なブティック・ホテルの最上階で目覚めたことを覚えている。大げさなことは何もなかったが、それは鳥がさえずる美しい朝だった。そしてその日は、そんな朝のような一日になった。というのも、コンサートが本当に素晴らしいものになったからだ。

それは一九七九年十一月二十六日。私たちはその晩、一九三〇年代の初めにオープンした定員六百

人以上の劇場、レスパス・カルダンで、チケット完売の公演を二回行った。[1] フランスのラジオ局が、一度限りの放送のために二セットとも録音した。後にワーナー・ブラザースが、系列会社のエレクトラ・レコードから二つのセットを『ザ・パリ・コンサート・エディション1』および『ザ・パリ・コンサート・エディション2』として別々にリリースすることを決めた（そのころは、アイオワ州エイムズ公演や太平洋岸北西部ツアーなど、トリオが感触をつかんでよくなじみ始めた一連の公演を終えたばかりだった）。パリでのその夜は、何の苦労もなかった。ビルは絶好調で、観客はとにかくそれを楽しんだ。そういう満員の会場からもらうエネルギーは本当にすごい。それは人を駆り立てる。だから私たちの気分は上がり、何をやっても素晴らしいサウンドになった。私の子牛皮のドラム・ヘッドの音が狂うこともなかった（子牛皮のヘッドは、天候の変化にかなり影響を受けやすいのだが、プラスチックのヘッドよりも好みの音が出る）。すべてがうまくかみ合った状態だったのだ。

セット・リストはなかった。カウント・ベイシーのように、ビルはどの曲もピアノから始め、それによってテンポを設定した。私たちの相性はあまりにもぴったり合っていたため、ビルがただピアノに手を置いてコードを一つ弾いただけで、どの曲をやるのか、彼がどこに向かっているのかがわかった。ビルのレパートリーは今や全部で五十曲以上になっていて、彼はやりたいと思った曲を何でも引っぱり出すことができた。私たちがその夜演奏した曲は、まさに望みうる最高の仕上がりに到達したように思われた。私がとくにいいと思ったのは、ソロ・ピアノの二曲「アイ・ラヴ・ユー・ポーギー」と「ノエルのテーマ」だ。ここのピアノの極上の音に触発されるあまり、ビルの演奏は超越的なものとなってホールに届いた。

イタリアのペルージャで行われたトリオの公演を宣伝するポスター。私はこのポスターを慎重に壁からはがして、ツアーの残りの期間中ずっと持っていた。(提供：ジョー・ラ・バーベラ)

ビルは活動の時期によって、よく演奏する曲とそうでない曲があった。このツアーの間、私たちは「リ・パーソン・アイ・ニュー」や「オール・マイン（ミーニャ）」と同じくらい「ビューティフル・ラヴ」（このトリオでは初めて）を演奏した。また、トリオ全員の見せ場がある「ナーディス」も演奏した。ビルはそのキャリアを通して、この曲をあまりにも頻繁かつ見事に演奏したため、彼自身は一貫して否定してきたにもかかわらず、多くの人は彼がこの曲を作曲したのだと思い込んでいた。ビルはまた、「34スキドゥー」も指名した。この曲では私のソロはなかったものの、集中した素晴らしいやり取りが思い出される。デイヴ・ブルーベックの「イン・ユア・オウン・スウィート・ウェイ」をやることはなかったと思うが、ビルがある種のエネルギーを求めた場合は、必要に応じて曲の入れ替えがあった。おそらくセットのある時点で、彼が「ビューティフル・ラヴ」を告げなかったとしたら、テンポが似ている「イン・ユア・オウン・スウィート・ウェイ」を指名したかもしれない。どちらもドラムにとっては見せ場のある曲で、コーラスで八小節ごと、四小節ごとのソロの応酬がある。

公演後、舞台裏はかなりのにぎわいとなった。長年のファンや友人たちが大勢、ビルと言葉を交わすために詰めかけたのだ。アメリカからパリに移り住んでいたドラマーのケニー・「クロック」・クラークもその一人だった。ケニーのことや、彼がいかにモダン・ジャズ・ドラミングに大きく貢献したかを知らない読者に説明するとしたら、伴奏もソロも含めて、ジャズ・バンドにおけるドラムの奏法を一変させたのが彼だと言える。クロックはこちらに来て挨拶をしてくれた。私は彼に、子どものころに持っていたアルバム『ザ・バードランド・スターズ・オン・ツアー１９５６プレゼンツ：イースト・ウェスト・ジャズ・セプテット』のリリース以来、彼はずっと私の憧れの人なのだと伝えた。（そ

1979年11月26日にパリのレスパス・カルダンで行われた名高いコンサートのサウンド・チェック中のビル・エヴァンス。どちらのセットも録音され、のちにエレクトラ・レコードからリリースされた。このピアノを弾くビルの喜びを誰もが体験できればよかったのにと思う。(提供：フランソワ・ラシャルム)

のレコーディングや他の多くのレコーディングでクロックが使ったのは、スネア・ドラム、バス・ドラム、ハイハット、ライド・シンバルだけだったことを私はのちに知った。そのセットアップで、彼はメロディックなアイデアを際立たせていた――それも私は聴いていた。ずっと後に、「トゥナイト・ショー」のドラマー、エド・ショーネシーが教えてくれたのだが、ケニーは報酬が二倍のときだけ、レコーディングの日にタムタムを持って来たのだそうだ！）そんな偉業を成し遂げた彼に会えたことは本当に光栄だった。ケニーは、私の演奏を気に入ったと言ってくれた。そして私は、彼のアイデアをたくさん盗ませてもらったのだと伝えた。

しばらくして集まった人の数が少し減って来ると、ビルはステージに戻り、さらに十五分ピアノを弾いた。そのピアノ――スタインウェイのグランドピアノ――をいたく気に入っていたからだ。アーティストに適切な機材を与えれば、払った額以上のものが手に入る。そして一部の主催者は、それを手に入れることができない――そのような準備は利益を減らすものだと考えているからだ。公共テレビで放送することになっていたアイオワ州エイムズのコンサートはどうだろうか？　この重要事項の担当者が誰であろうと、適切なピアノを用意していたら、それらはもっと素晴らしいものになっただろうし、ビルが腹を立てた理由はそこにあった。この点は、どんなに強調してもしすぎることはない。

パリにいるあいだ、私たちは商業デザイナーで作家、かつジャズ・ミュージシャンたちのパトロンだったフランシス・ポードラと多くの時間をともに過ごした。彼とピアニストのバド・パウエルとの関係は、サックス奏者のデクスター・ゴードンを主役にした映画『ラウンド・ミッドナイト』のモデ

レスパス・カルダンにてサウンド・チェック中のマーク・ジョンソンと私。この公演は、トリオがこれまで経験したなかでもとくに忘れられないものになるのだった。(提供：フランソワ・ラシャルム)

ルになった(2)。ツアーでパリに立ち寄ったミュージシャンたちは、しばしばフランシスのアパートに集まって、ともに時間を過ごしたものだった。ビルがフランシスの部屋でピアニストのウォルター・デイヴィスにピアノのレッスンをしている写真を、私は今でも持っている。パリ滞在中、フランシスはビデオ・カメラでずっと私たちを追い、その映画を制作していたが、私はそれを見たことがない。そこには、公演後に舞台裏で私とクロックが話している場面が収められているので、ぜひそれを見つけ出したいと思っている。

一か月近くにもわたって、バンドは列車や飛行機で移動し、大陸中の多数の会場で演奏した。それが終わったとき、私たちはアメリカへの帰国便に乗るためにふたたびパリに向かった。シャルル・ド・ゴール空港にあるホテルに到着したのは真夜中過ぎで、三人ともくたくたに疲れ切ってはいたが、家に帰れることに気を良くしていた。ニューヨークのジョン・F・ケネディ国際空港への出発の時間が早かったので、私たちは空港で部屋を取り、午前六時の開店と同時にレストランに向かった。レストランには一番乗りで、私たちの誰もフランス語が話せなかったため、ビルが注文する役目を買って出た。彼は英語で「卵をお願いします」と言うと、「卵はわかる?」と付け加えた。そしてさらにコッコというニワトリの鳴き真似をして、両手を翼のようにばたつかせると、ウェイトレスはそれを理解して微笑んだ。「それからベーコンを」とビルは続け、豚のように鼻を鳴らした。すると今度はウェイトレスに、「この人、頭は大丈夫?」という目で見られてしまった。それを見たマークが私のほうを向いてこう言った。「自家製フライド・ポテトはどう説明するか試してみようよ」

ビルとスタン・ゲッツは、ずっと以前から知り合いで共演もしてきたが、ビルとスタンの関係は、一歩引いたものというのが一番しっくりくる表現だと思う。二人には明らかに音楽において通じ合うものがあったが、それ以外では、ビルがスタンを個人的に親しい友人だとは思っていなかったのは確かだ。私たちトリオとスタンのカルテットは、主治医に診てもらうために前日に飛行機で出発していたスタン以外、一緒にまとまってフランスのリヨンに向けて出発した。しかし到着後すぐに手荷物受け取り所で、一行は空港警察の取り締まりにあい、連行されて徹底的な検査を受けた。警察によると、一部のミュージシャンが薬物を所持しているという「密告電話」があったということだった。運よく、ファースト・クラスに座っていたビルは、最初に飛行機から降りていたうえ、冬物のコートを着て眼鏡をかけていたため一般人にしか見えず、順調に手荷物受け取り所を通り抜けていた。義憤に駆られたビルは、その場所から警察を非難した。不当な嫌がらせで蛮行だ、と。見かねた私はビルに歩み寄って、警察が彼を検査する気になる前にホテルに行くよう提案した。これまでずっと巡業をしてきたなかで、この時ほど徹底的に検査を受けたことはない。警察は、私のドラム・セットを文字通りばらばらに分解して、シンバル・スタンドやその他の機材のすきままで調べた。もちろん、何も見つからなかった。このときの私が聖人だったわけではなく、海外で麻薬を押収されるのはまずいことくらいわかっていたというだけだ。

次に起きたのは、キーストン・コップス*の映画にでもなりそうな騒動だった。警察はついに、スタンのドラマーの持ち物の中にちっぽけなローチ（マリファナ・タバコの吸いさしを意味するスラング）を見つ

＊訳註　アメリカのコメディアン・グループで、警察隊のドタバタ劇のサイレント映画が有名。

け出すと、ただちに、そして意気揚々と、取り調べのため彼を留置所に連れて行った。警察は彼をテーブルの前に座らせ、目の前にローチを置いて説明を求めた。取り調べの途中、警察官が全員、容疑者に聞こえないところで協議するため席を立った。しかしそれは彼から目を離すことでもあった。このドラマーは優れたジャズ奏者であるだけでなく、このあたりのことにも通じていたため、ローチをつかむと、素早くそれを飲み込んだ。そして警察官たちが戻ってくると水を所望し、与えられた水でローチを流し込んだ！　証拠が消えたことに気づいた警察は、彼を釈放するしかなく、私たちは全員会場にたどり着いてギグを行ったのだった。

その日の夜遅く、ビルから電話がかかってきて、彼の部屋に来るように言われた。彼はかなり興奮した状態で、部屋の窓から誰かが中をのぞいているのが見えたと主張した。しかしそこは高層ホテルで、ビルの部屋は最上階に近く、バルコニーもなかったため、そんなことは事実上不可能だった。彼は続けてこう言った。被害妄想がひどくなりすぎて、五百ドル相当のコカインをトイレに流してしまったのだと！　この時点で私は、とにかくツアーを終えて家に帰りたくなったのだった。

第14章　ビルと過ごした時間　4

私が加入したとき、トリオにはそろいの衣裳があった。重くて暗い色のベロアのスポーツ・ジャケットだ。私はエリオット・ジグムンドのジャケットを着てみたが、それは私の十倍大きく、私は死にそうになった。メンズ・クラブのカーテンをまとっているような感じなのだ――それを着るなんてまっぴらだった。ビルとマークは、その衣裳はやめ時だということに同意してくれた。

そこでトリオは、ニュージャージー州にある紳士服の量販店ＳＹＭＳ（シムズ）[1]に繰り出した。店に着くと、私たちはそれぞれ自分の好みのものを探しに行った。ふたたび落ち合って服の好みを比較してみると、私たちの趣味はたがいにかけ離れていることが判明した。そのころのビルのファッション感覚は、本人も認めているように、既製服しか着ない、利便性が第一というものだった。実際、ビルが一九六四年に『自己との対話』でグラミー賞を受賞したとき、授賞式に着て行ったスポーツ・ジャケットとズボンは、ウディ・ハーマンのものだった！　ジャズ・ジャーナリストのジーン・リースは、逸話をまとめた著書『Meet Me at Jim and Andy's: Jazz Musicians and Their World（ジム&アンディズで会いましょう：ジャズ・ミュージシャンとその世界）』でこのことを書いている[2]。それによると、ジーンはウディともビルとも仲の良い友人で、ウディのアパートの管理をしていた。一方、ビルは授賞式に着ていくようなちゃんとした服を持っていなかった。そこでジーンは、ウディの青いブレザーとグレーのスラックスをビルに貸した。数日後、そのブレザーを着たビルが、ウディとジーンとの昼食の席に現れた。ウディは、胸ポケットにモノグラムがあしらわれたそのブレザーに見覚えがあった。するとビルはウディを見て、「このモノグラム、どうかな？ William Heavens のWHなんだけど」と言った（ビルの本名ウィリアム・エヴァンスの Evans を Heavens に言い換えている）。ウディはこれに大笑いしたのだった。

結局私たちは、これならまあいいかと思える衣裳を見つけた。スポーツ・ジャケット、それに合わせたスラックス、そして白い開襟シャツだ。（フランソワ・ラシャルムは、自身のエッセイ「ソーホーでの哀悼」で、このジャケットのことを「ごく普通の」という優しい表現で書いてくれている。本書巻末を参照）。しかし、一九七九年のイタリア公演の楽屋にいるとき、私たちはその衣裳はもうやめて、ジャケットはコンサートのステージやツアーのときに着ることで合意した。クラブでは、もう少しカジュアルな服を着ることにしたのだ。

一九七六年、ビルはWBEZシカゴのソンドラ・ゲイアーのラジオ番組「ジャズ・アーティスト・インタビュー」に出演し、ファッション・スタイルについて自分の意見を簡単に語った。アルバム・ジャケットは、ビルがややお堅い格好で映っているものが多い点についてゲイアーがたずねると、それに対する答えで、ちょっとしたいたずら心を明かしている。

「あえてそうしていた、と言ってもいいですね」とビルは言った。「以前は、何でも人の真似をする風潮にちょっと腹を立てていたんです。（つまり）たとえばディジー（ガレスピー）がベレー帽と鼈甲《べっこう》の眼鏡を身に着けていたら、同じような格好をした人たちが世にあふれ出す。だから、とんでもない堅物のような格好で出て行って、ステージの上で演奏ができることにいつも気を良くしていました……なんというか、たぶん、ちょっと、そんなようなことをやっていたんです。それはむしろ、ちょっとストレートなやり方でもありました。なぜなら私は、スタイルや見た目のことも、服装や自己呈示（自分の見せ方）などといったことも考えていませんでしたから。単にそこに関心がなかったので、必然的にだいたい（いつも同じ格好）を選ぶ、つまり、そのへんの理髪店に行って髪を切ってもらい、ほかのみんなが買っているような既製の服を買うことになるんです[3]」

第15章 ヴィレッジ・ヴァンガード——Turn Out the Stars

1980年5月27日〜6月8日

私は、マックス・ゴードンがヴィレッジ・ヴァンガードを「素敵なごみため」と呼んでいるのを一度ならず耳にしたことがある。実際、その内装は『アーキテクチュラル・ダイジェスト』誌に載るようなものではけっしてなかった。彼は、「あんまりこぎれいにしないでくれ。でないと客が長居するから！」と言ったことでも知られていた。しかし、ジャズをリスペクトし推進するクラブに注ぐゴードンのたゆまぬ情熱が、地下にあるこの店を、世界で最も有名な会場の一つに変えた。彼のあとを継いだ妻のロレインと、さらに現在それを引き継いでいる娘のデボラ、そして他の忠実な従業員たちは、その伝統を守り続けている。その結果は誰もが認めるところだ。一流アーティストはほぼすべて、ヴァンガードで演奏してきた。「ライヴ・アット・ザ・ヴィレッジ・ヴァンガード」という言葉を含むアルバム・タイトルは百九十を超え、その中にはソニー・ロリンズ、ジョン・コルトレーン、ビル・エヴァンスの歴史的名盤もある。[1] 私たちトリオにとって、ヴァンガードは自分たちのサウンドを試し、育てる本拠地のような場所だった。だから、ビルがトリオの次のアルバムは、この伝説的なクラブでのギグを生で録音したものにすると決めたとき、私はワクワクした。あの場所では、そこでの演奏をただ楽しくする、ある種の化学反応が起こる。そしてヴィレッジ・ヴァンガードでのライヴ・レコーディングに参加するというのはとても特別なことだった。

ゴードンは、果てしない情熱を持ったリトアニア系移民で、グリニッチヴィレッジのこの店にずっと入りびたっていた（ロレインはしばしばそこを彼の居間と呼んだ）[2]。彼はオーナーでありながら毎晩、閉店の時間までそこにいたのだった（たいていのギグは三セットあり、午前一時半ごろに終了した）。しかし、トリオの出演期間中のある火曜日、マックスは自分がいなくてもいいと判断したらしく、早々に店を出た。ほとんど誰もいない店内を見たビルは、やらなければならない三セット目をサボり、ハドソン川を越えたニュージャージー州フォートリーにある自宅アパートにさっさと帰ってしまった。一人の客がビルに文句を言ったが、ビルはその客に返金を申し出た。早く終わるのは、私にとっても都合が良かった。そのころには、車で少なくとも二時間半はかかるレイクカトリーンに引っ越していたからだ。いずれにせよ、翌日このことを知ったマックスは激怒し、ビルと口論になった。そして、私たちが出演することになっていたその週の残りの期間は、毎晩閉店まで店に張りついていた。

その店内をごみためにたとえるのはちょっと言い過ぎで、実際、当時のニューヨークのクラブは、どこも日中は似たようなものだった。それでもファンはおかまいなしで、その優れた音響に惹かれて集まってきたのだった。ただ、このクラブはここ数年で見事に改修されている。男性用トイレまで！何年か前、私がドラムを片づけていると、配管工が改修工事にやって来た。彼は元々取りつけられていたものを見て、「コレクションになるやつだ！」と言っていた。

常連客は今でも、七番街に張り出した長いひさしをくぐり、階段を二〇フィート（約六メートル）ほどおりたところにある三角形のような形をした地下室に入って行く。私たちが出演中だったある日のこと、マックスは午後の開店時に強盗に襲われて階段から落ちたにもかかわらず、その夜はあらゆる応急処置をほどこして仕事にやって来た——彼の不屈のエネルギーの証《あか》しだ。吹き抜けの階段の下には、もう一つドアがあり、そこからクラブの中に案内される。すぐ右手にはバーがあり、それが後方の壁まで伸びている。狭い間隔で並ぶテーブル席のほか、バーのカウンター席に座ることもできる。入り口から左に曲がって廊下に出ると、キッチン（そこは事務所も兼ねていて、休憩中はたいていのミュージシャンがそこにいる）と、男性用トイレ（床の赤い線をたどっていくと行き着く）がある。そこにはもう一つ、クラブの裏通りに出る階段がある。

　壁にはジャズのレジェンドたちの写真が多数飾られている。その中には、ビルがベースのスコット・ラファロ、ドラムのポール・モチアンと組んだ有名なトリオの写真もある——ビルの一九六一年の傑作『サンデイ・アット・ザ・ヴィレッジ・ヴァンガード』をレコーディングしたバンドだ。それは、その週の休憩時間中に小さなテーブル席で撮られた何枚かの写真のうちの一枚だった。もう一枚の（眼鏡をかけていない）写真のビルがこちらを見下ろす一方、それほど離れていない場所には、ひどく退屈そうな、「だから何だ?《ソー・ホワット》」とでも言っていそうなマイルス・デイヴィスの写真がある。

　メイン・ルームの中は、右側の奥の壁に沿って一段高くなったフロアがステージまで続く。壁際にはソファ・ベンチが並び、その前には客用の小さなテーブルが置かれている。唯一の欠点は大きな支持梁で、席によっては視界がさえぎられてしまうことだ。ステージに向かって左側にピアノが置かれているため、ベースとドラムは右側に陣取ることになる。ビルによると、もっと昔は現在ステージになっているところにも客席があって、ピアノは一段下がったところに置かれていた。

初めてニューヨークに出てきたとき、ビルはそこでセットとセットの間の休憩時間中にソロでピアノを弾いていた。ある晩、ビルが演奏をしていると、支配人はなんと、ビルとピアノのあいだを通ってステージの奥にあるテーブルにカップルを案内したそうだ！　休憩時間になると、観客はリラックスしてしゃべることができるため、そうした会話で店内はかなり騒々しくなる。そんな中での演奏の仕事は、実用に徹したものになった。ある夜、ざわめきのなかでビルがふと見上げると、マイルスがピアノにもたれて音楽を楽しんでいた。眼鏡をかけたこの若いピアニストの噂が広まっていたのだ。

ヴィレッジ・ヴァンガードでの仕事は年に六〜八週間あり、私たちはいつもそれを楽しみにしていた。なぜならそれは、本拠地での二週間の連続公演が年に四回もあるということで、あらゆる友人たちに演奏を聴いてもらうチャンスだったからだ。店内は毎晩、とりわけ金曜日と土曜日は、ファンや名のあるジャズ・ミュージシャンたちで一杯になった。とくに、ビル、マーク、私の三人の音楽的な歯車がかみ合い始めたと評判になったときは、みながトリオを聴きに立ち寄った。中でもトニー・ベネット、デクスター・ゴードン、ウディ・ショウ、ジョン・アバークロンビー、ジョン・スコフィールド、パット・メセニー（とそのバンド・メンバー全員）はひんぱんに来てくれた。時おり、飛び入り出演するミュージシャンもいた。たとえば、ベースのジョン・クレイトンは、オランダに移住する前の一九七九年に、テナー・サックス奏者のジョー・ロヴァーノは、ウディ・ハーマンのバンドを離れて間もないころに出演し、どちらも実力を発揮した。こうした経験から知ったのは、ビルがどんなスタイルの奏者も柔軟に受け入れ、時にはトリオという形式から離れるのを楽しんでいたということだ。また、ホーン（管楽器）が入った場合は、ビルの驚異的な〝コンピング〟（「伴奏」という意味のジャズ用語）を楽しむことができた。ビルのメロディックなコンピングは、聴く人の注意をさらってしまいかねないため、ソリストは何か特別な表現をする必要があった。私たちの公演では、笑えることもそれなりにあった。たいていの演奏者は、セットの途中で大勢のファンが席を立てばいらだつものだ。しかし、そういうことが時々起きた。とくに金曜日や土曜日は、海外からの観光客が団体でやって来て、次の観光スポットに向かうためにいっせいに席を立ったのだった。

私からすれば、ヴァンガードでビルを見て聴くというのは、信じられないくらいすごい経験だった。彼があまりにも音楽に集中しているため、聴く者はすっかり引き込まれてしまうのだ。その集中力を妨げるものは何もないように思われた。たとえば「ナーディス」では、ビルが曲の初めに四、五コーラスのソロを弾くことが多かった。その途中で、いつも眼鏡が彼の鼻筋をゆっくりとずり落ちていき、ついには鍵盤の上に落ちてしまいそうになる。しかし毎回、ギリギリのところで彼の手がひらりとあがって、少しも演奏を妨げることなく眼鏡をもとの位置に押し戻すのだった。ビルはマークや私が繰り出すアイデアを同時に彼自身のソロやコンピングに組み込んでいたため、私はビルの脳の働きを見て聴いているような気になった。「ジャズに間違った音はない」と言ったのが誰か思い出せないが、ビルはこれが本当だということを毎晩私たちとともに証明した。

ヴィレッジ・ヴァンガードの理想的な雰囲気のおかげで、トリオは急速に成長した。私は（ピアノの下に置いたカセット・プレイヤーで）トリオの演奏を録音していたのだが、その何時間にもおよぶ録音テープを聴いてみたところ、毎晩成長していくのがはっきりとわかった。ビルはステージではつねに何に対しても明快だった。だから私たちはただ耳を澄ませて反応するだけでよかった。定番のレパートリーは、アレンジの大部分がファースト・トリオ以来ずっと変わっていなかったため、マークや私のような長年のファンにとっては簡単だった。レパートリーに曲を追加するとき、ビルは決まった手順を踏んでいた。曲を選び、キーとテンポを選び、もとのハーモニーに何らかの手を加え、アレンジを決める、というものだ。彼の意見では、いったんアレンジを決めたら、本当に集中すべきは即興演奏だけで、それが最も重要なことなのだった。ギグのたった数日前に、このやり方でアルバム『ワルツ・フォー・デビー』の「マイ・フーリッシュ・ハート」の準備をするビルとベースのスコット・ラファロのやり取りが録音に残っている。そのセッションを聴けば、スコット・ラファロの提案がいかにこのアレンジを作るのに役立ったのかが手に取るようにわかる。

私たちは、レパートリーに加えた新しい曲や、これまでの曲の手直しでも同じことを経験した。たとえば、タッド・ダメロンの「イフ・ユー・クッド・シー・ミー・ナウ」の最後の八小節では、マークと私は意図的に演奏をやめている。テンポは一定だったが、決まってはいなかったので、ビルのメロディに独特の浮遊感が加わった。ジョー・ザヴィヌルの「ミッドナイト・ムード」では、私はマークのソロと、コーダまでの最後のメロディの間はブラシに持ち替え、コーダではスティックに戻してフィナーレをより力強いものにした。たしかに些細なことだが、ビルがそれを聴いて反応していたことをたどることができた。私たちはこのレパートリーを自分たちのものにしつつあった。

ヴァンガードでのレコーディングの日取り——一九八〇年六月四、五、六、八日——が決まると、別のピアノを運び込む必要があった。備え付けのピアノは鍵盤が使い込まれすぎていたからだ。私は、ドラム・セットに取り付けられたマイクの数に少し戸惑った。あまりにも数が多く、スツール以外のすべてにマイクが取り付けられていたからだ！　ピアノの方をみると、目に見えるマイクは二本だったのに対し、ドラム・セットにはなんと十本！　しかし、エンジニアのマルコム・アディと彼のアシスタントのジョン・ボベンコのおかげで、録音の質が終始極上だったことは認めなければならない。

ヘレン・キーンは当初、録音するのは三夜分と決めていた――ＬＰレコード盤（みなさんはこれを覚えているだろうか？）を一枚作るにはこれで十分だった。ビルは毎晩録音したがった。「それ」がいつ起こるかは誰にもわからないからだ。後でわかったのだが、私たちはその期間中、土曜日の夜は録音していなかった。ところが、ビルがその週で一番気に入った演奏は、その土曜日の夜のものだったのだ。しかし、録音されていたぶんも、とても素晴らしかった。レコーダーのスイッチが入っていないときは、みんな肩の力が抜けて演奏に集中できたというわけだ。

理由はわからないが、これらのマスター・テープは、ビルの死後十五年以上眠ったままだった。私はカセット・テープのコピーを持っていたし、マークやヘレンもそうだったが、結局私たちは、いつかそれらをリリースするという考えを諦めた。一九九六年にヘレンが亡くなると、その年にワーナー・ブラザースがあの週の演奏すべてを『ターン・アウト・ザ・スターズ～ファイナル・ヴィレッジ・ヴァンガード・レコーディングス』（タイトルは、ビルが作曲した有名な曲の一つから取ったもの）という六枚組のＣＤボックス・セットでリリースした。

結局、リリースされたものには、同じ曲が録音した回数分入っている（そのため、「ナーディス」や「マイ・ロマンス」などは複数のテイクがある）。そういうやり方は、ビルだったら反対したことだろう。しかし今思えば、それは歴史的な意味を持っている。考え方としてはこうだ。同じ曲を四日連続で毎晩演奏して、一番良いトラックを採用する。聴きに来る客は毎晩違うので、現場では誰も困りはしない。しかし、他のアーティストがリリースした、同じ曲目を含むレコードの数を見てみれば、ビルがそういうやり方をしなかった理由がわかる。単純に同じ曲が多すぎて、喜ぶのは、アウトテイク同士を比較したがる熱狂的なジャズ・ファンくらいだからだ。

ビルはそのギグのセット・リストに、この時期に書いた新曲を何曲か入れた。「ユア・ストーリー」、「レター・トゥ・エヴァン」(彼の息子のために書いた曲)、「ティファニー」(私の娘に書いてくれたもの)、「ニット・フォー・メリー・F」(ビルにセーターを編んで贈ってくれた、彼の長年のファンに書いた曲。これは彼なりの返礼だった)、「イエット・ネヴァー・ブロークン」がそうだ。最後の曲名は、ビルの知り合いの誰かのアナグラムで、元のタイトルは「アウト・オブ・ザ・ブルー」だった。その由来はビルによると、空から急に頭の中に飛び込んできて、ピアノの上で形になった曲だからだそうだ。前にも言ったように、このボックス・セットには同じタイトルのテイクが多数収録されているが、それは私たちが一枚のＬＰを制作するために続けて録音し、その中から各曲の最高の演奏を選ぼうとしていたからだ。通常、一週間にわたる出演契約であれば、ビルはプログラムをもっと大幅に変えていた。結局、最終的に出来上がったものは、素晴らしい評価を得た。Allmusic.com では四つ星が付けられ、評論家のスコット・ヤナウは、このバンドのインタープレイがまるで「テレパシーのようだ……どの公演も独創性にあふれ、演奏は終始、二十年前のエヴァンス－スコット・ラファロ－ポール・モチアンのトリオに匹敵するものとなっている」とコメントしている。(3)

ビルは取材の中でも、何人かの友人たちにも、マークと私とのトリオは、息の合い方がスコットとポールとのトリオに似ていると言っていた。一九八〇年、ビルはハワイのジャズ・ニュースレター『Klacto（クラクト）』の中で、マイケル・ブルームにこう語っている。「本当に素晴らしいトリオだ。今までで一番とは言わないまでも、少なくともファースト・トリオに匹敵する」(4)

このコメントにはびっくりするのと同時に戸惑ったが、一九七九年のインタビューでビルが語ったことを書き起こした次の引用箇所を見れば、彼がこのトリオをここまで気に入っていた理由がもっと明らかになるかもしれない。シカゴのWBEZのインタビューで、ラジオ番組の司会者ディック・バックリーが、調律されていないピアノにどう対処したのかという質問をビルにしたのだ。

「このトリオはとても相性がいい」とビルはバックリーに言った。「何か良くないことがあっても、このトリオのおかげでそこから抜け出せる。相性が良くなかったら、私の調子は悪化していたかもしれない。でもそうならずにすんだ。調子はどんどん上がり、サード・セットに入るころには、ピアノが調律されていなかったにもかかわらず、心から楽しめるようになっていたんだ(5)」

バックリーに対するビルのコメントから、ビルの創造力をふたたび駆り立てたのは、三人のミュージシャンの相性であって、必ずしも個々の才能というわけではなかったことがわかる。ビルの歴代のトリオは全部素晴らしいと思う。なぜならそこには偉大なピアノ奏者がいたからだ！

レコーディングしたこれらの曲はどれも誇りに思っているが、ビルが私の娘のために書いてくれた「ティファニー」ほど、私の心を温かくするものはない。その年の初めの二月、私はマンハッタンで一週間にわたって仕事があったため、ビルの家に泊めてもらっていた（ニューヨーク州北部にある自宅まで二時間運転して帰らなくてすむよう、ビルはいつも私を泊めてくれた）。それは私の誕生日、二月二十二日の週だった。その夜、ギグからフォートリーにあるビルのアパートに戻った私は、自分宛ての手紙と、カセット・プレイヤーに貼られた「再生ボタンを押せ」というメモを見つけた。私はまず手紙を読んだ。そこには、彼からの祝いの言葉と、人生やその他もろもろについてのエヴァンス流のアドバイスがいくつか書かれていた。さらに続けて、トリオのために私をフィーチャーした「ジョーズ・タイム」という曲を書きたいと思っているが、あわてて書きたくはないのだとも書かれていた。彼には考える時間が必要だったので、その意図を私に受け取ってほしかったのだ。それから私はカセット・プレイヤーの再生ボタンを押して、ビルがあの独特のスタイルで「ハッピー・バースデー」を四コーラス演奏するのを聴いた。最後に彼は「誕生日おめでとう。君に麻薬の害悪についてレクチャーしようかと思ったが、時間も遅いことだし、君はただ私を反面教師にすればいい」と言った。つまり彼は、ここで自らを省みるひとときを過ごしていたのだ。それ以来、私は毎年自分の誕生日にこのテープを聴いてきた。

　数日後の夜、私がビルのアパートに戻ると、彼が寝ずに待っていてくれた。私の妻から電話があったことを伝えるためだった。私は急いで自宅に帰ることになった。私は友人のロン・デイヴィスに電話をして、マイケルズ・パブでの最後の何夜かの代役を頼み（そこではキャロル・スローン、ジミー・ロウルズ、ジョージ・ムラーツと演奏していた）、車で家に向かった。ティファニーは、それから数日後の二月二十九日に生まれた（閏《うるう》年生まれだ！）。私はビルに電話をしてこのニュースを伝えた。すると二、三日後、うちに電話がかかってきて、彼がティファニーのために書いた曲を電話越しに演奏し

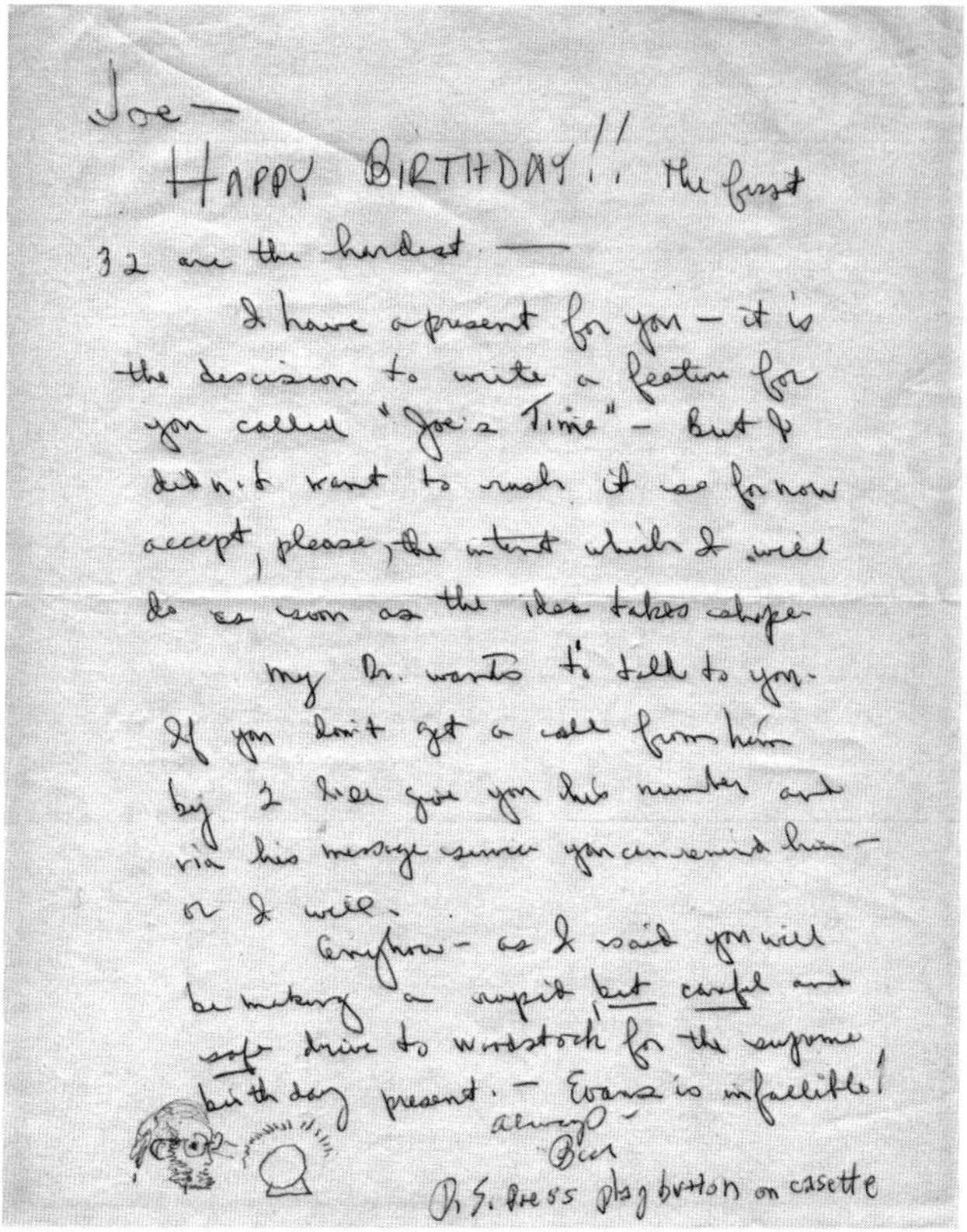
Joe—
HAPPY BIRTHDAY!! the first
32 are the hardest —
I have a present for you – it is
the descision to write a feature for
you called "Joe's Time" – but I
didn't want to rush it so for now
accept, please, the intent which I will
do as soon as the idea takes shape.
My Dr. wants to talk to you.
If you don't get a call from him
by 2 I'll give you his number and
via his message since you can remind him —
or I will.
Anyhow – as I said you will
be making a superb but careful and
safe drive to Woodstock for the supreme
birthday present. – Evans is infallible!
always –
Bill
P.S. press play button on casette

私の32歳の誕生日に、ビルは私のメイン曲を書く計画についてしたためたこの手紙をくれた。その週、私はビルのアパートに泊めてもらっていた。ニューヨークのマイケルズ・パブでのギグから戻ると、この手紙が私を待っていたのだ。この手紙の隣に置かれていたカセット・プレイヤーで、ビルが弾く「ハッピー・バースデー」を聴いた私は、本当に感激した。1980年から毎年、私は自分の誕生日にこのテープを聴いてきた。（提供：ジョー・ラ・バーベラ）

てくれた。もちろん、これには妻も私も大感激で、私はトリオでやがてやることになるかもしれない私のメイン曲のかわりに、その曲をありがたく受け取った。ティファニーのためのその曲は、とても素敵だと思った。そして成長した今の彼女の個性を本当によく捉えていることに、なおいっそう驚く。それは軽快な美しいワルツで、前向きな雰囲気を持っている。ビルがそれを知るはずもなかった。ティファニーが生まれてから数週間後のある夜、ビルとマークがマンハッタンからわざわざ車で来てくれた。私たちはデリバリーで食べ物を注文し、ビルはティファニーに対面した。彼女はその時おそらく生後二か月か、それよりも小さかったかもしれない。おくるみに包まれていた。

後にこの件についてビルと話したとき、その曲を書いてくれたことに私たち夫婦がどれだけ感謝しているか伝えると、彼はいろいろな人から要望があるのだと言っていた。「妻に一曲書いてくれませんか?」とか「娘に一曲お願いできませんか?」とか、あれやこれやと。彼はいつもそうした人たちに「頼まれたからといって書けるものじゃない。こういうのは、心の中から生まれてくるものだから」と返していたのだという。つまり、彼は間違いなく何かを感じて、娘に曲を書きたいと思ってくれたのだ。

ところでビルは、作曲者印税の五〇パーセント、つまり曲の演奏、販売、放送によって発生するあらゆる印税の五〇パーセントをティファニーが受け取れるようにすると約束してくれた。これは信じられないくらい気前のいい話だった。しかし、この申し出が正式な形になることはなかった。ビルが亡くなった後、ヘレンがこの合意について確認する術はなかったため、ティファニーが印税を受け取る件は認められなかったのだ。

一九九七年、偶然にもヴォーカリストのティアニー・サットンがこの曲のレコーディングの準備をしていた。しかし、あいにくこの曲には出版された歌詞がなかった。当時、ティファニーはティアニーにヴォーカルを習っていて、自分が一年前の十六歳のときにその曲の歌詞を書いたことをティアニーに話した（父親にとっては大きな驚きだった！）。ティアニーがそれをチェックして気に入ったため、私はこの話を知ったとき、ビルの出版版権を持つリッチモンド・オーガニゼーションのジュディ・ベルに連絡を取った。ジュディはこの歌詞を受け入れた。現在、この歌にはティファニーの名前が記載されているが、念のためにお伝えしておくと、それはお金の問題ではない。ビル・エヴァンスのすぐ隣に彼女の名前があるということが、私にとってとても大きな意味があるというだけだ（この曲は、サットンの二〇〇一年のアルバム『ブルー・イン・グリーン』に、ビルの名曲「ワルツ・フォー・デビー」とのメドレーで収録されている）。

ティファニー・ラ・バーベラ＝パーマーがこのエピソードを振り返った……

ティアニーのアルバム『ブルー・イン・グリーン』が、歌詞を書くきっかけになったのは間違いありません。私が書いた歌詞が認められたとき、私は十七歳だったと思いますが、曲作りを始めたのは二十代になってからでしたから。それまで、散文はたくさん書いていたけれど、音楽は書いていなかったんです。

当時、学校に通っている間は、母と義父と一緒にフェニックスで暮らしていました。私の寝室のドアは、両親の寝室のドアに面していて、私は書いた歌詞をテープでドアに留めていました。歌詞を誰かに見せる気にはなれなかった。自分自身の曲に歌詞を付けるなんて、正直言って、すごく自分に酔っているみたいでしょ（笑）。

年を取るにつれて、この曲を公の場で泣かずに聴くことが難しくなってきました。その曲がきっかけで、私はＡＳＣＡＰ（米国作曲家作詞家出版者協会。曲の演奏権について監視する機関）に加盟し、私が最も誇りに思うさまざまな活動をするようになったからです。プログレッシヴ・ロックのオリジナル・アルバムをいとこたちとレコーディングしたほか、ミュージカルにも多数出演しました。私が出演した最後の公演では、カンパニーが私の写真をトップ・ページに載せて、それがBroadwayWorld.comで宣伝用の写真として使われました。

父の言う通り、ビルがどうやって知ったのかわからないけれど、彼は私の個性そのものの曲を書いてくれました。時には、自分がそれにふさわしくないのではと心配になることもあるけれど。軽快でちょっと悲しげな曲です。現在、それは父と私の両方に共通するものになっています。二人とも、自宅に楽譜の原本があるんです。

私の最初の恋人は、ランディ・イングラムというピアノ奏者で、ティアニーのヴォーカルのクラスで伴奏をしていました。つきあい始めたのは、私がサンタモニカ市立大学に通っているときです。父のギグの一つで彼に会ったんです。私の誕生日が近いころ、彼はドロシー・チャンドラー・パビリオンの最上階にある小さなクラブで演奏していました。ランディはそこで二晩公演があり、最初の晩に「ティファニー」を演奏してくれました。それがきっかけで付き合うことに（爆笑）。彼はデートのときはいつもこの曲を弾いてくれ、おつきあいはその後しばらくの間続きました。

私が夫のエリックと婚約したとき、父はスタジオシティにあるヴィテロズの上の階で、自分のクインテットとギグをしていたため、メンバーに頼んでこの曲を演奏してくれました。私たちが結婚してから四年後の二〇一四年、父はヴィレッジ・ヴァンガードでピアニストのエンリコ・ピエラヌンツィやマーク・ジョンソンとともに演奏しました。父、父の妻のジリアン、エリック、そして私の全員が二月生まれだったので、このクラブで誕生日を祝ったんです。父がこの曲をセット・リストに入れてくれて——本当に素敵でした。

私は今、ロバート・ファラー博士という素晴らしい方と一緒に私立学校で教えています。彼はポリテクニック・スクールで歴史を、パサデナ・シティ・カレッジでアフリカ系アメリカ人の歴史を教えているのですが、ジャズの大ファンでもあります。彼は私とゆっくり話ができるときはいつも、「ちょっとバックグラウンド・ミュージックがほしいな」と言って Spotify で「ティファニー」をかけてくれるんです。[6]

私の娘、ティファニー・ラ・バーベラ＝パーマー。娘が生まれたとき、ビルは彼女のために曲を書いてくれた。ティファニーは16歳のときに、この曲に合わせて作詞し（当時は私の知らないうちに）、結局それが出版バージョンになった。私は、同じ楽譜にビル・エヴァンスとともに載っている彼女の名前を鼻高々で指差してしまう。（撮影・提供：ティファニー・ラ・バーベラ＝パーマー）

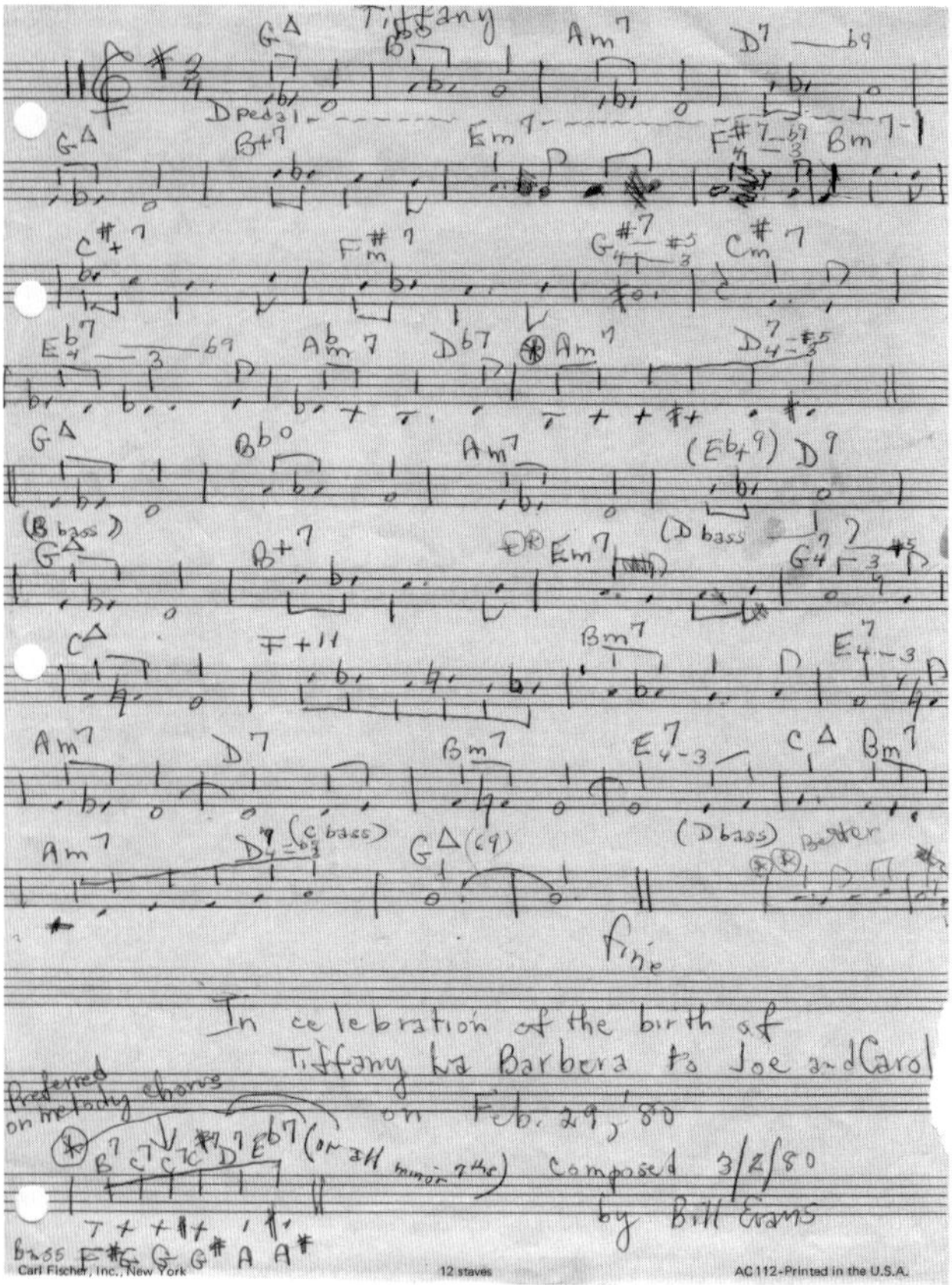

ビル・エヴァンス直筆の「ティファニー」のリード・シート。ページ下部には、ブリッジの終わりの部分の代理コードの指示や献辞が書き込まれている。（提供：ジョー・ラ・バーベラ）

第16章　ビルと過ごした時間　5

ホテルのロビーにて

ヨーロッパ・ツアーの一つでオランダ公演があったとき、私たちは市の中心部にある古き良きホテルに宿泊した。マークと私がロビーで座っていると、ビルがいたずらする気満々でやって来て、近くにあった使い古されたピアノの前に座り、弾き始めた。しかし聞こえてきたのは、このジャズの巨匠に期待するようなものではなく、むしろ小学生がレッスンで頑張っているかのような演奏だった。どこかのホテルのロビーで座っていると、常連客の一人がピアノの腕試しを始める。そんな場面に出くわしたことがある人は多いのではないか。

通りかかる人のほとんどは、ビルをまったく気にしていなかったが、そこへ上品な身なりの年配の夫婦がロビーに入って来て、入り口でふと足を止めた。その夫人は、ビルがやろうとしていることに気づいてピアノに歩み寄り、ビルをベンチの脇に移動させて、彼の隣に座った。それから彼女は、ビルのできないフリよりも辛うじてましな演奏を始めた。ビルはその間、彼女の隣に座って「へー」「ほー」と感嘆の声を上げて彼女を喜ばせた。彼女が弾き終わると、ビルは彼女をほめたたえ、自分の本当の才能はおくびにも出さずに、つかのまの栄光を彼女に与えたのだった。

1979年2月26日、モントリオール空港

モントリオールのライジング・サン・セレブリティ・ジャズ・クラブで一週間演奏したあと、私たちは飛行機でニューヨークに戻った。空港で出発を待っているあいだ、私は一人の空港警察官が、そのときひどく具合が悪そうだったビルを食い入るように見ているのに気づいた。その警官がこちらに近づいて来ると、私のレーダーが突如反応した。訓練を受けた麻薬取締局の職員なら、ビルの外見――黄疸のような顔色で、疲れ切っていて、ずっと頭をうなだれている――を見れば疑念を抱いたことだろう。だから私もまた、何とかあいだに入って取りなしたいと思い、近づいた。警官はビルの目の前に来ると、ビルに名前をたずねた。そしてビルが答えると、「あなただと思っていました！　昨夜の演奏は本当に素晴らしかった。二セットとも見ましたよ」と言った。私の心拍数は徐々に落ち着き、マンハッタンに着くころにようやく正常に戻ったのだった。

良いことをしたつもりが裏目に出る

ある海外ツアーのときのこと、私はビルを助けるつもりで、彼がタクシー代を使わなくてもすむようにしようと考えた。そこで私は、ＪＦＫ国際空港に向かう途中でビルを拾うため、ニュージャージー州フォートリーにある彼のアパートに立ち寄った。迎えに行く時間は事前に打ち合わせてあった。ターミナルでいったんビルと自分のドラムを降ろしてから、長時間用の駐車場に車を停めに行っても十分フライトに間に合うように。

しかし、ビルのアパートに着いてみると、彼は荷造りすらしていなかった。ビルが荷物をまとめる

のにかなり時間がかかったため、アパートを出発できたのは、まさにマンハッタンのラッシュ・アワーの真っ最中だった。私たちが空港に着くころには、車を短時間用の駐車場に停めざるを得ない状況になっていた――二週間も！　一九七九年当時、それは二百ドルを超える金額になった。ツアーから戻ったとき、ビルは私に七十五ドルほど渡してくれたのだった。

サム・ディステファーノ

ビル・エヴァンスは一九五一年に入隊し、朝鮮戦争中はシカゴ近郊のフォート・シェリダンに配属されていた。彼はシカゴにいたこの時期に多くの友人を作り、その多くと生涯を通じて交流を続けた。サム・ディステファーノは、そうした友人の一人で、二人が出会った時の話は興味深い。その話は、私がラスベガスでトニー・ベネットと一緒に仕事をしているときに、サムが夕食を取りながら教えてくれたものだ。サムはリヴィエラ・ホテルのエンターテインメント・ディレクターで、そこでの仕事にトニーをブッキングしていたのだ。

サムは召集令状を受け取ったとき、フォート・シェリダンの軍楽隊を探し当てた。オーディションを受けてそこに入隊したいと考えたからだ。シカゴは彼の生まれ故郷だったので、そう考えるのは当然だった。彼はシカゴのどこかで第五陸軍軍楽隊のコンサートを見た。そしてそこで初めてビルに会う。陸軍の軍楽隊だったので、演奏はすべて通常の軍隊行進曲や簡単なクラシックだったが、途中でグランドピアノが運び込まれ、それに続いて眼鏡をかけた若者が登場すると、サムが聴いたこともないような最高のジャズ・ピアノを演奏しはじめた。

そのコンサートのあと、サムが自己紹介をして、二人はしばらくのあいだ話をした。ビルがサムの近況をたずねると、サムは召集令状のことや、オーディションを受けたいという希望を伝えた。ビルはすぐにサムを連れて司令官に会いに行った。「こちらは私の親友、サム・ディステファーノです」とビルは司令官に紹介した。「彼は素晴らしいミュージシャンで、軍楽隊では即戦力です」と。司令官は、ビルの推薦なら誰であれ受け入れるという人だったので、「それはいい」と言った。しかし、サムは担当楽器をたずねられると、ピアノと答えた。司令官は、この部隊にはそのMOS（軍事職業専門）のポストが一つしかない――それはビルが担当している、と説明した。軍楽隊が本当に必要としていたのは、ピッコロ奏者だった。これを聞いてビルが口をはさんだ。「彼は優れたピッコロ奏者でもあります！」

そう、話はそれで決まった。サムは、何週間かのちのオーディションに来るように言われた。一方、サムはショックを受け、ピッコロはまったく吹けない、そんな考えはいったいどこから出てきたのか、とビルに言った。ビルはサムに、心配しなくてもいい、軍楽隊に入れるよう自分が教えるから、と言い……その通りになった。ご存じの通り、ビルはピアノを演奏するだけでなく、サウスイースタン・ルイジアナ大学のオーケストラでは首席フルート奏者を務めていたのだ。

＊

成功して世界中で高く評価されているにもかかわらず、ビルは未だ自己不信に陥りがちだった。ビルほど芸術的に優れた人でも、私たち一般人の多くと同じように、自分の演奏に不安を覚えることがあるとはとても想像できない。ビルにはいつも、私のウーヘルのカセット・レコーダーでトリオのギグを録音してほしいと頼まれたので、私は毎晩録音し、彼はそれらを持ち帰って聴いていた。あとからそれらを返してくれるときには、たいてい「ああ、もう。われながらひどい演奏だ。頼むからそれを消しておいてくれ！」と言っていた。たまには、彼が聴いて価値があると判断した演奏もあった。私はこう言ってもいい。彼が気に入った演奏のほんの一部であっても、自分が加わっていることがうれしくて仕方なかったのだと。

ヴァンガードでのある晩、私たちが「バット・ノット・フォー・ミー」を演奏しているとき、ビルが曲の後半の頭で「ジャンピン・ウィズ・シンフォニー・シド」を引用した。そのアイデアが信じられないくらい面白くて、私は笑いがとまらなくなった。ビルは自分のソロ中に他の曲を引用したことがなかった。いつも自分の創造力にはるかに高い要求を突きつけていたからだ。そしてこの引用はとくに、ちょっとしたリフに過ぎなかった。あとで感想を伝えたとき、私は彼に、あれはよかった、あそこにぴったりだった、と言ったのだが、ビルの感じ方は違っていた。「いいかい、ソロの中であんなふうに曲を引用しはじめたら、もう終わらせる時なんだよ」とビルは言った。「じつは、これからは自分のソロを終わらせる合図にあれを使うつもりなんだ！」。彼は実際に何度かはそうしたが、やがてその目新しさはなくなった。おそらく、彼に残された時間があとわずかだったため、少しの時間も無駄にしている場合ではなかったのだろう。とくに演奏に関しては。ジャズは結局、ビルにとって真剣に取り組むべきものだったのだ。

第17章

最後の日々――ヨーロッパ、1980年

7月14日〜8月15日

一九八〇年七月には、ふたたびヨーロッパに招かれた。今度は一か月間にわたるツアーで、その中には深夜まで営業しているロンドンで一番のたまり場、ロニー・スコッツ・ジャズ・クラブでの二週間公演もあった。私はまだビルの健康状態から目をそむけていたが、今思えば状態が急降下していたことを示す証拠は十分にあった。今写真を見ると、当時の彼の外見――すっかり体重が落ちて、ほとんど食べていない歩く骸骨――と、私がこのバンドに加入したころ――比較して言えば、健康そのもの――のちがいにギョッとする。

おそらく、ＪＦＫ国際空港で私たちが搭乗を待っていたときのエピソードがその証拠だったのだろう。これはビルが薬物依存症に負けたときの話だ。私たちはビルとヘレンから、ツアーのあいだは一公演につき四百五十ドルが私たちに支払われることになると事前に聞かされていた。だから私は、実際にどれくらいの収入が見込めるかを計算して、家にようやく金銭面で良いニュースを伝えることができたのだった。しかし、その浮かれた気分は、出発ロビーで突然水を差された。ビルは、彼自身がお金に困っているため、私とマークの報酬をそれぞれ一公演につき二百五十ドルにカットすると私た

ちに告げた。そして、ほとんどのミュージシャンはこの金額で喜んでツアーに出るだろうが、私たちが断るなら仕方がないと言った。もちろん、断ったらツアーはなくなり、お金も入らない。私には、ビルが麻薬で報酬を使い果たしてしまった可能性が高いように思えた。それはつまり、ビルの薬物依存症のせいでトリオが二の次になっていることを意味した。もしも彼が、たとえば子どもの養育費でも税金でも何でもいい、それらを支払う必要があって困窮しているのだと言っていたら、もっと快く受け入れられただろう。しかし、彼はただ選択肢——条件をのむかのまないか——を提示しただけで、それが一番腹立たしかった。

思うに、ビルはもしかすると、私がその申し出を断ることを期待していたのかもしれない。そうすれば、彼とマークはデュオとしてツアーをすることも、ヨーロッパでドラマーを雇うこともできて、もっとお金を節約できる。ビルの行動には、腹が立つというよりも本当に傷ついた。私たち三人のあいだの雰囲気は、雇用関係をはるかに超えて家族のようなものになっていた。私にとってビルは兄のようだったし、ビルはきっとマークを息子のように思っていたにちがいない。ともあれ、私はツアーを取った。単純に選択の余地がなかったからだ。私の私生活は、すでに圧迫されていた。ジャズ・ドラマーとして私が稼げる金額は、家族が望む生活を送るには足りなかった。今ではすべて納得しているが、そのときの私は、家族を養うためにそのお金を当てにしていたのだ。私はどうすればよかったのだろうか？　トリオを去るべきだったのか？　私は断ることができなかった。

以前のビルなら、こんなことはけっしてしなかった——それどころか、このときまでは、プライドやたがいを尊重するという意識から、いつもマークや私を気にかけてくれていた。彼は以前インタビューで、私のことを「質の高い音楽を演奏することに全力を尽くしていた……ツアーに出ることもだが、そのために負うべきものについて歩み寄ることをいとわなかった」と言っていた。(1) ビルは、自分の家族と離れることも、一家の大黒柱であるということも、どういうことなのかわかっていた。ビルは妻のネネットと別居していたが、それでも彼女と幼い息子のエヴァンを養っていたからだ。私にも、私を頼りにしている妻と生まれたばかりの娘ティファニーがいて、状況は似ていた。明らかにビルは、薬物による身体依存*のため、ほかのことがすべて後回しになるという決定的な転換期に差しかかっていた。

私たちは七月十四日にバルセロナでツアーを開始し、そこからあちこちに飛んで、四日後にはミラノでコンサートを行った。さらにその後、ロニー・スコッツでの公演のためにロンドンに飛んだ。ミュージシャンもファンも、ロニー・スコッツはヴィレッジ・ヴァンガードと並ぶ世界で最も重要なジャズ・クラブの一つだと見なしていた。六十年ほど前、サックス奏者のロニー・スコットが、ミュージシャンたちにジャム・セッションの場を提供するために、ロンドンのウェスト・エンドの地下にこの店を開いた。一九六五年、スコットはロンドンのソーホー地区にある現在の拠点にクラブを移転させた。サラ・ヴォーンからカウント・ベイシーやエルヴィン・ジョーンズ、スタン・ゲッツまで、あらゆる一流のジャズ・アーティストがここで演奏してきた。(2) また、このクラブは、ローリング・ストーンズのドラマー、チャーリー・ワッツ率いるビッグ・バンドや、トム・ウェイツやマーク・ノッ

*訳註　薬物の摂取をやめると、離脱症状と呼ばれる身体の症状が起こる状態。

プラーのようなシンガー・ソングライターも出演させてきた。[3] 私はビルのトリオに入る前の一九七四年、ステファン・グラッペリとの対バン（同時出演）で、チャック・マンジョーネとともにここで演奏したことがある。

クラブのギグではいつものことだが――そしてヴィレッジ・ヴァンガードとまさに同じように――私たちは二週間演奏した（今日ではほとんど聞かないが！）。だからもちろん、しばらくのあいだ同じ場所にいられるのを楽しみにしていた。ロンドンにはビルのファンが大勢いた。たとえば、俳優のピーター・セラーズ、マーティ・フェルドマン、ジョン・ル・メスリエールや、多数の地元のミュージシャンがそうだった。ドラマーのケニー・クレアは、ウディ・ハーマン楽団時代からの私の友人で、滞在中に一度、彼の家で彼の家族とともに楽しい午後を過ごした。クラブは毎晩満席で、音楽――のちにCD化された――は、全体的にとても素晴らしかった。

ロニー・スコットは、ていねいな物腰で感じの良い、おそろしく頭の切れるホストで、ほぼ毎晩司会を務めていた。そして素晴らしいテナー・サックス奏者であるばかりか、とてもユーモアのある人物だった。彼の使い古したジョークは、常連客の誰もが知る伝説的なもので、そのギャグは、彼の無表情な話し方のせいで、何度聞いても面白いのだった。たとえば、「みなさん、当店の男性用トイレの係員が今晩辞表を出したという報告がたった今入りました。においにもはや耐えられなくなったようです。厨房の！」とか、反応の鈍い観客をじっと見つめて、「油絵が煙草を吸っているのを見たのはこれが初めてです！」とか言ったりするのだ。

ロニーの右腕のピート・キングは、日々クラブの経営に当たっていた。ロニー・スコッツは、ヴァンガードよりもやや広く、通りに面した一階にある。しかし、店内の雰囲気は似ている。音楽が一番の目玉で、聴く側にはルールの厳守が求められるからだ。ビルのコンサートの場合、観客はたいてい音楽を尊重し、音楽を聴くためにやって来た。

このツアーのうちロンドンでの二週間は、ローリーが私たちに合流し、ビルが夜のギグに出られるよう、ホテルで一日中彼の世話をしてくれた。私たちが滞在したホテルの名前は思い出せないが、クラブから少し離れたところにあったことは覚えている。だから私たちは毎晩送迎してもらう必要があった。マークと私は日中、ロンドンのソーホー近辺を見てまわって暇をつぶした。ある午後、私たちはそれぞれ、ビルからすぐに部屋に来てほしいという電話をもらった。私たちは同時に到着し、てっきりこれから報酬をもらえるのだと思っていた。公演期間の終わりがこれだけ近ければ、ビルが支払いを受けた可能性があったし、たいていのバンド・リーダーは、そんな多額の現金をずっと預かっていたくないからだ。それか、単なるツアー・スケジュールの変更だろう、と。

部屋は煙草と焦げた「何か」の匂いがした。ビルはベッドにいて、少しばつが悪そうな顔をしていた。そして、彼のベッドのキングサイズのマットレスをひっくり返すのを手伝ってほしいと言った。私たちがシーツをはがすと、カバーも詰め物もスプリングまでも燃えて開いた、とても大きな穴が現れた。ビルは、煙草の火が付いたままベッドで眠ってしまったものの、運よく火事になる前に目が覚めたのだった。私たちは窓を開けて煙とにおいを外に追い出し、マットレスをひっくり返して損傷を隠した。その穴が発見されるとしたら、おそらく何週間もあとのことだろう。このエピソードからすぐに思い浮かんだのは、何年か前に『ダウン・ビート』誌で読んだ、トランペッターのジョー・ゴードンの死を報じた記事だ。彼は同じような経験をしながら、二度と目を覚ますことはなかった。

そこでの連続公演のあいだ、ビルの親しい友人の一人がギグを録音させてほしいと言ってきた。その人の名前は思い出せないが、彼がビルからギグの録音をする許可を得ていたのは明らかで、ハンドバッグからマイクが突き出ているといった不正行為の類いではなかった。彼は、ピアノの目の前にオープンリール式のレコーダーを設置した（思うに、彼はマイクを三本セットしていたのかもしれない。すべて――ドラム、ピアノ、ベース――がまともな音質で録音されていたからだ）。残念なことに、ピアノは音が合っていなかった。

その録音がどうなったのかは知らないが、ビルはこの人物と何とか話をつけたのではないかと思う。しかし、これは今回だけの問題ではなかった。ビルにギグを録音してもいいかとたずねてくる人びとは、決まってこう言うのだ。〝個人で楽しむだけのものです。けっして表には出しませんから〟。ビルは、そんな約束は破るためにあると、どこかの時点で気づいたのかもしれない。もしくは、気にしていなかったのかもしれない。そして私は、各社がこれらの録音をしきりにリリースしたがっている理由を理解している。彼らはみな一様にこう言う。〝私たちにはファンのためにそうする義務があるのです〟。人びとがそれを聴きたがっている。結構なことだ。

このツアーのほかのいくつかの公演は結局、ビデオとして正式にリリースされた。ノルウェーのモルデで行われたコンサートは、すべてフィルムに収められた。ベルギーのグヴィー・ジャズ・フェスティバルで私たちが出演した部分は、フランス人トランペッターで映画製作者・写真家のレオン・テルジャニアンによってドキュメンタリーで取り上げられている（どちらも YouTube で簡単に見つかる)。ローマやバルセロナでの公演をはじめとするいくつかのコンサートも収録され、のちにヨーロッパのテレビで放映された(レコーディングやビデオについては本書巻末のリストを参照)。

先にも触れたように、私はビルが精神的な危機を乗り越えるときに、彼の身体を抱きしめるしかなかったことが三回ある。二回目は、コペンハーゲンにあるジャズハウス・モンマルトル(アメリカではクラブ・モンマルトルという名前のほうが有名)に立ち寄ったときに起こった。このころには、ビルの薬物乱用は彼自身を食い尽くすほどになっていて、肉体的にも精神的にもつねに麻薬を必要とするようになっていた。

私たちはサウンド・チェックを終え、夕食のための休憩をとっていた。そのときビルは、滞在中のアーティストのためにクラブが用意してくれた部屋で休憩するため二階に上がっていた。しばらくすると、私は人づてにビルに呼ばれた。彼は、下のクラブに降りて、そこで待っている男から包みを受け取って来てほしいと言った。私は気が進まなかった。ビルはそれを感じ取っていたが、私なら何とかしてくれると知っていた。私は言われたとおり受け取ったものの、その後はかなり長いあいだぐずぐずしていた。

私はまだビルが健康を取り戻せると信じていたくらい考えが甘かったため、彼に麻薬を届ける気になれなかったのだ。マークと私はそのことについて話し合い、ビルの健康に関しては、状況がかなり悪化しているということで二人の意見は一致した。マークは板ばさみになった私に同情してくれたが、ビルに彼が必要としているものを渡すかどうかの決断は、私一人にゆだねられた。このとき、言われたとおりにしたのはなぜか、今となってははっきりしない。ひょっとしたら、私は義務感を感じたのかもしれないし、あるいは、ビルが欲しがっているものを手に入れて、さっさとギグをやろう、という完全に利己的な理由だったのかもしれない。いずれにせよ、ビルがこの件で私に協力を求めたのは二、三回だけだった。

結局、私は折れて、二階の部屋に上がった。ドアを開けると、ビルが部屋の中央に立ち、頭からつま先まで激しく震えているのが見えた。私はベッドから毛布をはぎ取って彼をくるみ、二人してベッドに身を投げ出し、毛布と私の体温で彼の身体が温まるのを待った。そこで横たわっているとき、ビルが私を見て「待っているあいだ、君は戻ってこないのかと思ったけれど、そんなひどいことは絶対にしないとわかっていたよ」と言った。ビルはこう言うことで、彼を止めようという私の決意をくじいた。そして、必要なものが手に入れられなかった場合、どんな深刻な事態になるかを私に見せたのだった。

ビルはその晩、回復のためそのままベッドで過ごした。一方、マークと私は、ピアノのヤーアン・エムボーと、このときコペンハーゲンにいたアメリカ人テナー・サックス奏者のボブ・ロックウェルとともにステージに上がった。

イタリア南岸のレッジョ・カラブリアで行われたコンサートでは、ビルが認知障害を経験した。私たちが演奏したすべてのギグで、彼の脳と両手がつながらなかったのは、この一回だけだった。どの曲を演奏しているときだったか、正確には思い出せないが、私たちの定番レパートリーのどれか――ビルが知り尽くしている曲で、それは起こった。彼は完全に弾き方を忘れ、間違ったキーで演奏していた。ギグの後、彼は驚いた目をして私のところにやって来た。そして、こんなことは今まで一度もなかった、と力なく言い、そのことに衝撃を受けていた。これはビルだけでなく私にとっても衝撃的だった。なぜなら、それまで彼が間違うのを一音たりとも聴いたことがなかったからだ。

ツアーが終わるころには、事態はさらに悪化した。当初、私たちはイタリアで五日間公演を行ってツアーを終える予定だった。ビルは健康のため、帰国便に乗る前に二、三日休養を取る必要があった。しかし、ツアー・マネージャーのヴィム・ヴィヒトは、直前になって一公演をねじ込んだ。それは八月十五日（ビルの五十一歳の誕生日の前日）にドイツのバート・ヘニンゲンにあるフリッツ・フェルテンスの自宅で開かれた内輪のパーティーだ。今思えば、このブッキングは必死の一手だったのかもしれない。というのも、ビルはツアーの前にお金を受け取っていた可能性が高いからだ。建築家で熱心なエヴァンス・ファンのフェルテンスは、このイベントのために念入りな準備を行い、ビルにお礼の品として高級腕時計を贈った。

残念なことに、車で一時間かけて到着したとき、ビルはホテルに忘れ物をしたことに気づき、それを取りに戻ると言い張った。このため予定はさらに押してしまったが、最終的には演奏することができたのだった（ヘレン・キーンは、フェルテンスが個人で楽しむためだけにこの公演を録音することを許可する契約の交渉を行った。それが守られるとも思えなかったが！　一九八九年にウェスト・ウインドというレーベルが、それを『ヒズ・ラスト・コンサート・イン・ジャーマニー』〔日本国内盤は『ワルツ・フォー・デビー〜ラスト・ライヴ・イン・ヨーロッパ』〕としてLPでリリースした）。

そのコンサートの後は、ツアーの報酬を払ってもらうことになっていた。私たちの報酬はすでに半分近くに減らされていたが、ビルの手元には私たちに払えるだけのお金がなかった。私は彼が不満を訴えるように「君たちは何かしらもらっているはずだ」と言いわけしたのを覚えている。マークも私もツアーのあいだは一銭たりとも要求しなかったが、あとから考えるとそれは間違いだった。巡業のベテランたちはたいてい、報酬は前払いでもらうよう忠告してくれるが、ビルとはそうする必要性を感じたことがなかった。

トリオの存続中にこういうことが起こったのは、このツアーのときだけだった。ビルはいつも、やるべきことをやっていた。だからマークはこのとき、私のためにひと肌脱いでくれた。そのことはけっして忘れない。彼は、「ねえビル、ジョーは家族が増えたんですよ。ジョーに払ってあげてください。僕のほうは、ニューヨークに帰ってからでいいですから」と言ってくれたのだ。

ビルはきっと、帰国してからマークのぶんを払ったに違いない。それ以外、考えたくもない。

マーク・ジョンソンがそのときの体験を振り返った……

帰国してから何日かが過ぎ、僕は報酬を払ってもらうためにビルに電話をした。彼は、フォートリーにある彼の自宅に来るよう言った。そこで僕は翌日、ニュージャージー行きのバスに乗って彼のアパートまで行ったんだ。でもブザーを鳴らしたのに誰も出なかった。

少し困ってその場を離れたけれど、公衆電話から彼に電話することにした。電話に出た彼は、「アパートのブザーを鳴らしたのは君か?」と尋ねた。「ええ、僕です」と答えると、彼は「二度とこんなことをするな、先に電話してから来い」と言った。こっぴどく叱られた後は、「さて、ここまで来たのなら、上がっておいで」と言われた。

――――

つまり僕はビル・エヴァンスから訪問のエチケットについてレッスンを受けたというわけだ。ハハ！[4]

第18章　最後の日々――アメリカ国内　1980年8月〜9月

ヨーロッパから戻ったと思えば一週間後にはもう、私たちは短いツアーのためカリフォルニアに飛んだ。まず、八月二十三日にロサンゼルスで行われた「マーヴ・グリフィン・ショー」の収録にビルが単独で参加した（その出演シーンはビルが亡くなってから一か月後に放映された）。ビルを紹介するときに、マーヴは自分のうしろに山積みになったビルのレコードを指さした。それは、もう一人のゲストでコメディエンヌのフィリス・ディラーが、ビルにサインをしてもらおうと持ち込んだものだった。

明るいスタジオ・ライトの下、ビルが登場し、足早にヤマハの白いグランドピアノのほうへと歩いて行った。ライトブルーのスーツに開襟シャツを身に着けた彼は、少しやつれて見えた。ビルはとても興奮した神経質な声でこう言った。テレビのディレクターはたいてい、出演時間が短いときは何か楽しい曲を演奏したほうがいいとジャズ・ミュージシャンに勧めてくるけれども、そういうアドバイスは無視するつもりだ、と。「このような番組で演奏する機会はそうそうないので。こんな……こんなにたくさんの人びとにお届けできる機会は」とビルが言うや、かつてビッグ・バンドで歌っていて、熱烈なエヴァンス・ファンだったグリフィンがすかさず「何でも好きに弾いてください」と声をかけた。そこでビルは、自分が書いた新曲について説明した。その曲の核となっているのは「一つのアイデアで……それが何度も繰り返されて、そのたびに違うところに向かうんです」。そしてずっとタイトルがないままだったその曲を、彼はついにこう呼んだ。「ユア・ストーリー」と。「演奏すればするほど、この曲は訴える力が強くなるようで……だから今日はこれを披露しようと思います。番組をご覧のみなさんにはちょっとシリアスすぎるけれども」

ビルは即興なしでメロディを弾いた。頭を垂れるいつもの体勢で奏でられるメロディは、ゆったりと円を描くようにめぐった。終盤に差しかかると、（番組専属バンドの）ベースのレイ・ブラウンとドラムのニック・セロリの繊細な伴奏が加わった。ビルが演奏を終えたとき、グリフィンは熱狂を抑えることができなかった。拍手喝采する聴衆を見てグリフィンは「何であれこういう映画に出たいものです」と誇らしげに言った。[1]

本来なら格好よく映るはずのところ、この時のビルの顔色はひどいものだった。先のヨーロッパ・ツアーが過酷だったせいで、残っていたなけなしの体力をすっかり使い果たしてしまったかのようだった。彼の命は尽きようとしていた。それを見るのは今でもつらい。ただ、彼の演奏は素晴らしかった。彼の演奏はいつだって素晴らしかった。そうすることがあまりにも体に染みついていて、あまりにも自然で、ちっとも苦にならなかったのだ。これは彼がインタビューで「創造のプロセス」や「スイッチを入れる」といった言葉を使って繰り返し言っていたことだ。ミュージシャンというのは、疲れ果てて創造力がわかないときでも、ひとたびステージにあがったら、音楽によって生き返るものだということを。この理論をどこまで試すことになるのか、本人ですらわかっていなかったと思う。最後のころは長時間立っていることが肉体的に不可能になっていたからだ。本当に恐るべき精神力だ。彼はその理論を真に極めていたのだろう。なぜなら、ピアノの前に座ると、彼は本当にスイッチを入れ、豹変したからだ。

四日後、澄んだ空の下、ひんやりとした空気の中、トリオはハリウッド・ボウルのステージに立った。「ザ・ピアノ・マスターズ」と銘打ったコンサートに出演するためだ。それはこの会場で行われる「ジャズ・アット・ザ・ボウル」シリーズの始まりの年で、この日の出演者にはほかにジョージ・シアリングやデイヴ・ブルーベックがいた。司会はドラマーのシェリー・マン。私は自分がビルと共演しているところをシェリーに聴いてもらえることにとても興奮していた。シェリーにはビルとの共演作があって、ビルとは旧知の仲だった。

私にとってシェリーは最も影響を受けた大好きなドラマーの一人で、彼に司会をしてもらえるというのは光栄なことだった。舞台裏でデイヴ・ブルーベックのベース奏者、ジャック・シックスにばったり会ったことを覚えているが、彼もまたビル・エヴァンスの遺産に少しばかり関与している。ビルの歴史的名盤『サンデイ・アット・ザ・ヴィレッジ・ヴァンガード』のレコーディングに先立って、ドラマーのポール・モチアンは、ビル、スコット・ラファロとともに行ったリハーサルを録音していた。そこには「マイ・フーリッシュ・ハート」やモダン・クラシカルな響きの自由な即興演奏がいくつか収められていた。そのレコーダー(とテープ)が、どういうわけか質に入れられた。それをジャック・シックスが購入してずっと持っていたのだ。のちにケンタッキー州ルイビルのジャズDJ、フィル・

ベイリーがジャックからそれを入手し、その後ラジオ局で同僚だった私の兄ジョンが譲り受けた。そんなわけで、それは日の目を見、私の書斎の神聖な場所に鎮座している。

ロサンゼルスから、私たちはサンフランシスコに飛んだ。キーストン・コーナーというクラブで八月三十一日の日曜日から始まる一週間の公演のためだ。このころにはビルは、夜の八時半あるいは九時ごろまでずっとベッドで過ごすようになっていた。私たちはいつでも始められるようにクラブでスタンバイし、店は毎晩、満席になったが、ビルは三十分遅れて到着するのが常だった。

初日の晩は、聴衆の中にピアニストのデニー・ザイトリンがいたため、客を待たせ続けることにハラハラしていたクラブのオーナー、トッド・バルカンは、デニーに三十分演奏してほしいと頼んだのだった。

ベテランの臨床精神科医でピアニストのデニー・ザイトリンがその夜を振り返った……

私は一晩弾いただけ。なぜかというと、ビルが遅れていて、トッドに少し演奏してくれないかと頼まれたからだ。それで二十〜三十分ほど弾いたんだ。私が弾き終わったとき、ビルは到着していて、とてもいいことを言ってくれた。「じつは遅刻してよかったと思っています。おかげで私たちみんながデニー・ザイトリンの演奏を聴けたのですから」と。

ビルはとても親切な人だった。そんなふうにほめてもらえてうれしかった。ビルが私の作品を楽しんでくれているのは知っていたし、彼も私がどれだけ彼を尊敬しているか知っていた。私がコロムビアで初めてレコーディングしたＬＰは、フルート奏者ジェレミー・スタイグのリーダー作『フ

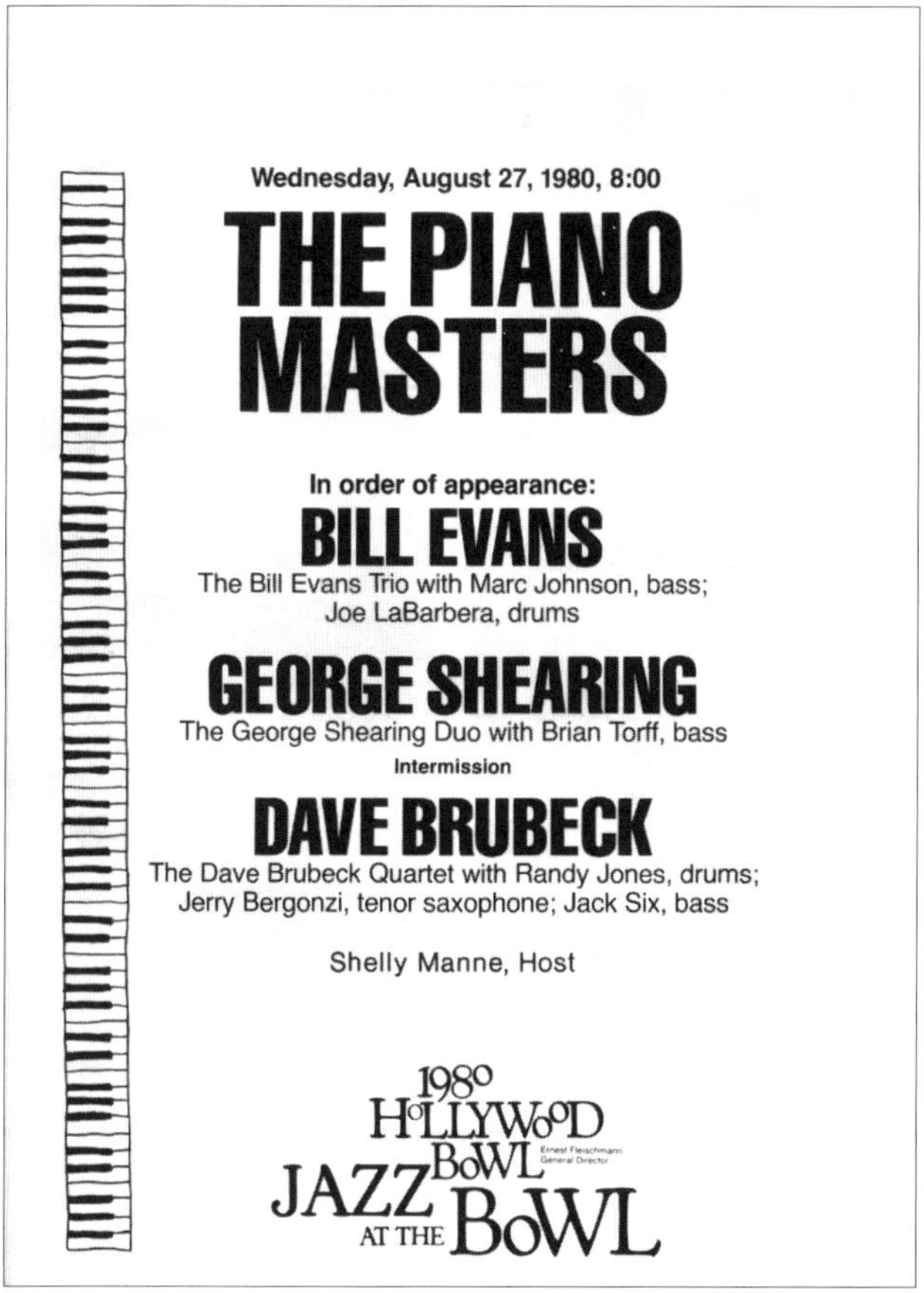
Wednesday, August 27, 1980, 8:00
THE PIANO MASTERS
In order of appearance:
BILL EVANS
The Bill Evans Trio with Marc Johnson, bass; Joe LaBarbera, drums
GEORGE SHEARING
The George Shearing Duo with Brian Torff, bass
Intermission
DAVE BRUBECK
The Dave Brubeck Quartet with Randy Jones, drums; Jerry Bergonzi, tenor saxophone; Jack Six, bass
Shelly Manne, Host
1980 HOLLYWOOD BOWL
Ernest Fleischmann General Director
JAZZ AT THE BOWL

ハリウッド・ボウルのプログラム。トリオの最後のコンサートの一つで、この晩も忘れられないものとなった。このコンサートには、トリオの他にデイヴ・ブルーベックとジョージ・シアリングが出演し、司会はなんとあのシェリー・マンが務めた。(提供：ロサンゼルス・フィルハーモニック・アーカイヴズ)

ピアニストのデニー・ザイトリンは、キーストン・コーナーでの初日の晩に少しのあいだビルの代役を務めた。トリオがサンフランシスコのこの伝説的なクラブで最後の連続公演を行っているときのことだった。クラブに入って来たビルは、デニーが演奏しているのを聴いて楽しみ、観客に向かって彼のパフォーマンスを讃えた。（撮影：ジョセフィン・ザイトリン、提供：デニー・ザイトリン）

ルート・フィーヴァー』だ。そのリリースの直後、『ダウン・ビート』誌の「ブラインドフォールド・テスト」欄*に、このアルバムの収録曲を題材にしたビルへのインタビューが掲載された。ビルは、ピアニストが素晴らしいと言ってくれていた。だから私は、一九六四年にコロムビアから自分のファースト・アルバム『カセクシス』をリリースしたとき、彼に電話をかけて意見を求めた。それは私にとってとても重要な時間だった。当時私は二十五歳。彼は、マンハッタンの自宅アパートに私を招いてくれた。そしてこう言ったんだ。「君の音楽をとても気に入っているから、これだけは言っておこう。とにかく自分の音楽を演奏するんだ。何を演奏すべきかを人に教えてもらうようでは駄目だ[2]」

キーストンでの公演を一日延長したあと、私たちは夜行便に飛び乗ってニューヨークに戻った。マンハッタンでさらに一週間の公演があり、それが九月九日の火曜日《チューズデイ》に始まるからだった。いみじくもそのギグの場所は、ニューヨークで一目置かれるジャズ・クラブの一つ、ファット・チューズデイズだった。

ビルは今やかなり衰弱していたが、みなが何度懇願しても病院に行くことを拒んだ。私はビルの車を運転し、後部座席で横になる彼を乗せてクラブに通った。ローリーは助手席に座りつつも、ビルから目を離さなかった。ビルはクラブに入るまではみんなの手を借りたが、ステージには自力であがった。この公演で注目すべき違いの一つは、私がビルの背中のほうを向き、マークがビルの右手に立つという変わった配置でステージをセッティングしたことだ。思うにこれは、席の需要が高かったため、全員が入れるよう店内を少し模様替えする必要があったからだろう。広くはない場所だったので、満員だとタイトなサウンドになった。観客はすでに席に着き、期待して鼻歌を歌っていた。そしてビルは、彼らが求めていたものを提供した。つまり、必死に演奏したのだ！　誰がどう見ても彼の演奏は際立っていたが、衰弱した彼の体の状態を思えば、それはなおさらだった。数年後、私はその夜の観客の中にいた誰かから匿名で送られてきた郵便で、一本のカセット・テープを受け取った。録音状態は最悪だったが、ビルの演奏は驚異的だった。

＊訳註　アーティストに事前に情報を与えずに曲を聴かせ、演奏者を当てさせるなどしてインタビューにつなげるコーナー。

ピアニストのリッチー・バイラークは、ビルがファット・チューズデイズで演奏した最後の夜に聴きに来ていた。彼がその夜を振り返った……

一九八〇年、ニューヨークのファット・チューズデイズでビルが最後に演奏した夜、私はそこにいた。そのことはけっして忘れないだろう。ほろ苦い思い出だ。ビルの様子がぞっとするほどひどかったからだ――げっそりやつれて、立派な体格の割にあまりにも痩せ細っていた。髪はボサボサの伸び放題で、もつれているように見え、いつも身ぎれいな彼らしくなかった。シャツは――あろうことか、彼はあのストライプのシャツを、洗わずに何度も着ていた。

私は挨拶をした。ビルはもちろん私を知っていたが、焦点の定まらない妙な目つきをした。まるで誰かに追われているような――人目を気にしている、とでも言おうか。彼が目の前で倒れてしまいそうに見えて、私はとても心配になった。

ところが、ここで奇跡的なことが起こった。それは私がこれまでに聴いた彼の演奏の中でも最高の部類に入る、非常に独創的で素晴らしく、自由でスインギーで繊細な演奏だったのだ!!! たとえば、彼が弾く「イン・ユア・オウン・スウィート・ウェイ」は、音楽で物語を雄弁に語っていた。私も、ビルのレコードや演奏をよく知る一人だ。このときのメロディのフレージング――ソロ・ピアノによるイントロの最初の音から最後の音まで――、これは新たなビルだったと思う!!! 型にはまっていなかった。ビルはあらゆるチャンスをとらえてその場ですぐに、こうしたきわめて独創的で非凡でありながら、完全に理にかなった選択ができるようだった。何度も言うが、彼の自由なリズムは驚異的で息をのんだ。彼はただ変化させて弾いているのではなく、コーラスごとに曲を作り直

1977, July
Bill Evans and Richie Beirach

ピアニストのリッチー・バイラークは、ニューヨークのファット・チューズデイズで行われたビルの最後のパフォーマンスを見た観客の一人だった。リッチーとジョーは、ボストンのバークリー音楽大学在学中から友人であり音楽仲間だった。（撮影：デイヴィッド・ベイカー、提供：リッチー・バイラーク）

しているように思えた——歴史に残る見事なモチーフの発展だ。ビルは何とか演奏できた——そしてこれは最も重要なことだが——彼は明らかに病気だった。麻薬の常用でげっそりと痩せ、栄養や睡眠などが不足して弱っていた。彼の身体はひどい状態だった。でも彼はとんでもない天才ミュージシャンだったので、自分の能力を最高に素晴らしく創造的にコントロールする力を、その壊れた身体からどうにか切り離すことができたのだ!! 彼は今にも倒れてしまいそうに見えたが、ピアノの前に座ると、どんな肉体的な障害をも凌駕する強靭な何かが立ち現れた——ただ普通に演奏するだけでなく、勢いがあって成功していた!! モーツァ

ルトのように発展させた素晴らしいアイデアをさらりと放つのだ。おおげさに言っているわけじゃない。ジョーに聞けばわかる‼

ところで、ジョーは信じられないくらいビルにインスピレーションを与えていた。なぜなら彼は、ダイナミクスの両極をバランス良く使えたからで、それはビルのトリオで演奏するために必要なことだった。また、ジョーはビルに挑むことを恐れなかったし、強さや音量を遠慮することもなかった——それでどうなったと思う⁇ ビルはそれを気に入ったんだ‼ 彼はそれに飛び込んだ。以前のビルは、もっとずっと抑えたダイナミック・レンジを追求していた。しかし、ここでは違った‼ ビルはそれまで、自分の創造力をコントロールし、自分の音楽的才能、テンポ、サウンド、そして全体的な表現をコントロールしてきた。

彼が自分の人生の他の部分で選ぶ道をもう少しコントロールできていたらよかったのだが。でも、このトリオはすごく生き生きしていた！ 力強く！ モダンで！ 時に深く、喜びにあふれていた！

この夜のことは、私の記憶の中で永遠に生き続けるだろう。(3)

ドラマーのアダム・ナスバウムは、リッチー・バイラークと一緒にいた。そしてここでその夜のことを振り返った……

私はリッチー・バイラークと一緒にトリオを聴きに行った。ビルの体調が悪いことは、私が見てもはっきりとわかった。彼はどうやって演奏するのだろうかと思った。見るのがつらかったよ。しかしいったん始まると、その音楽はまったく別物だった。そこには信じられないくらいの緊迫感と独創性があり、これまでに聴いた彼の演奏を超えていた。次元が違っていたんだ。振り返ってみると、あのときのビルは死に直面し、あふれんばかりの創造性でそれを突破して最後の集大成にしようとしているかのようだった。マークとジョーも、ビルとともに全力を尽くしていた。私はあの夜をけっして忘れない。(4)

ドラマーのアダム・ナスバウムは、リッチー・バイラークと連れ立ってファット・チューズデイズでの演奏を聴きに行った。彼らがビル・エヴァンスを見たのはそれが最後となった。（撮影・提供：アダム・ナスバウム）

それは、前の週のキーストン・コーナーのときと同じだった。あそこではステージにあがるのにローリーの助けを借りなければならなかったが。しかし、ひとたびピアノの前に座ると、彼は別人のようになった――カーネギー・ホールでのギグのときと酷似していた（ビルは思わぬ交通事故に遭い、会場に到着したときは左腕にギプスをしていた。本書巻末ラ・バーベラのエッセイを参照)。ファット・チューズデイズでのギグのあと、私たちはビルを車まで運び、家に送り届けなければならなかった。私は数週間自宅を留守にしていたため、その夜はレイクカトリーンに戻るつもりでいた。しかし、ビルのあまりの衰弱ぶりを見て、みなで病院に行くよう説得できたらと考え、こっちに残ることにした。

ビルは二晩持ちこたえた。木曜日、ビルはどうやら自分で運転してギグに行けると思ったようだったが、運転中にウトウトしてしまい、イーストサイド・ハイウェイで自分の車をあやうく大破させるところだった。彼はローリーに「今夜は演奏できない」と伝え、二人でタクシーに乗ってクラブにやって来ると、マークと私に状況を説明した。クラブの支配人は、スタン・ゲッツの息子のスティーヴ・ゲッツだった。彼はアンディ・ラヴァーンに、その週の残りの演奏を依頼した。店側は、ビル・エヴァンスを聴く気満々の観客を店内に入れ、客はみなそれぞれの席に着いた。それからスティーヴがアナウンスをした。「みなさん、たった今わかったのですが、今晩ビル・エヴァンスは演奏できなくなりました。席料はいただきませんから、どうかこのままアンディ・ラヴァーンとマーク、そしてジョーの演奏をお聴きください」。私たちは毎晩、観客に同じ言いわけを繰り返した。スティーヴは全員を座らせてから、ビルが突然病気になって演奏できなくなったとアナウンスしたのだ。観客はがっかりしていたものの、快くその場に残ってくれ、私たちが届ける音楽を味わってくれているようだった。アンディはきわめて困難な状況で本当に素晴らしい仕事をした。

ピアニストのアンディ・ラヴァーンがその日の出来事を振り返った……

あれは九月十一日木曜日だった。私はその週のどこかでファット・チューズデイズに行ってビルの演奏を聴くつもりでいた。（ギタリストの）ジョン・アバークロンビーが水曜日に彼らを見ていた。私は西二十三丁目の自宅アパートにいて、スタン・ゲッツと仕事をしていたベーシストのブライアン・ブロンバーグと一緒に曲を演奏していた。

夕方ごろ、スティーヴ・ゲッツから電話があって、「ビルが病気だ。うちに来て代役を務めてほしい」と言われた。私はブライアンに、ここでのんびりとリラックスして何曲か演奏していたい、と言ったことを覚えている。ブライアンには「気は確かか？」と言われた。彼は、ビル・エヴァンスの代役を務め、ジョーやマークと一緒に演奏するチャンスを逃すなと忠告してくれた。私は彼の意見を聞き入れた。自分だけで判断したわけじゃないんだ。準備する時間はなかった。自分の楽譜の束……スタンダード曲やオリジナルを何曲か――を引っつかんで行っただけだ。

店内は、ぎっしり満員だった。ビルが演奏しないとわかったら、店内はがらがらになるだろうと思っていたが、その予想ははずれた。人びとはのめり込んでいた。マークやジョーと共演した時間は素晴らしかったし、そのギグをやれて光栄だった。でも、お察しのとおり、それがビルの最後のギグになるとは思わなかった。クラブ側が次は誰かほかの人――たとえばリッチー・バイラークとかに声をかけるのかもしれないと思っていた。事の深刻さをよくわかっていなかったんだ。

そのとき二、三セット演奏したのかどうか覚えていない。私はまだ、その週のうちに聴きに来るつもりでいた。ところが翌日またスティーヴから電話がかかってきた。内容は同じだった。それから日曜日まで、毎晩同じことが起こった。誰もがビルは翌日には復帰するだろうと思い込んでいた。私を含めほとんどの人は、彼の病状をまったく知らなかったからだ。

昨年（二〇一八年）夏のスイス・ツアー中に、私はある男性に会った。彼は、私がジョーやマークと一緒に演奏した木曜日の夜にファット・チューズデイズにいたのだという。彼は、ビルがいなくてがっかりしたけれど、その晩の音楽を心から楽しんだ、と言っていた。(5)

その週を通して、私は毎晩フォートリーに戻り、ビルに近況を伝えた。そして毎日、ローリーと二人がかりで医者に診てもらうよう彼に懇願した。連続公演が終わった日曜日の夜、報酬をもらいに行ったマークと私は、お金はもう残っていないと言われた――ビルが前金ですべて受け取っていたのだ。ビルが亡くなったあと一か月ほどたってから、私は組合の審査委員会に出向き、ファット・チューズデイズに対する苦情を申し立て、マークと私の報酬分の徴収を求めた。その会議で私は、「見てください、ビルがいくら受け取ったか知りませんが、ビルとの契約では、マークと私が週に七百五十ドルもらうことになっていました」と訴えた。するとオーナーは、ビルに前払いでお金を渡した、だから私たちへの支払い義務があるとは思わなかった、と言ったが、今思えばたしかにそうだった。結果として彼は誠実な男で、街の誰にも口外しないという条件で、マークと私にそれぞれ七百五十ドルを払ってくれた。それが公になったら誰も雇えなくなる、と彼は言った。私たちは当時、他のミュージシャンたちの倍の金額をもらっていたからだ。

アンディ・ラヴァーンがこの話に反応した……

ファット・チューズデイズのギグが終わったときに、ジョーとマークが報酬をもらえなかったというのは知らなかった。はっきりと覚えているのは、ビルの代役を務めた四日間は、一晩終えるごとにスティーヴ・ゲッツが直接私に払ってくれたということだ。彼はビルが次の晩には復帰すると思い込んでいたからね。私がそのことをよく覚えているのは、スティーヴが、ビル自身（トリオ全体ではない）に払うことになっていた一晩あたりの金額——七百ドルを私に払うと説明してくれたからだ。確か、バーの売り上げから現金でもらったのだったと思う。それは、私がアート・ブレイキーのオファーを断る理由の一つとなった。彼は、ファット・チューズデイズでのギグの直後に、私がジョージ・ムラーツとともにブラッドリーズでやった演奏を聴きに来た。アートにはジャズ・メッセンジャーズに入ってほしいと言われ、週に七百ドルの報酬（とワゴン車での巡業）を提示された。一晩につき七百ドル稼いだあとにその金額でギグをやりたいとは思わなかったんだ！ これはあまりいい判断ではなかったね。やっかいなことだ！(6)

ビルの人生が非常に深刻な局面を迎えていたこのときも、私は彼が入院して何とか回復することを期待していた。残念なことに、それが私の性格だ——楽観的なのはいつものことだが、この場合はとくにそうだった。否認とは、真実から目を背けるための強力な防衛機制だ——そうであることが目の前で明らかであっても。当時のビルの写真を今見ると、その思いを強くする。彼の演奏が一流だったために、それが煙幕となって本当の健康状態は見えにくくなっていた。その間に、実際の彼がいかに肉体的に弱っていったか――やつれて顔色が悪く、ほとんど食べていなかった――。それを目の当たりにして衝撃を受けている。

第19章

1980年9月15日

ファット・チューズデイズでのギグをすべて終えた日曜日の夜、フォートリーのアパートに帰り着くと朗報が待っていた。ビルが月曜日の朝一番に医者に診てもらうことに同意したのだ。私もローリーも大喜びした。彼の健康状態がひどく悪化しはじめてからというもの、どんな状況であろうと彼が受診を承諾したのは、それが初めてだった。

アパートの中の雰囲気は明るかった。ビルはベッドに横になっていたので、私たちはテレビをつけた。すると、たまたまやっていた映画に、彼の長年の友人でイギリスの名優、ジョン・ル・メスリエールが出ていた。ビルはこれにとても喜んでいるようだった。「ほら、あそこ。友人のジョン・ル・メスリエールが映っている。これで彼にさようならが言える」とかそんなようなことを言っていた。明らかに、彼のほうが自分の身体の状況をしっかりと把握していた。私はまだどこかで、彼の健康状態について現実を認めようとしていなかった。実際に彼は何とか乗り越えるだろうと思っていたからだ。

朝、私がビルのシボレー・カプリスを正面玄関に回しているあいだに、ローリーは車で街に出られるようビルのしたくを整えた。車に乗り込むまでが大変だった。ビルは後部座席によじ登って横になることしかできなかったからだ。私たちはロックフェラー大学病院に向かった。ビルが無料のメタドン・プログラムで治療を受けてきたところだ。彼は主治医で精神科医のマリー・ニスワンダー博士と話すことを望んだ。しかし、ここに立ち寄ったことが裏目に出た。病院の職員が彼の受け入れを拒否したのだ。ビルは違反を繰り返していたため、プログラムからすでに除外されているとのことだった。

あれから二十五年ほどたって、ロサンゼルスでピアニストのジョン・メイヤーとギグをしていると き、彼が興味深い話をしてくれた。ジョンとビルは、ロックフェラー大学病院で同じ回復プログラムを受けていたのだという。それには本当に驚かされた。そしてジョンは、あの朝ビルが病院に入って行くところを見ていた。幸いにもジョンはヘロインとの闘いに勝ち、ロサンゼルスではこれまで以上に元気そうで、演奏でも活躍している。あとの話は彼にまかせよう。

ジョン・メイヤーがニューヨークでのあの日を振り返った……

ビルがロックフェラー大学病院に立ち寄ったのは、私たち二人がお世話になっていた医師、マリー・ニスワンダーに会うためだった。メタドン治療プログラムはそこで考案・開発されたもので、私は最初の外来患者プログラムを受けていた。マリー・ニスワンダー博士は、私の長年にわたる主治医で、とても良い友人だ。何年も前、一九七〇年代にビルに彼女を薦めたのは私だ。私は一九八〇年のその日にはもうプログラムを終えていて、ニューヨークに住んでもいなかった。でもこの街に来たついでに彼女を訪ねたいと思い、一階のエレベーターの向かい側にある待合室にいたんだ。ニスワンダー博士と雑談をしているとき、私のところからはエレベーターホールが見えていた。

ピアニストのジョン・メイヤーは、ビル・エヴァンスと同時代の人だ。私はカリフォルニアで何年もジョンと一緒に仕事をしていたのだが、ビルについて話をしたのは、仕事をするようになってからだいぶたったころで、ジョンはそのときに本書で紹介した話を私にしてくれたのだった（彼らは同じメタドン・プログラムに参加していた）。（撮影：ボブ・バリー、Jazzography、提供：ジョン・メイヤー）

ニスワンダー博士の診察室がある二階のボタンを押すビルの姿を見たとき、私は「あれはビルだ。挨拶をしなくては」と言った。

どうやらニスワンダー博士は、ビルに何度か不愉快な目に遭わされていたらしい。私が耳にしていたのは、ビルがさまざまな薬物に手を出してしまい、経過が良くないということだった。ビルが訪ねて来たのは、ニスワンダー博士に話をしてメタドンをもらおうとしてのことだった。

彼女は私に「やめて。何も言わないで」と言った。だから私は何もせずにビルが上の階にあがって行くのを見送った。間もなく彼は一階に下りて来て、急いで立ち去った。その日私は、彼と話がしたいと思いながらできずに終わった。そのことについては何も考えなかった。でも、それから二十四時間も経たないうちに、彼が亡くなったと聞いた。私はただ挨拶がしたかっただけだ。もうニューヨークに住んでいなかったので、彼には何年も会っていなかったから。私がビルに出会ったのは一九五六年で、彼が初めてニューヨークに出て来たころだ。彼はとても親切で寛大な人だった。私はほんの子どものピアノ奏者で、まったく未熟だった。ちょうどジャズを学んでいるところだったんだ。

私は本当にショックを受けた。追悼式は数日中にセント・ピーターズ教会で行われると聞いたので、私はそれに参列してからロサンゼルスに戻った。

今でも私は、彼と話せなかったことをとても後悔している。彼が一日もしないうちに亡くなってしまうなんて。歴史の流れを変えられたかはわからないが、彼にもう一度会えていたらと思う。(1)

あれから長い年月を経てこの話を聞いたとき、私は一瞬息ができなくなったが、正直な話、ニスワンダー博士は正しかった。どんなに説得しても、懇願しても、なだめすかしても、頭突きをしようと何をしようと、ビルの人生に必然的に起こったこの結末を防ぐことはできなかっただろう。彼がそうなるように望み……実際にそうなったのだ。ヘレン、マーク、ローリーも、ニスワンダー博士やビルの他の親しい友人たちの多くも、長いあいだ何とかしようとしてきたが、無駄に終わったのは間違いない。

ロックフェラー大学病院に立ち寄った後、私たちはアップタウンにあるヘレンの家に向かった。私がビルに貸した百五十ドルを受け取るためだ。渋滞にはまっているあいだ、ビルはとても魅力的な若い女性についてあれこれ言っていた。正確には「私はもう死んでいるにちがいない。彼女を見ていても何も感じないんだから」と。駐車場がほとんどなかったので、私は一ブロック先に停められる場所を見つけた。ローリーはすぐ先のヘレンの家まで走って行ったが、ビルは外に出られる状態ではなかった。ローリーが戻ってくるまで十分か十五分はかかったが、運命が手を下したのはそのときだった。彼女が車に飛び乗ったとたん、後部座席でビルが激しく血を吐きはじめたのだ。私は当時三十二歳、退役軍人でイーグル・スカウト*でもあったが、正直に言うと、ビルが血を吐いているのを見たときはパニックになった。

ローリーは有能で、ビルが自分の血で窒息しないよう、彼の身体を起こして座らせた。しかし、ヘレンの家の近辺は、私にとって不慣れな場所だった。すると驚いたことに、ビルがマウントサイナイ病院への道を指示してくれた。結局、この重大な局面では、彼の生き延びようとする意志が、死にたいという願望に打ち勝ったのだ。渋滞を何とか抜けて、私たちはパーク街から鉄道のガード下をくぐる道に出たが、そこは一方通行——逆方向に向かう道だった。ビルは私のためらいを感じ取ったに違いない。「ここで曲がれ」と言った。私はクラクションを鳴らしながらその指示に従ったが、周囲はクラクションを鳴らし返し、ののしった。それから、さらに曲がって病院のあるマディソン街に出た——またもや一方通行の道だったが、ふたたび逆走した。私たちは何とか緊急救命室の入り口にたど

*訳註　アメリカのボーイ・スカウトの最高ランク。

り着き、車を停めた。

私はビルの身体を抱きしめなければならなかったことが三回あると前述した。これが三回目で最後となった。私は彼を病院に運び込んだ。二人とも全身血まみれだった。頭の中は、彼の体重がないも同然だということでいっぱいだった。ほんの二年前は元気で力強く見えたこの人が、もはや骨と皮だけになってしまっていたのだ。私はビルを診察室に運んだが、彼のまなざしがすべてを語っていた――彼には二度と会えないのだろうと。

ビルを入院させた後、私は電話を見つけてマークとヘレン、そして妻に電話をかけた。すぐにマークとヘレンが駆けつけて、ローリーや私と一緒に診察室の外で待った。私たちが声をかけられるまで、かなり時間がかかったように思えたが、実際にはせいぜい一時間ほどで医師が診察室から出てきた。ローリー、ヘレン、マーク、そして私は別室に連れて行かれ、悪いニュースを伝えられた。「残念ですが、ご友人は手遅れでした」

これだけ年月がたってもそんな言葉を覚えていることに驚くが、信じてほしい。理由があってこの話をするときは、めったに振り返らないそのときの記憶をたどるのだ。そして当時と同じくらい嫌な気持ちになるのだが、もしも最後までビルと一緒にいなかったら、私はけっして自分を許せなかっただろう。私はその週ずっと、家族のもとに帰らずにニューヨークに留まっていた。事態が悪化した場合、何らかのかたちで私が必要になると思ったからだ。私はこの人を愛していた……彼の音楽だけでなく。

ヘレンは自分のアパートに引き返した。私はマークとローリーを乗せてビルの家に戻った。ローリーはビルの麻薬道具一式を放り投げ、自分の持ち物を引っつかんだ。彼女がビルのコレクションからトリオのカセット・テープを集めてくれたので、マークと私はそれを二人で分けた。私はすっかり疲れきって、車でレイクカトリーンに戻った。

第20章 その後
1980年9月〜1981年1月1日

ビルが亡くなったあとのこの期間は、大きな悲しみとほっとする気持ちがないまぜになっていた——ビルが世を去ったことへの悲しみと、こんなことを言うと薄情あるいは利己的に聞こえるかもしれないが、これで終わったという安堵感だ。また、あと一回でいいから彼と演奏がしたいと、信じられないくらい切実に願う気持ちも生まれた。私はその願いについてあれこれと駆け引きをしていた。あと一セットでいい、それができるなら喜んで残りの人生を差し出すのに、とばかなことを考えたのを覚えている。しまいには、「ナーディス」をあと一回演奏できたら、というところまで妥協したくらいだ。つまり、頭の中でそんなばかげたことを考えていたというわけだ。本当にどうかしていた！ 避けようのないことが起こったあとは、思い出にひたり、嘆き悲しみ、そこから回復する時間が始まるのかもしれない。

思い出にひたる時間は、世界中からの鳴り止まない電話というかたちですぐに始まり、二週間続いた。私の知人や、私が知らない多くの人びとから、気づかいと哀悼、そして起こったことに対する好奇心が入り混じった電話がかかってきた。私はそれを不謹慎だとは少しも思わなかった。なぜなら、ビルの多くの友人や知人たちはきっと、ただビルと何らかのかたちでつながっていようとしただけなのだから――私のように。多くの人がお悔やみの電話をくれた。そのニュースが本当なのかということ、たちの悪い噂でないことを確認するためにかけてくる人もいた。たしかにそれはまだ新しいニュースだったが、そうだとしても、事実が確認されたという話が広まるとすぐに、またいろいろな人から電話がかかってきた。何が起こったのか教えてもらえますか？　彼らは同じ喪失感を味わっていたのだと思う。

その中の一人がエディ・ゴメスだ。彼には、ニューヨークで予定されていた追悼式についてたずねられた。私の古い友人のリック・ペトロン（彼もまたベース奏者）も電話をくれた。リックは、コネティカット州スタンフォードのジャズ専門局、ＷＹＲＳでラジオ番組の司会を務めていて、番組のリスナーに知らせたいと考えていたのだ。

人と話してこのニュースを伝えることで心は癒やされ、私は自分の悲しみに対処できるようになっていった。追悼式は、九月十九日金曜日にマンハッタンのアッパー・イースト・サイドにあるセント・ピーターズ・ルーテル教会で行われた。ジョン・ガルシア・ゲンセル牧師、別名「ジャズ牧師」が式を執り行い、その模様はＶＯＡ（アメリカの声）ラジオ・ネットワークで放送された。ギタリストのジム・ホールとジョー・ピューマ（彼が私をビルに推薦してくれた）、サックス奏者のリー・コニッツ、ピアニストのリッチー・バイラークとドン・シャーリー（コンサート・ピアニストで、彼の人生は伝記映画『グリーンブック』で描かれた）など、ビルの親しい友人の多くが演奏をした。

ゲンセル牧師が聖書の一節を読み上げ、ジャズ評論家のナット・ヘントフが弔辞を述べた後、式の

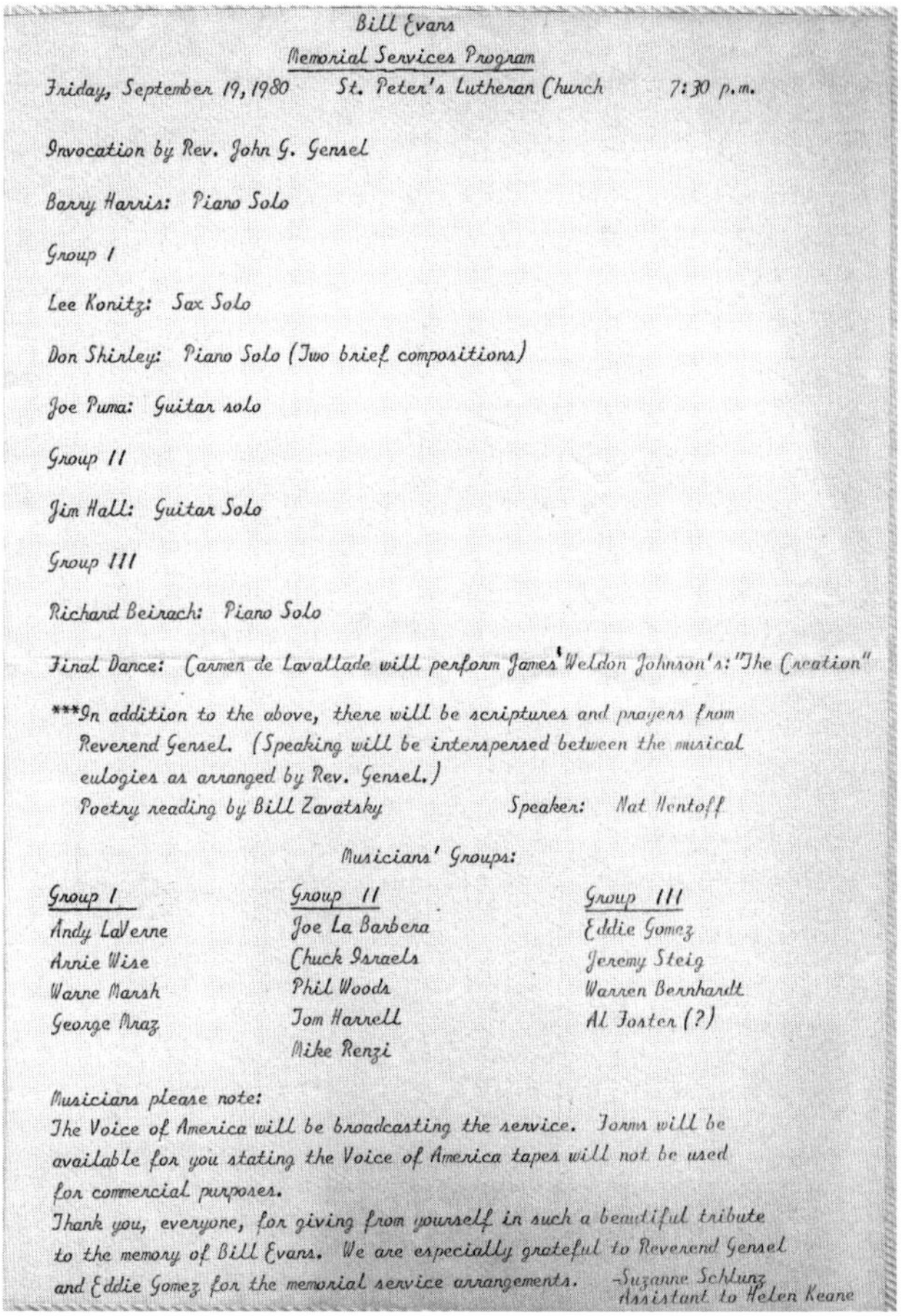

Bill Evans
Memorial Services Program

Friday, September 19, 1980 St. Peter's Lutheran Church 7:30 p.m.

Invocation by Rev. John G. Gensel

Barry Harris: Piano Solo

Group I

Lee Konitz: Sax Solo

Don Shirley: Piano Solo (Two brief compositions)

Joe Puma: Guitar solo

Group II

Jim Hall: Guitar Solo

Group III

Richard Beirach: Piano Solo

Final Dance: Carmen de Lavallade will perform James Weldon Johnson's: "The Creation"

***In addition to the above, there will be scriptures and prayers from Reverend Gensel. (Speaking will be interspersed between the musical eulogies as arranged by Rev. Gensel.)
Poetry reading by Bill Zavatsky Speaker: Nat Hentoff

Musicians' Groups:

Group I	Group II	Group III
Andy LaVerne	Joe La Barbera	Eddie Gomez
Arnie Wise	Chuck Israels	Jeremy Steig
Warne Marsh	Phil Woods	Warren Bernhardt
George Mraz	Tom Harrell	Al Foster (?)
	Mike Renzi	

Musicians please note:
The Voice of America will be broadcasting the service. Forms will be available for you stating the Voice of America tapes will not be used for commercial purposes.
Thank you, everyone, for giving from yourself in such a beautiful tribute to the memory of Bill Evans. We are especially grateful to Reverend Gensel and Eddie Gomez for the memorial service arrangements. -Suzanne Schlunz
Assistant to Helen Keane

死の4日後にマンハッタンのセント・ピーターズ・ルーテル教会で行われたビル・エヴァンスの追悼式のプログラム。（提供：ジョー・ラ・バーベラ）

締めくくりに有名な振付師カルメン・デ・ラバレイドがモダン・ダンスを一曲踊った。私はアルト・サックス奏者のフィル・ウッズとともに、三つのアンサンブルのうちの一つで何とか演奏することができたが、式のあいだ中、人目もはばからずに泣いていたことくらいしか覚えていない。今そのプログラムを見ると、ビルがいかにジャズ界で尊敬されていたかがよくわかる。演者のリストは文字通り偉人たちの「名士録」で、その多くがジョー・ピューマのように長年にわたる親友なのだ。

一方、電話が鳴っていないとき――家族にかこまれ、ティファニーが床をはいはいし、妻が家にいるとき――は、比較的安心していられた。しかし彼女たちが寝てしまうと、夜はずっと起きていた。私はヘッドフォンをつけて電子ピアノの前に座り、朝までずっとビルの曲を弾いて、ひたすらつかもうとしていた……何かを。それが何かはわからない。ただ、そうしなければならない気がしたのだ。

ビルの死後しばらくのあいだ――四か月近く――、私は仕事をしなかった。やがて、いくつか話が舞い込んだ。サックス奏者のフィル・ウッズとズート・シムズとのギグがいくつか。ピアノのアンディ・ラヴァーンとベースのマークとのレコーディング・プロジェクトが一つ。そしてトランペッターのトム・ハレルや、サックス奏者のジェリー・バーガンジィとのレコーディングもあったが、これはどちらもリリースされなかった。その後、トニー・ベネットの事務所から電話をもらった。当時、トニーのドラマーのブッチ・マイルスがバンドを離れることが決まっていたのだ。トニーはビルをよく知っていた。二人は共演アルバムを二枚レコーディングしているからだ。ヴィレッジ・ヴァンガードにトニーが演奏を聴きに来てくれたとき、私は彼と一度話をしたことがあったかもしれない。彼はまた、私が歌手のキャロル・スローン、ピアノのジミー・ロウルズ、ベースのジョージ・ムラーツとともにマイケルズ・パブに出演していたときに聴きに来てくれたこともある。だから私はその仕事を受けた。マニラで行われたトニーとの初めてのギグで、私は新年を迎えたのだった。

第21章 # エピローグ――Re: Person I Knew

1981年1月〜現在

その後の十年は、史上最高のヴォーカリストの一人に違いない、トニー・ベネットと世界中を巡業した。数か月ほど仕事を休んでいたので、トニーの事務所から電話をもらったときはほっとしたし、控え目に言っても金銭的に救われた。トニーはいつだって私のお気に入りの歌手だった。そして私は、この仕事が何らかの安定した仕事につながることを期待した。実際、ふたを開けてみれば巡業が多く、年に二百二十日から二百四十日もあった！　トニーと一緒に仕事をしているあいだ、ギグはギャラの安い企業系のものから、注目を集めるイベント――ワシントンでの大統領就任式やロンドンで行われたイギリス王室の御前公演まで、ありとあらゆるものを経験した。私たちはまた、国や王室とは違った意味で権威のある人びとにも遭遇したが、私にとってはそちらのほうが有意義だった。それはカウント・ベイシー、ウディ・ハーマン、マーサー・エリントン率いるデューク・エリントン・オーケストラ、レナ・ホーン、ペギー・リー、フランク・シナトラ、ナンシー・ウィルソン、ローズマリー・クルーニーといったアーティストだ。トニーがまだ健在なのは心強いことだ。[*1]というのも、彼は私が五歳のころから私の生活の一部だったからだ。

トニーと仕事をするようになってから数年後、妻のキャロルと私は、彼女の年老いた両親や情緒障害を抱える兄弟の近くにいられるように、アリゾナ州フェニックスに引っ越した。当初の計画は、そこで一年過ごしたあと、私がミュージシャンとしてのキャリアを追求できるロサンゼルスに移るというものだった。一九八三年、私は事前に様子を見るためにロサンゼルスにアパートを借りた。そして私が最初に連絡を取ったのは、シェリー・マンだった。彼との出会いは十年前、チャック・マンジョーネとレコーディングしているときだった。私たちの交友は何年も続いていて、彼はロサンゼルスへの移住を考えるよう勧めてくれていたのだった（シェリーは一九八四年に亡くなったが、私は未亡人となったフリップと今でも親しく友人づきあいをしている）。

しかし状況は変わるもので、結局私たちの夫婦関係は、どんなに歩み寄っても悪化していった。一九八七年八月、私は自分のドラム、ステレオ、レコード・コレクションをまとめ、ロサンゼルスに向かった。私はまだトニー・ベネットと仕事をしていたので、自分の家賃、妻たちの一年間の生活費、ティファニーが十八歳になるまでの養育費を払うことができた。ロサンゼルスのミュージシャンの多くは、ウディのバンドやチャック・マンジョーネ、ビル・エヴァンスと共演していた私のことを覚えていてくれたので、私はやがて地元のドラマーとして一歩を踏み出した。クラブに出演したり、結婚式で演奏したり（またもや！）。しかし、コンテ・カンドリ、バド・シャンク、ビル・パーキンス、テディ・エドワーズといった西海岸のレジェンドたちとも仕事をするようになった。一九九三年にトニーのもとを離れるころには、ニューヨークの知り合いの何人かとふたたび連絡を取るようになっていたので、彼らとヨーロッパ・ツアーに出てギグを行った。

一九九三年一月、私は新たにトロンボーン奏者のジョーイ・セラーズに依頼されて十一人編成のバンドでギグをした。それは、テキサス州サンアントニオで開催された、国際ジャズ教育協会(International Association for Jazz Education＝IAJE）の年次総会での演奏だった。帰りの飛行機の中で、私は後ろの席からポンと肩を叩かれた。振り返って見ると、ギタリストのラリー・クーンズで、私に挨拶がしたかったとのこと（私たちは何度か一緒にギグをしたことがあった）。彼のとなりに座っていたのは、カリフォルニア芸術大学（通称・カルアーツ）でジャズ研究科の学科長をしていたピアニストのデイヴィッド・ロイスタインだった。ラリーもまたそこで教鞭を執っていたので、私をデイヴィッドに紹介してくれた。するとデイヴィッドが私に、カルアーツで教えることに興味はないかと尋ねた。アルバート・「トゥーティ」・ヒースの離任が決まっていたからだ。私はこの仕事を得るチャンスに飛びついた。当時私は、ティファニーが私のところに引っ越して来て高校に通えるよう、街に留まりたいと思っていたのだ。しかし、一九九四年にノースリッジで地震が起き、その計画はしばらく頓挫した。この出来事を心配して、ティファニーとその母親が尻込みしてしまったからだ。しかし、ティファニーは結局、最終学年を迎えるころにこちらに引っ越してきたので、私は彼女をカルバーシティにある音楽と演劇のマグネット・スクール[*2]、ハミルトン高校に入学させることができた。現在、彼女はパサ

＊訳註1　トニー・ベネットは二〇二三年七月二十一日に逝去。
＊訳註2　アメリカ発祥の特別な公立学校。魅力的なプログラムで学区を超えて磁石のように生徒を集めることから付いた名称。

デナにあるポリテクニック・スクールで音楽を教えているほか、いとこたちとオリジナル・ロック・バンドで演奏したり、ブロードウェイ・ミュージカルの地元公演に出演したりしている。

二十五年以上におよぶカルアーツでの教員生活のなかで、私は時おり、一月に行われる二週間の冬期講習で、ビル・エヴァンスについての授業を受け持った。その授業では、数日間にわたってビルについて深く掘り下げる。学生たちは、ビルの幼少期、彼が最初に受けた音楽レッスン、やがてジャズを発見するまでの経緯に触れる。私たちはその足跡を、彼の大学時代、最初の巡業ギグ、アメリカ陸軍軍楽隊、そして最終的にニューヨークに出て来て誰もが知る活躍をするところまでたどっていく。それから多くの音源を聴いて、ビデオも多数見る。私はビルのオーディオ・クリップをたくさん持っているので、それらを聴けば、ビル本人に自分のことを語ってもらうことになるからだ。私はまた、ビルの薬物乱用についても話す。

薬物依存症になったことのない私たちには、それはまったく無縁のものに思える。そして心の中では、事実に向き合って薬物をやめればすむことじゃないかと思うかもしれない。ところが実際はそう簡単なことではない。ビルと私は、このことについて何度も話し合い、激しい言い争いになったことが二回ある。私が最後に話し合いを試みたのは、昼にマンハッタンのどこかへ車で一緒に出かけたときだった。ビルは自分の生活に口出ししてくる人たちについて文句を言っていた。彼は、周囲が自分の健康を心配しているのだとわかっていたが、じつはたびたび、そういう意見は迷惑だと思っていた。私を直接名指ししたりはしなかったが、彼は、善意であっても自分の私生活には口出ししないでもらいたい、と言った。この件についての彼の意見は、要するにこういうことだ。余計なおせっかいは無用だ。実際に中毒になったことがない人には、その衝動や渇望がどれだけ強いかわかりっこないのだから。

それについてはたしかに彼は正しかったし、私は自分がそうならなかったことに感謝している。最終的に私は、彼が言っていたことを理解するようになるのだが、それは麻薬とは別のものを通してのことだった。ビルが世を去ってから二十年のあいだ、私はもしもこうしていたら？　とかどうして？　など、ビルを苦しめたものを客観的にとらえようとさまざまなことを何度も自問してきたが、ある日愕然とした。依存症から立ち直るには、薬をやめるという強い意志だけでなく、生き続けたいという強い願望が必要だということに気づいたのだ。作家のイアン・カーは、その優れた著書『Miles Davis: The Definitive Biography（マイルス・デイヴィス物語 決定版）』で、「相手が心から薬をやめたいと思っていないのに、説得してやめさせることなんかできない」というマイルスの言葉を引用している。[1] マイルスは個人的な経験から語っていた。マイルス自身が依存症から脱出することに成功していたし、かつて彼のサイドマンだったジョン・コルトレーンやソニー・ロリンズもそうだったからだ。

ビルは何度か、ジャズを選択してそれに身を捧げることについて話してくれた。ビルがその点をはっきりさせたのは、一九五〇年代にトニー・マーティンからのわりのいい話を断ったときだった。また、ジャズ・ミュージシャンとしての才能や直観力があったと思われるにもかかわらず、スタジオ・ミュージシャンの道やもっとお金になる人気のジャンルを選んだ人たちについて聞かれたときも、ビルは私見で判断することなく、「彼がそれを選んだんだ」と答えていた。第十九章のジョン・メイヤーのコメントを踏まえると、彼とビルは、どちらも薬物乱用に陥り、マンハッタンのロックフェラー病院で同じ医師に診てもらっていたのだとあらためて気づかされる。幸いなことに、ジョン・メイヤーは生きることを選び、ここロサンゼルスで今も彼のトリオとともに素晴らしい音楽を生み出している。私は、ビルが同じ選択をしてくれていたらと願わずにはいられない。ルイジアナ州にある彼の母校で受けたインタビューで、ビルは「私はおそらく、自分が思い描いたとおりのことを実現できている」と言った。「それは、自分の好きなものを演奏し、トリオを結成して、何の圧力も受けずにレコーディングできるような地位をジャズの世界で得ることだ」と。(2) 五十一歳でそんなふうに言える人はそういない。

私は、ビルの死につながった要因をすべて解明しようというつもりはない。正直なところ、彼の心の中で何が起きていたのかをすべて知っているわけではないからだ。明らかに危険信号を灯したのは、二つの自殺――彼の最初の妻、エレイン・シュルツと、その後の兄ハリーの自殺――、そしてネネットとの結婚生活の破綻だろう。これらのことだけでも――薬物の中毒性や、次から次へと種類を変えて薬物を乱用し続けたこともあいまって――十分だったにちがいない。

作曲家でジャーナリストのジーン・リースが、ビルの死を「歴史上最も時間をかけた自殺」と呼んだことは有名だ。(3) それについては彼は間違っていない。ビルの性格には、こういう暗黒面に惹かれるところがあり、ニューヨークにはそれがあふれていた。

インターネット上に掲載された二〇〇一年のインタビューの中で、ビルの未亡人ネネットは、ビルが何十年も「自己治療」してきたと語った。彼の薬物乱用との闘いは山あり谷ありだったが、「彼は悪い仲間に囲まれていることが多かった……薬物依存で何度も入院するべきでしたが、彼は原因に目を向けることができなかった。そしてその方向で助けを求めたときには、手遅れすぎて効果がなく、病状も深刻になりすぎていたんです[4]」。

　ビルがこういう道を突き進んでいった理由はさておき、トリオの活動中に私が知ったのは、彼が死を恐れていなかったということだ。私たちが、ビルの母校サウスイースタン・ルイジアナ大学でのコンサートのためにニューオーリンズに滞在していたときのことだ。そのイベントは、ビルにとって喜びに満ちたものとなった。サウンド・チェックのあと、私たちは夕食を食べてギグの衣裳に着替えるために休憩を取った。ビルは私たちを田舎風のレストランに連れて行ってくれた。そこは料理がとても美味しいという話だった。ところがいざ食事をしようとしたとき、一発の弾丸が近くの窓を突き破り、「ドスッ」という嫌な音をたてて、文字通り私たちの頭上何インチかのところにある梁にめり込んだ。ビルは私の顔に浮かぶ恐怖を見て、「どうした？　死ぬのが怖いのか？」というようなことを言ってからかった。そりゃ、もちろん怖かった！　彼は生きる意欲を失っていたのかもしれないが、私には妻と生まれたばかりの娘がいて、何としてもまた彼女たちに会いたかった。そしてこのとき、彼は死に直面する覚悟ができていて、それを恐れていないということに気づいたのだった。

　ジョージ・クラヴィンとのインタビューの中で、ビルは交通事故のため二十五歳で亡くなったスコット・ラファロについて、「死というものが理解できない」と語っている[5]。ビルの心の中では、スコットはまだ何らかの方法で生きていた。私はそれを戯言《たわごと》だとはまったく思わない。なぜならビルは、どう見ても非常に知的な人だったからだ。ビルは、生きていた人が亡くなるところを目撃したことがなかったのかもしれない。そしてそれが、彼の考え方のもとになっているのかもしれない。おそらくこれが、彼のライフスタイルの選択に影響をおよぼしたのだろう。もしも命が「入れたり切ったりできるスイッチ」のようなものだったら、彼は薬物乱用で死ぬことをまったく厭わなかったかもしれない。でも、その過程で心身の機能が低下するようなことは受け入れようとしなかっただろう。とくに演奏に関しては。はっきり言って、これは私の臆測だ。私はせいぜい心理学者気取りの素人なのだから。ビルは、ステージ上で認知障害に陥ったと思われる経験をイタリアでして以来、ひどく動揺し、おびえているように見えた。私はたしかに、ビルのおびえた目を二回見た。イタリアが一回目で、そのとき彼はある曲を正しく弾こうと必死だった。二回目はマウントサイナイ病院の診察室で彼を座らせたときだ。

ビルが亡くなった直後に私が感じたのは、このひどい喪失感だけでなく、救いを求める気持ちだった。私たちがバンドとして毎晩経験していた喜びをもう一度よみがえらせたかった。とくに強く求めたのは、ふたたびビルとマークと一緒に演奏することだった。時にはそれに押しつぶされてしまいそうだった。何十年もたってカルアーツで自分のクラスに教えているとき、私が一九八〇年当時に経験していたことは、私自身のある種の離脱症状だったのだと気がついた。私は、自分たちが作る音楽の中毒になっていたのだ。まるでそれが注射器で腕に注入されたかのように確実に。この種の魔力に取り憑《つ》かれた状態だったため、ビルの自滅的な行動が彼の命とバンドの成功をおびやかしていたときに、それを簡単に見落としてしまったのだ。でも地球上には、私に救いを売ってくれる密売人はいなかった。こんなことを言うと、まったく考えが甘くて利己的だと思われるかもしれないが、私がどうしてもそれを手に入れたいと思った気持ちは、ビルが当時薬物に感じていたことに近かった。

幸いにも、私は家族のおかげで現実に引き戻された。愛娘を置いていくことや、妻につらい思いをさせることなど想像もできなかった。今振り返って、私がひどく残念に思っていることの一つは、ビルが自分の子どもたちと交流する機会を失ったことだ——息子のエヴァンは、知的ではっきりとものが言えて、やる気にあふれた若者で、映画やテレビの音楽を作曲する仕事で成功を収めている。そしてビルの義理の娘のマキシンは、自分の力で写真家として成功している。ビルが彼女をとても可愛がっていたのを私は知っている。

そのときから（そして時がまさに癒やしてくれる）、私は素晴らしいミュージシャンたちと音楽を演奏する喜びを繰り返し再発見している。ジャズ・ミュージシャンは誰しも、可能なかぎり最高のパフォーマンスとコミュニケーションを目指して努力している。それが演奏を楽しくするのだ。ビル・エヴァンスは、十代の初めから現在に至る私の音楽人生で大きな位置を占めている。音楽をやっていると、ごくまれに何かがあまりにも深く共鳴する瞬間がある。そういう特別な瞬間はけっして忘れることができない。レコードでビルを初めて聴いたときが、そうした瞬間の一つで、その後彼のどのレコードを聴いても、その感覚は強くなっていった。一九七九年に彼と実際にステージにあがるころには、彼のことを古い音楽仲間のように感じていた。それは間違いなく一つの挑戦だったが、同時に心地良いものでもあった。ビル、マーク、私の三人は、音楽的に深く親密な関係を築いたため、それは私的な関係にもおよんだ——誰しも友人の健康は案じるものだ。一九七八年にホッパーズで会ったビルは、私の目の前で日々衰えていった彼よりもはるかにがっしりとしていた。しかし、その演奏のエネルギーと緊迫感のせいで、彼の本当の健康状態がすっかり見えにくくなっていた。

私はビルに生きてほしかった。そして可能なかぎりトリオを成長させたかった。これは身勝手な考え方だと思われるかもしれないが、それこそが私が望んでいたものだった。結局、それは実現しなかったけれど。何年もたってからビルのことを考えると、幸せな記憶ばかりがよみがえる。彼とともにステージにあがって学んだことを、私は今、学生であろうとプロであろうと、共演するすべての人たちに伝えている。脇目もふらずに音楽に完全に打ち込むこと、けっして観客に迎合することなく彼らを高揚させようと努めること、つねに他のすべての人に注意をはらい、必要なときにはすぐに手を差し伸べること。私はビルがかつて言っていたように「スイッチを入れ」たりはしないが、いったん音楽が始まったら、音楽に主導権を渡し、自分の本能を信じて反応する。

それはどんどん上達している。

謝辞

二〇一二年五月に、ジョーからチャールズに宛てた電子メール――ビル・エヴァンスの本を書くのを手伝ってくれないか？――から始まったものがようやく実現した。しかし、ここに至るまでの道のり――四十年以上前の記憶を解釈し検証すること――は容易ではなかった。私たちがこの目標にたどり着けるよう、多くの友人や専門家の皆様が献身的にサポートしてくれた。この種の作品の多くと同様、ご協力いただいた内容すべてを本書に掲載できたわけではない。しかし、どんな情報もその大小を問わずありがたいもので、ご提供くださった皆様には心より御礼申し上げる。

まず、私たちの提案に熱意をもって応じてくれたノース・テキサス大学（ＵＮＴ）出版局の前編集長、カレン・デヴィニーに感謝したい。そしてカレンの退職後、このプロジェクトを引き継いでくれたＵＮＴ出版局の局長、ロン・クリスマンにも大変お世話になった。ロン、あなたの統率力、そして何よりもその忍耐力に感謝する。

私たちの本は、ビル・エヴァンスとジョーの人生を取り巻く多くの人びとからの目撃証言に支えられている。彼らのコメントのおかげで、当時の感覚が伝わる真実味のある内容になった。ジョン・ディ・マルティーノ、アルフォンソ・ジョンソン、マーク・ジョンソン、ローリー・ヴァホーマン、マルコム・ページ、トゥンデ・アグビ、ゲイリー・ダイアル、ゲイリー・ノヴァク、マーク・コープランド、ジョン・メイヤー、ティファニー・ラ・バーベラ＝パーマー、アンディ・ラヴァーン、デニー・ザイトリン、ピーター・アースキン、リッチー・バイラーク、そしてアダム・ナスバウムに感謝する。エディ・アーキン、ベヴァン・マンソン、ジョン・ラ・バーベラ、パット・ラ・バーベラ、ジミ・フォックス、リチャード・シェイニン、ダン・ディピエロ、ジョン・スタインメッツ——信頼できる友人たち——にも感謝する。彼らは私たちの作品をさまざまな段階で読んでくれた——途中で章ごとに読んでくれた人もいれば、草稿全体に目を通してくれた人もいる。彼らの感想や意見のおかげで、多くの点を再検討し、（場合によっては）改訂した上で世に出すことができた。何より、この物語を語るジョーの声が聞こえてくるような仕上がりになったのが大きい。そして、ラ・バーベラ家とは長いつきあいの友人で、ジャズ・ドラマー、ジャズ史家でもあり、危険にさらされている多くの青少年を導いたニューヨーク州青少年局の前副局長、ハロルド・「ハル」・ミラーには特大の感謝を。UNT出版局に最初に原稿を提出する際に、ハルが全体をよくチェックしてくれたおかげで、そこから秀逸なアイデアがいくつも生まれた。また、本書のために素晴らしい「まえがき」を書いてくれたことについても深く感謝する。

また、私たちの原稿に情熱と称賛と思慮深い批評で応じてくれたUNT出版局の選り抜きの査読者、ブルース・クローバーとクリス・スミスに心から感謝を述べたい。索引を作成してくれた（原書）キャメロン・キスラ、ケン・マリアンスキーには、最後まで編集をお手伝いいただき、大変お世話になった。さらに、古い写真をふたたびきれいに蘇らせてくれたフォトショップの達人、レイモンド・フォックスにも感謝する。

他にも、ロサンゼルス・フィルハーモニック・アーカイヴズのローザ・マゾンとリリヤナ・グルビッチ、モントレー・ジャズ・フェスティバルおよびクンブワ・ジャズ・センターのティム・ジャクソン、クンブワ・ジャズ・センターのベネット・ジャクソン、ロニー・スコッツ・ジャズ・クラブのサラ・ウェラー、アイオワ公共テレビのトーニャ・ウェーバー、サウスイースタン・ルイジアナ大学ビル・エヴァンス・アーカイヴのサミュエル・ハイド、ニコラス・ハイト、アビゲイル・シモンズ、ジョージ・ウェイン・フェスティバル・プロダクションのデボラ・ロス、レオン・テルジャニアン、スティーヴ・ヒリス、マイケル・ブルーム、ジミー・ブラロウアー、ダーリーン・クラヴィオット、ジョーダン・フォックス、テッド・パンケンにお世話になった。

トニーノ・ヴァンタジャートにはとくに感謝してもしきれない。ジャズおよびクラシックのベーシストとして研鑽を積み、歴史家として尽きることのない好奇心を持つ彼は、ビル・エヴァンスのパフォーマンスを網羅した記録を作成し、私たちに提供してくれた（彼を推薦してくれたローリー・ヴァホーマン、ありがとう！）。そして、心を揺さぶる詩的なエッセイ「ソーホーでの哀悼」と、レスパス・カルダンのコンサートで撮った素晴らしい写真を提供してくれたフランソワ・ラシャルムにも同じく感謝を捧げる。二人の貢献は、この物語を語る上でとくに重要だった。

私、ジョー・ラ・バーベラ個人としては、さまざまな形でいつも寄り添ってくれる家族に感謝したい。最愛のジリアン、ティファニー、エリック、そしてもちろん兄たちへ。あなたたちとたがいに愛情を持ってこの人生を歩めることに永遠に感謝する。

本書の執筆にあたって私は、ビルの姿を正しく伝えるには本職のライターの協力を得る必要があると実感するに至った。幸い、自分に必要な人物には心当たりがあった。かつての教え子で現在は同僚であり親しい友人でもあるチャールズ・レヴィンだ。私たち二人は、世界中の人びとが私の記憶を補足し、裏付けてくれるようになったことで勇気づけられた。

チャールズ・レヴィンからは、いつも楽観的で、想像もつかないような忍耐力で私にドラムを教えてくれたジョー・ラ・バーベラに謝意を表したい。あなたとビルのこの物語を世に出す機会を与えてくれたことを光栄に思う。また、私の四十年以上に及ぶ親友、ジミ・フォックスにも感謝したい。本書の「プロローグ」は、彼の鋭い読みに助けられた。友よ、すぐにキューバへ！　そして心からの最大の感謝と無条件の愛を私のパートナー、ジェニ・ブリーンに捧げる。私たちがたがいに背中を預けられる存在だということはわかっている。再会できて本当によかった。

ジョー・ラ・バーベラ
チャールズ・レヴィン

ソーホーでの哀悼

フランソワ・ラシャルム
（Académie du jazz 会長）

この写真は、一九七九年十一月十六日のボルドーで、一／三〇秒のシャッター・スピードで撮ったものだ。私は二つの紙ばさみの間に古いゼニスのカメラをはさみ、フェミナ劇場のステージのほうを向いていた。緑がかった玉虫色の光のせいで、引き伸ばした写真の色合いは、棺台《カタファルク》のように見えた。その写真は、列車に数時間以上揺られたあと、フェリーで海を渡り、捧げるべき相手へと手渡されることになる。この趣のある写真は、ロニー・スコッツでビル・エヴァンスと会うための口実だった。父と私は、それに添える手紙のことで相当悩んだ。ふだんは献辞を書く側の人にどうやって献辞を書けばいいのか？　このジレンマから、私たちはずっとあれこれと考えていたのだ。それからようやく腹を決めて、この通行証がわりの品をクラフト封筒に閉じ込めた。「一ポンドです、だんな！」ロンドンのタクシーは、距離数を稼ぐような真似はしないし、ちょうどいい場所で降ろしてくれる。フリス・ストリートにあるクラブの入り口はこぢんまりとしていて、コスモポリタンを自認するこの店らしからぬ何とも言えない統一性がある。ここのじゅうたんは厳《おごそ》かな雰囲気のあるものだが、所々についたシミがそれを打ち消している。右手にはガラスの飾り棚があり、そこに並ぶ記念品のいくつかを見れば、これらのお宝が王冠と遜色のないものだということが素人目にもわかる。そうした品々の中に、ビル・エヴァンスの『未知との対話─独白・対話・そして鼎談』のLPジャケットを飾った、素描シリーズの肖像画の原画がある。この作品を見た私は、人によってはこれを不確かな前兆を描いたものだと思うかもしれないと感じた。

死に直面して

素晴らしく柔軟な心と身体によって耳慣れない複雑なコードを克服したキャサリン・Rが私の袖をひっぱった。私が予約していた二人用の席は、たまたま鍵盤の延長線上の一番前の席だった。腕を伸ばせば、一番上のオクターヴに届くほど。ロニー・スコッツではいつものことだが、ナレーションがトリオの登場を告げる。栗色のごく普通のジャケットを着たジョー・ラ・バーベラ、マーク・ジョンソン、そしてビル・エヴァンス――彼は歩くのもままならなかった――が、それぞれの楽器に再会する。店内はグラスの音一つしない。最初の音が繰り出されるまでのその静寂は目もくらむようで、テンポ出しのカウントがとられたとはとても思えなかった。次に起きたことは、私にとって天啓などという表現ではすまないものだった。ビル・エヴァンスは、彼の音楽について再考することを私たちに強いた。というのも、階層は崩れ去り、彼のスタイルを形成していたまさにその層が、魂をひっくり返す爆発の中で影を潜めていたからだ。弁証法のかわりに私たちが辛抱強く築いてきたものがすべて突然、不可解な概念と化す。そこでは、苦しみも、壮大なかなわぬ恋も、掘り出されて解明されたコードも、地獄に落ちた身体も、すべてがぶつかり合っている。この激情を成し遂げるために、死に直

フランスのボルドーでステージに立つビル・エヴァンス・トリオ。フランス人ジャーナリスト、フランソワ・ラシャルムは、のちにトリオがロンドンのロニー・スコッツ・ジャズ・クラブで公演を行った際にこの写真をビルに届けた。客席から会場の光だけで撮ったこの写真は、歴史的にも感情的にも重要な価値があるとラシャルムは常々感じている。(撮影・提供:フランソワ・ラシャルム)

面していることをどれだけごまかしているのか? ビル・エヴァンスが自分の命を私たちの眼前にさらしているのではないと信じるには、パリサイ人*の音楽の定義を信じなければならないだろう。

運命を決する二つの音

このときの曲目は覚えている。ちょうどリリースされたばかりのビルの最後のクインテット・アルバム(『ウィ・ウィル・ミート・アゲイン』)に収録されている「ローリー」と、同じLPの収録曲「ビルズ・ヒット・チューン」。この二曲は(たとえば「ワルツ・フォー・

*訳註 形式にこだわって中身に目を向けない人びと。

デビー」とは違って）リアル・ブックに掲載されていないため、他の曲にくらべれば不遇だ。最終的にそのセットを締めくくったのは、比類のない前奏でふたたび彩られた「マイ・ロマンス」だった——ポピュラー曲では、感動的でありながら感情の高まりが鎮まるような錯覚を覚えたが、「酒とバラの日々」や「ライク・サムワン・イン・ラヴ」ですら、見せかけの笑顔の裏にこの重大事を隠し持っていた。トリオは、ビルが頻繁に公の場でする懺悔《ざんげ》、「レター・トゥ・エヴァン」（彼の息子に捧げた曲）を演奏した。そして次に、ビル・エヴァンスにしか書けないこの曲、地上から新たなハーモニーの天国へと飛翔する「ニット・フォー・メリー・F」。ピアニストに声が届くところに座っていた私は、そのセットの終わりに「ナーディス！」とささやいた。今思えば、それは生意気なことだったが、他にも賛同の声があがる。ビル・エヴァンスは、たっぷりとじらしたあと、わざわざ自分のパートナーたちに目をやることなく、運命を決する二つの音で曲を一転させた。

リズミック・ハーモニー

では私たちは、誰もが知る歴史を書き換えるべきなのだろうか？　この崇拝の的の裏側を敢えて見てみよう。ビル・エヴァンスのイメージは定着していて、彼を見た人はたいていこう評する。繊細で時に大胆なハーモニーの達人、音楽で三者が対等に渡り合う形を導入した「対話者」、内省的な抒情詩人。しかし彼の晩年のコンサートは、圧倒的なそのイメージを覆す。その晩私が聴いたのは、ボルドーで聴いた八か月前の演奏と比べても変化が著しく、このピアニストが印象主義の絶頂期を離れて、張りつめた弓、ベートーベンの最後の四重奏曲の取り乱した詩、ショパンの「英雄ポロネーズ」の輝かんばかりの激情を発見するところだった。私は彼が両手をたがいに近づけて力強く鍵盤を叩くのを聴いた。時に鋭く小節を先取りするこの「リズミック・ハーモニー」がメトロノームのようにテンポを主導し、メンバーそれぞれが次の小節に引き寄せられているのだと完全に錯覚させる。繊細なタッチは犠牲にされた。彼はまるで力ずくで弾くかのようにピアノ――ロニー・スコッツのピアノはかなりくたびれていた――に没頭していた。それから私は理解した。この「全力投球」は、彼の三十年間のキャリアから考えると、マーク・ジョンソンの計算された荒々しさのある演奏なしでは実現しえなかったと。これは偏った見方だと異を唱える人もいるだろうし、それは無理もないことだ。しかし、その夜（そしてレコードが証言する他のいくつかの夜）の彼のベース・ラインは、このピアニストが仲間（最も自由なベーシストの名前だけを挙げるなら、スコット・ラファロ、エディ・ゴメス、あるいは短いあいだではあるがゲイリー・ピーコック）と共謀して作り出した最高の夢のさらに一段上を行く（フランシス・ポードラは、ロニー・スコッツでのこのコンサート・シリーズのあいだ、少なくとも二回は顔を出している。私は子どもだったので彼のことを知らなかった。彼〈あるいは彼の友人の一人〉は少なくとも初日と最終日の夜を録音し、ドレフュス・ジャズからビル・エヴァンス・トリオの名義で『ターン・アウト・ザ・スターズ／ライヴ・アット・ロニー・スコッツ』と『レター・トゥ・エヴァン／ライヴ・アット・ロニー・スコッツ』という二枚のCDとして数か月間販売した。どちらも現在は販売されていない）。

当時のコントラバス奏者で、これだけ多くの資質をあわせ持ち、その力で音楽を前進させる人はほとんどいなかった。彼は機敏でありながら正確で、若さあふれるスイングを区切るリズム的なアクシデントをふんだんに作り出し、ごくわずかな加速によってテンポに微妙な変化をつけ、飛躍する対位法的アイデアで、このピアニスト特有のレフトハンドを引き立てた。彼の抒情性はすでに、脳と見事につながり、その指に従っていた。ジョー・ラ・バーベラが最近、この若獅子のクリエイティヴな経歴について話してくれた。ウディ・ハーマンのバンドを離れたばかりで、「フィリー」・ジョー・ジョーンズに熱烈に歓迎され、今なお急成長中なのだと（一九七八年、マーク・ジョンソンがビル・エヴァンス・トリオのチャック・イスラエルに代わる候補として、ニューヨークのクラブで行われていたギグの最後のセットにやって来たとき、〈当時トリオのメンバーだった〉「フィリー」・ジョー・ジョーンズは、満面の笑みでビルを見て「俺たちの新しいベーシストだ！」と言った。彼の言葉は、契約を約束するものだった）。「三人トリオ」の場合、音楽的な結び付きはとくにピアニストとコントラバス奏者のあいだで生まれるのではないかと思いがちだ。しかし、ジョー・ラ・バーベラ（彼もまたハーマンのバンドを経験している）を見ると、このドラマーとピアニストのあいだを行き来する、継ぎ目のわからない完璧になめらかな配管のようにほとんど感知できないくらいのシグナルを聴こうとしないのは、仕事に集中している蠟燭持ちくらいだろう。ロニー・スコッツでの晩は、室内楽奏者のような反射神経を持ったドラマーの存在を明らかにした。彼は静かでありながら力強く演奏する方法を知っていた。

それから三十年の時と、多くの悲嘆の声が過ぎ去った。あの日のコンサートの終わりに、写真の入った封筒に蠟のような青白い顔を近付けて、彼はゆっくりと献辞を読んだ。その落ち着き払った態度のおかげで、献辞の警句的な意味はうまく隠れた。「生涯のファンより」。私にありがとうと言う声が

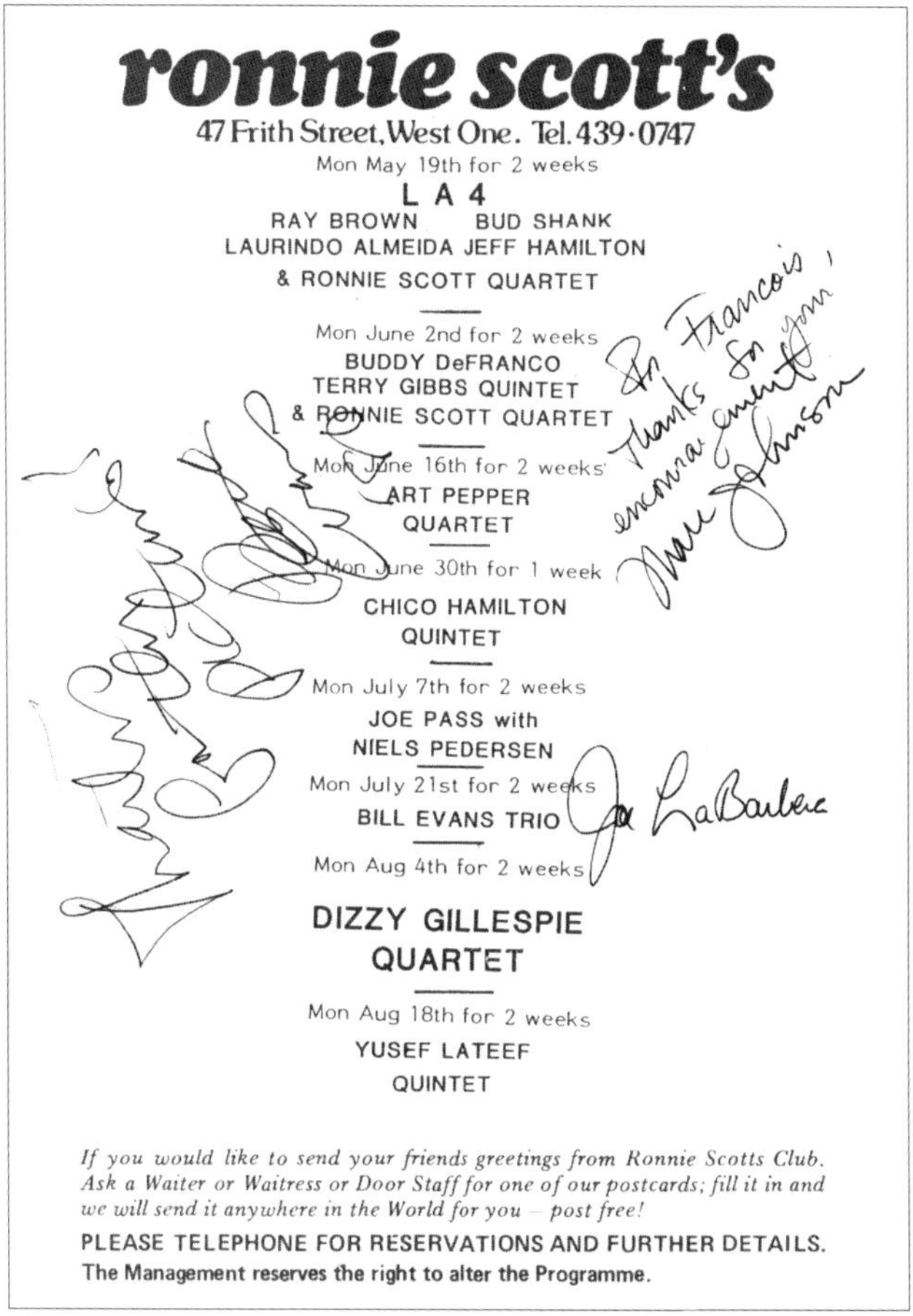

ronnie scott's

47 Frith Street, West One. Tel. 439·0747

Mon May 19th for 2 weeks

L A 4

RAY BROWN BUD SHANK

LAURINDO ALMEIDA JEFF HAMILTON

& RONNIE SCOTT QUARTET

Mon June 2nd for 2 weeks

BUDDY DeFRANCO

TERRY GIBBS QUINTET

& RONNIE SCOTT QUARTET

Mon June 16th for 2 weeks

ART PEPPER

QUARTET

Mon June 30th for 1 week

CHICO HAMILTON

QUINTET

Mon July 7th for 2 weeks

JOE PASS with

NIELS PEDERSEN

Mon July 21st for 2 weeks

BILL EVANS TRIO

Mon Aug 4th for 2 weeks

DIZZY GILLESPIE

QUARTET

Mon Aug 18th for 2 weeks

YUSEF LATEEF

QUINTET

If you would like to send your friends greetings from Ronnie Scotts Club. Ask a Waiter or Waitress or Door Staff for one of our postcards; fill it in and we will send it anywhere in the World for you — post free!

PLEASE TELEPHONE FOR RESERVATIONS AND FURTHER DETAILS.

The Management reserves the right to alter the Programme.

フランソワ・ラシャルムがビル・エヴァンス・トリオの演奏を聴いた晩のロニー・スコッツのプログラム。(提供：フランソワ・ラシャルム)

あまりにも小さかったので、彼の衰弱ぶりと、おそらく死が近いのだということがわかった。私は十九歳で、彼の音楽にあまりにも強く、そしてあまりにも感情的に親近感を感じていたため、たとえて言うなら、彼とともにこの世を去る覚悟ができているような気がした。

＊この記事は、原文からジョーダン・フォックスによって翻訳され、フランソワ・ラシャルム、チャールズ・レヴィン、ジョー・ラ・バーベラによって編集が加えられた。初出は二〇一〇年十月にフランスで出版された『ジャズ・マガジン（Jazz Magazine）』、本書には著者の許可を得て掲載されている。

ビル・エヴァンス、ビル・エヴァンス・トリオ

ジョー・ラ・バーベラ

共通点

ビルの人生と私自身の人生を見てみると、かなり共通点が多いことに気づく。私たちが音楽的かつ個人的な関係をスムーズに築けたのは、そうした共通点のおかげだったのかもしれない。ビルは幼いころにレッスンを受けはじめたが、私もそうだった――ビルは六歳、私は五歳のときだ。ビルには兄のハリーがいた。ハリーもまた音楽とジャズにとりわけ強い関心を持ち、ビルに大きな影響を与えてもいた。私には二人の兄――パットとジョン――がいて、今日に至るまで兄弟全員がジャズへの情熱を共有している。私は彼らを尊敬し、彼らから全人生を学んできた。ビルの家族はしばしば一緒に演奏したり歌ったりしていて、それが彼の音楽への入り口となった。私たち兄弟は、両親とともにファミリー・バンドとして十年以上活動していた。

ビルは十代のころ、とても辛抱強く彼の成長を手助けしてくれる年上のミュージシャンたちと仕事をしていた。私も高校時代を通じてずっとそうで、三十代半ば～六十代半ばまでの地元のさまざまなミュージシャンと仕事をしていた。彼らはギグの送り迎えをしてくれることもふくめ、あらゆる点でとても頼りになった。ビルも私も、スタイル的にはポルカからスイング時代のスタンダード曲や当時

のポピュラー音楽まで、同じ音楽をたくさん演奏した。ビルの場合、それが一九四〇年代で、私の場合は一九五〇年代だった。

ビルはボーイ・スカウトのメンバーで、ライフ・スカウトのランクを獲得していた。私たち兄弟は三人とも、懸命な努力と両親の関与のおかげでイーグル・スカウトになった。ビルがこのことに感心していたと、以前、マーク・ジョンソンが教えてくれた。それほどのことでもないけれど。

ビルは一九五〇年に正規の学業を終え、サウスイースタン・ルイジアナ大学でピアノ演奏と教育の学士号を取得した。また、マンハッタンにあるマネス音楽院（現在はニュースクール大学の傘下）の大学院で三学期を過ごした。私はボストンにあるバークリー音楽大学に入ったものの、三学期通ったあと、巡業でギグをするために辞めてしまった。ビルは大学卒業後、陸軍に入隊するまでの約一年間、ハービー・フィールズ・ビッグ・バンドで演奏した。私は兵役のあと、一年間ウディ・ハーマンのバンドに参加した。

私たちは二人とも、戦争中*にアメリカ陸軍で兵役に就いていたが、基地の軍楽隊に配属され、何とか国内に留まることができた。ビルは一九五一〜一九五四年までシカゴのフォート・シェリダンにある第五陸軍司令部軍楽隊で演奏し、私は一九六八年十一月四日〜一九七〇年十一月五日までニュージャージー州フォート・ディックスの第一七三アメリカ陸軍軍楽隊で軍務に就いた。私たちは時おり、自分たちの過去の話をして意見を交換したものだった。たとえば、私たちは二人とも階級はE－5（軍曹）だったが、どちらもとくに好んで軍務に就いていたわけではなかった。

一九五五年にビルがニューヨークに出てきたとき、所持金は百五十ドルほどだったが、彼には仕事が見つかるという自信があった。私は一九七六年に約千ドルを持ってニューヨークに出てきたが、少なくともいくつかはクラブ出演や結婚式の仕事がもらえて、何とかやっていけるだろうと期待していた。ビルの場合、急展開で事が運び、すぐにトニー・スコット、ジョージ・ラッセル、マンデル・ロウのサイドマンとしての仕事が見つかった。私も運よく、すぐにギタリストのジム・ホール、ジョー・ピューマ、ジーン・バートンチーニ、ジャック・ウィルキンスのほか、ヴィブラフォン奏者のゲイリー・バートン、サックス奏者のジョー・ファレル、マイケル・ブレッカー、トロンボーン奏者のボブ・ブルックマイヤー、ハーモニカの名手のトゥーツ・シールマンスとギグをすることができた。

ビルと同じく、私も結婚式や臨時の仕事（私的なパーティー）で演奏した。彼は、自分のタキシードにはつねにアイロンがかかっていて、どんなときもすぐに対応できる状態だったとよく言っていた！　それは私も同じだった！　私はかつて生計を立てるため、ビルとのギグの合間にアコーディオン奏者やテナー・サックス奏者と結婚式でよく演奏していた。

こうしたことをつらつらと挙げてきたのは、それがビルと私の関係に直接影響していたからだ。その関係は、ビルとマークのあいだに感じられた父と息子のような関係に比べると、兄弟のようなものだった。もちろん、私のほうがビルに年齢が近く、当時はより経験を積んでいたということも、いくらか加味してだが。

しかし、共通点はここまでだ。というのも、私はビルをジャズ界の真の巨匠だと思っているからだ。

＊訳註　ビルは朝鮮戦争、ジョーはベトナム戦争。

彼の演奏、彼によるトリオの概念、彼が作った曲はすべてオリジナルで、どれも彼独自のものだ。かつてワゴン車で長距離移動をしているときにゲイリー・バートンが教えてくれたのは、偉大なアーティストかどうかの評価基準の一つは、その人がインスピレーションを与える有望な若者の数だということだ。その定義には同感せざるを得ない。そしてビルの場合、その数は指数関数的に増える可能性がある。なぜなら、彼が影響を与えた「有望な若者」には、ハービー・ハンコック、チック・コリア、キース・ジャレットがいて、その全員が真の巨匠となっているからだ。

過度に謙遜するつもりはないが、私は知っている。たしかに私は演奏ができて、自分独自のものを持っているけれども、ビルの独創的なアイデアや各方面への影響力は桁違いで、その足元にも及ばないのだということを。

歴史的な観点

ビル・エヴァンスの場合、ファンもミュージシャンもみな、ビルのキャリアの中でどのトリオや時代がいいかという好みを持っている。ビルはノルウェーのモルデで行われたコンサートの後のインタビューで語ったように、トリオを「質というよりも相性という点で」しか比較しなかった[1]が、たしかに、各トリオの個々のメンバーの才能や能力について議論する人はかなり多いのかもしれない。私の場合、「フィリー」・ジョー・ジョーンズと一対一で比較されては分が悪い。彼は、私をふくめ誰が見ても、史上最高のジャズ・ドラマーの一人だからだ――ビルの個人的なお気に入り、と付け加えてもいい。

事実、ビルのトリオはどれも素晴らしかった。どのトリオでもビル・エヴァンスがピアニストだったという、とても単純な理由で。ビルと共演したベーシストやドラマーはみな、並はずれた能力を持っていて、彼の音楽や音楽的成長に多大な貢献をしたことはほぼ間違いない。ビルの集中した情緒的なスタイル、自己表現、思考の明晰さ、そして全体的にきわめて高い音楽の才能は、パートナーが誰であれ、彼が残したすべての音源で体験できる。

ビル・エヴァンスは、私たち一人一人の成長を手助けして彼にしかできないレベルにまで引き上げてくれた。そしてそのことが、私たちがその後のキャリアで経験する音楽の旅の糧となった。ミュージシャンの中には、自分の周囲の人びとを引き上げるこのような技量や力を持っている人がいる。ビルにはこの資質があった……確実に。ビルのおかげで身についたのは、ほかのミュージシャンが最高の力を発揮できるよう手助けする力だった。ビルは偉大なソリストであると同時に偉大な伴奏者でもあったため、つねにほかのソリストの演奏を聴いて支えていた。私にとってミュージシャンのこうした側面は、とくにリズム・セクションを担当しているだけに、ソロを取るのと同じくらい楽しいものだった。

ビル・エヴァンスのサイドマンの好みについては、誤解があるように思う。ビルは、さまざまなスタイルや関心を持つ奏者との共演を柔軟に受け入れていた。前述したように、「フィリー」・ジョー・ジョーンズはビルの人生で一番のお気に入りのドラマーだったし、明らかにベースのスコット・ラファロには、とくにトリオの独自性を発展させていく中で、非常に特別な絆《きずな》を感じていた。しかし、ビルが自分のトリオに雇った最初のベース奏者はジミー・ギャリソンで、マイルス・デイヴィスのバンドではもちろん、ポール・チェンバースと共演している。ビルは、パーシー・ヒースとの演奏はいつも楽しかったと言っていたし、ヴィレッジ・ヴァンガードでは一度、ベースのジョン・クレイトンが飛び入り出演したことがあり、それも同じくらい楽しんでいた。

どのトリオにもそれぞれ長所があることは、ジャズのジャーナリストや評論家、そしてファンにもわかることだった。

ベースのスコット・ラファロとドラムのポール・モチアンを擁したトリオは、音楽への献身と、何か自分ならではのものを作りたいという強い願いから自然に生まれた概念の発端となった。私にとって、そして多数のビル・エヴァンス・ファンにとって、このグループはその目標の頂点を意味する。この三人のミュージシャンは、私たちがあとに続くことができるまったく新しいものを作り出したのだと、まさに今ここに明記してよいと思う。

ベースのチャック・イスラエルは、ドラムのモチアン、ラリー・バンカー、アーノルド・ワイズとそれぞれトリオで共演し、いずれもメディアから高い評価を受けている。『ムーンビームス』、『ハウ・マイ・ハート・シングス』、『ビル・エヴァンス・トリオ・ウィズ・シンフォニー・オーケストラ』は、これらのトリオをフィーチャーした名盤だ。ベースのチャック・イスラエル、ドラムのワイズと組んだグループは短命だったが、ビルの最高のレコードの一つ『ビル・エヴァンス・アット・タウン・ホール』を生み出した。『Jazz and Pop（ジャズ・アンド・ポップ）』一九六七年十月号に記事を書いたジム・フランクセンは、次のように評している。「トリオ・セクションは優雅でもある。チャック・イスラエルは、エヴァンス・トリオで演奏がかなり成長した。音楽的な思考やアイデアがこれ以上美しく嚙みあったものを想像できない。アーノルド・ワイズは、ビルとうまくいった三人のドラマーのうちの一人だ。この共鳴し合う優れたミュージシャン二人に敬意を表する[2]」

ベースのエディ・ゴメスとドラムのマーティ・モレルを擁したグループも同じく称賛を集めた。一九七四年十二月の『ダウン・ビート』誌に掲載された『ライヴ・イン・トーキョー』のレビューには、「エヴァンスがこのトリオを解散することはないだろう。というのも、ジャズで最も繊細で、反応が良く、生き生きとしたグループの一つだからだ」と書かれていた。「このグループをじかに聴くと、三人のミュージシャンの心が融け合って一つの集合意識になっているかのような感覚をいつも味わう[3]」

ゴメスとドラムのジャック・ディジョネットの組み合わせについても同じことが言える。一九六九年一月の『ニューヨーク・タイムズ』でマーティン・ウィリアムズは、アルバム『モントルー・ジャズ・フェスティヴァルのビル・エヴァンス』について「複雑かつ自由でありながらけっしてでしゃばらないジャック・ディジョネットの対位法的なドラミングから――そしてベーシストのエディ・ゴメスのエヴァンスとのインタープレイから――このトリオが実質的に対等な三人……そしてエヴァンスがこれまでに組んできた中で最高のアンサンブルだということがすぐに明らかになる」と書いている[4]。

そしてビルがゴメスとドラムのエリオット・ジグムンドを組み合わせたとき、さらにまた称賛が寄せられた。マイケル・ボーンは『ラジオ・フリー・ジャズ（Radio Free Jazz）』一九七六年十月号で「ビル・エヴァンスはいつもながら素晴らしい……」と述べている。「トリオの熱のこもった魂のインタープレイは、恐ろしいくらいだ。そしてミュージシャンたちの中にはつねに一つの音楽がある。彼らは言葉ではなく、音楽を通して語り合うのだ[5]」

私たちのトリオは、より若い聴衆を惹き付けていた。彼らの熱狂は人から人へと広がった。これまでビル・エヴァンスは、観客の反応を気にしたことがなく、もちろん自分のソロのほとんどが拍手を受けることなく終わるかもしれないなどと悩むこともなかった。実際彼は、ベース・ソロが間断なく始められるようなところで自分のソロが終わるよう、状況に合わせて調整するのだと言っていた。しかしこれは、ヴァンガードでのとある一週間の公演中に目に見えて変わった。ビルの演奏がエネルギーあふれるものだったため、「いつか王子様が」の彼のソロが終わると、観客が割れんばかりの拍手をしたのだ。私はじかに見ていて彼が完全に驚いた顔になったのを覚えている。彼は後に、ほとんど困惑と言ってもいいくらいの様子で、いやあ、あんなこと、いいかい、初めてだよとコメントした。しかしその後はそういうことがどんどん起こるのだった。

一方、ビルはマークと私とのトリオについて、次のようなコメントをして議論に加わった。一九七九年の『アクエリアン（The Aquarian）』紙のインタビューで、ロバート・ケンセラーに「現在のこのトリオは、これまでに組んだどのトリオよりもスコットやポールと組んだトリオに似ている気がする」と語ったのだ。「それが正確にはどういうことで、何なのかはわからないが、これだけは言える。彼らはあの新しいアプローチを追求しようという気にさせてくれて、いざやってみると、何が起きていてもうまく対応してくれる。おそらくそれは、個性と関心が混じり合ったものだ。私はこれまでのどのトリオも悪く言うつもりはない。どれもそれぞれに特別だからだ。でも、このトリオの前途には、他のトリオにはなかったかもしれない可能性があるような気がする」(6)

一九七九年の『ローリングストーン』誌のインタビューで、ロバート・パーマーはこれに同意し、

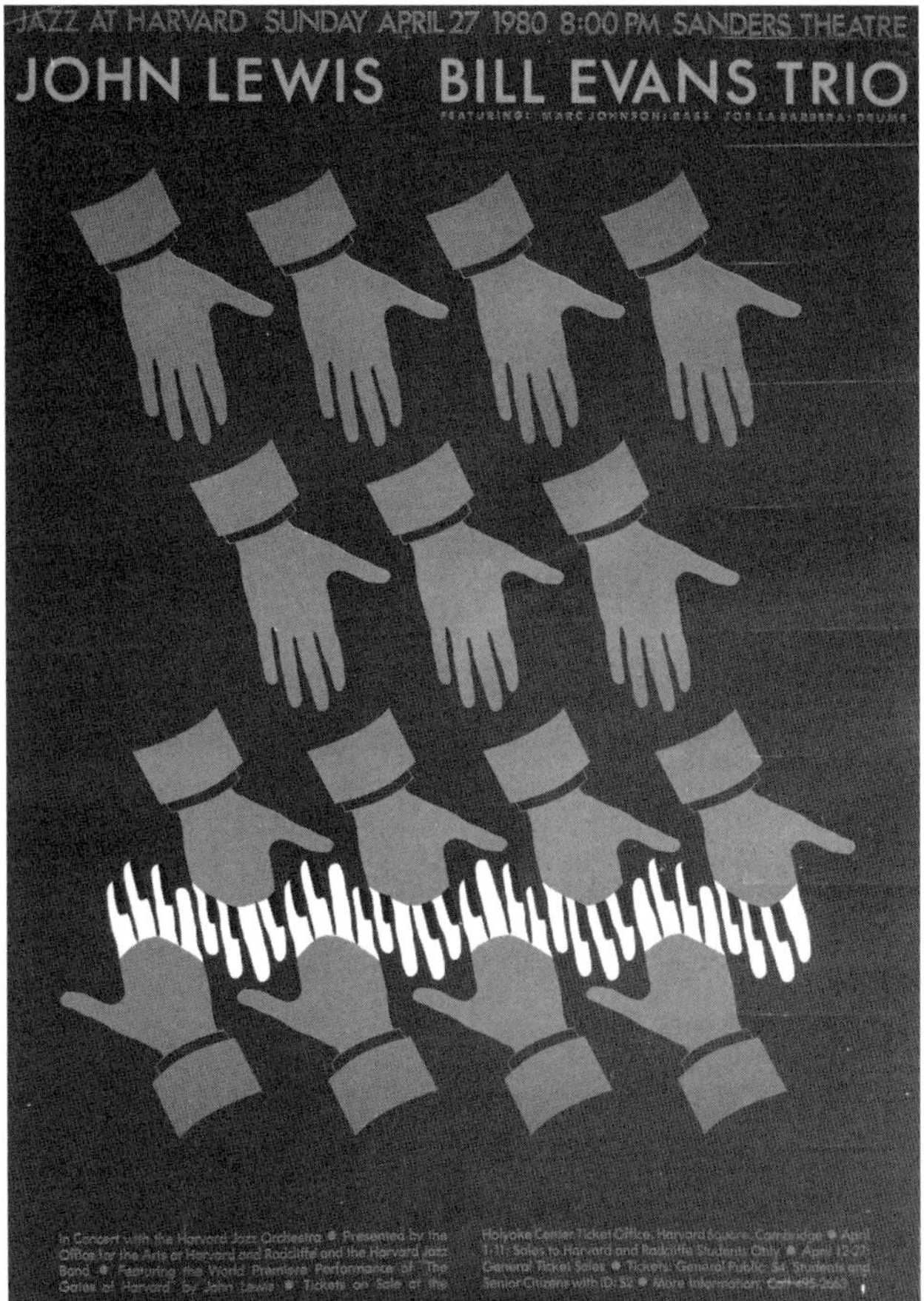

1980年4月27日にハーバード大学で行われたビル・エヴァンス・トリオと、モダン・ジャズ・カルテットのピアニスト、ジョン・ルイスによる珍しいデュオ公演のポスター。（提供：ジョー・ラ・バーベラ）

「ジョンソンとラ・バーベラは、感度が高く巧みなミュージシャンだ」と書いている。「二人は、それぞれの担当楽器で最も注目を集める名演奏家というわけではない。しかし彼らは、適任……つまりエヴァンスに合った奏者なのだ」[7]

ここで重要なのは、ビルはトリオの新しいメンバーに、耳をよく澄まして音楽を尊重すること以外、何も求めていなかったということだ。こうしたコメントすべての中で私にとって本当に大切なのは、ビルがそう感じていたという点だ。ファンも歴史も、それぞれにとっての一番を決めるだろうが、そんなことはどうでもいい。私は自分の墓碑銘に「ビルは私を気に入っていた」と書いてもらえるなら本望だ。

私と共演した二年間、ビルが音楽よりも自分のエゴを優先させることは皆無だった。サイドマンとして、私はかなりの自由を与えてもらったが、それには責任がともなった。音楽が最優先――それはつねに変わらなかった。

聴く側の意見

長年人前で演奏してきた経験から、私は観客の中でもとくに「ジャズのことはまったくわからないのですが、これだけは言いたくて……」のような前置きをして話しはじめる人からのコメントを受け入れるようになった。

言うまでもなく、そういうコメントのすべてに価値があるわけではない（たとえば「ドラマーは楽譜を読むんですか?」など）。しかし、音楽は初心者だけれどもこれから本格的に参加したいという意欲を持った聴き手からのコメントは、私たちの演奏や、私たちがつねに目指しているものを正確に――わかりやすい言葉で――端的に言い表したものが多かった。私に言わせれば、それは究極の音楽的コミュニケーションなのだ。

シカゴのリックス・カフェ・アメリケインで休憩中にマーク・ジョンソンに話しかけてきた農場経営者がその最たる例だ。この男性は、滞在中のホテルのバーに飲みに入って、自分がよく知らないスタイルの音楽に引き込まれた。そしてセットが終わるころには、これまでに経験したことがないようなレベルで音楽を聴いていた。

もう一つの例が、フランソワ・ラシャルムによって書かれた「ソーホーでの哀悼」というタイトルのエッセイにある［247ページ］。彼はその中で、ビル・エヴァンスの音楽に生で触れた二度目の体験となる、ロンドンのロニー・スコッツでの出来事について描いている。ラシャルムは当時まだ十九歳だったが、所々で素晴らしい観察力を発揮している。そこから、初心者の聴き手について少し掘り下げて考えてみたいと思う。

ロニー・スコッツに足を踏み入れたときの彼の鮮やかな描写は、私が一九六二年に初めてニューヨークを訪れたときのことを思い起こさせた。十四歳だった私は二人の兄に付き添ってもらって、ブロードウェイと五十二丁目の交差点の近くにある階段を下りてバードランドに入って行った。その店内は今でもはっきり思い浮かべることができるし、もちろん、ディジー・ガレスピーのクインテットが演奏していた音楽はずっと心に残っている。

フランソワによるロニー・スコッツの店内の描写はまさにそのとおりで、それもさることながら、私が最も興味をそそられたのは、彼の音楽的な洞察力だ。彼はデートの相手のキャサリンを「素晴らしく柔軟な心……によって耳慣れない複雑なコードを克服した[8]」と表現している。この柔軟な心というのは、まさに先ほど私が「音楽に本格的に参加したいという意欲」と言ったものだ。音楽が始まる前の静寂はいつも同じだった。ビルが観客にも私たちにも事前に何も言わないからだ。私たちはみな、ピアノから最初の音が流れ出すのを待ち、音楽はそれから始まった。ビル・エヴァンスが、彼の音楽について再考することを観客に強いたのは、それが絶え間なく進化し、彼やバンドが経験したことすべてをつねに取り入れていくからだ。たとえばエルヴィン・ジョーンズは、かつてこう言っていた。これが人生で最後だと思って演奏するべきだと。ビルはそれを毎晩やっていたのだ。

レパートリーについてのフランソワの回想は、その後何年もたってからリリースされた二枚のＣＤ（『レター・トゥ・エヴァン／ライヴ・アット・ロニー・スコッツ』ドレフュス１９１－０６４－２と『ターン・アウト・ザ・スターズ／ライヴ・アット・ロニー・スコッツ』ドレフュス１９１－０６３－２）の収録曲と比較しても正確だ。

本当に良いものが出た！

ビルは、メロディやハーモニーの置き換えの概念に長いあいだ熱心に取り組んできた。それらが自然で流れるように、かつ簡単にやっているように聴こえるように——簡単ではないのだが。そう、次の小節のコードを前もって予測するくらいは誰にでもできるが、フレーズ全体にわたって予測し、自分のアイデアで音楽的に完全に筋が通るものを作り出し、それらをまとまりのあるソロの形にするというのは奇跡的なことなのだ！　フランソワは、ビルが長い時間をかけて完成させたこのアプローチを詩的かつ芸術的にこう表現している。「時に鋭く小節を先取りするこの『リズミック・ハーモニー』が……メンバーそれぞれが次の小節に引き寄せられているのだと完全に錯覚させる」

興味がある方は、マリアン・マクパートランドが司会を務めたNPRのラジオ番組「ピアノ・ジャズ」にビルが出演した回を聴くことをお勧めする。この回は一九七八年十一月六日に収録され、一九七九年五月二十七日に放送された。優れたジャズ・ピアニストだったマリアンが、ビルに置き換えのアプローチについてたずねると、ビルはスタンダード曲「オール・オブ・ユー」で見事にそれを実演してみせた。ビルが弾き終わると、マリアンは「ベース・ラインに入っていこうとしたけれど、全然ついていけなかった」とコメントした。これは、そのプロセスを知らない人や、多少経験がある程度の人なら無理もないことだ。

しかし、ただ楽しみたいだけの聴き手にとって、こうした取り組みはいったいどんな意味があるのだろうか？　彼らはちょっと面食らいつつも、最後にはミュージシャンたちが元の場所に安全に着地させてくれるだろうと全幅の信頼を寄せてくれる。

そしてビルはつねにその信頼に応えた。

ビルについての考察

ビル・エヴァンスが亡くなってから四十年以上が経った。そのときから、生活の中で何らかの形で彼の記憶がよみがえらない日はない。音楽や家庭生活、あげくには運動まで（信じられない！）、思い出すきっかけはさまざまだ。ビル・エヴァンスと運動がすぐには結びつかないというモダン・ジャズ・

ファンがほとんどだと思うが、じつは若いころの彼はスポーツマンで、ゴルフはパーで上がり、ボウリングではハンデなし、ビリヤードは凄腕だった！

ジョギングしているときにビルのことが頭に浮かぶのは、彼が私をおちょくって、自分のフィットネス・ルーティンは「毎晩ベッドで二回寝返りを打って、トイレに早歩きで行くことだ！」などとばかなことを言ったせいだ。彼は普通の家庭生活を切望していた。そして、トリオでこれだけ巡業をしていて君の家庭は大丈夫なのかと、いつも気にかけてくれた。

もちろん、最もよく彼が思い浮かぶのは、音楽をやっているときだ。彼から学んだ多くのことは今も私とともにあり、私の音楽人生を形成する大きな糧《かて》となった。彼とステージに立つだけで、すべてが一変する効果があった。彼は私たちが演奏を始めた瞬間から、完全に音楽に打ち込んで没頭していた。音楽は毎晩、一曲ごとに有機的かつ動的に成長したが、つねにその指針となっていたのは、完璧で満足できるプログラムにするという明確なビジョンだった。私はギャップ・マンジョーネからウディ・ハーマン、チャック・マンジョーネ、ビル、トニー・ベネットまで、これまでに一緒に仕事をしたどのバンド・リーダーからも学んできた。彼らはみな、観客と奏者の双方が満足するようにセット・リストを組む類いまれなセンスを持っていた。

彼らには、この基本的な点以外にも共通点があった。それは、自分たちが演奏しているものを信じていたという点だ。これは音楽を作るうえでとても重要なことだ。ウディにはかつてこう言われたことがある。「どんな曲で有名になるかよく考えたほうがいい。残りの人生、毎晩それを演奏することになるんだから」と。これは、バンドの若手のあいだでは一番不人気な曲だった「ウッドチョッパーズ・

ボール」のことを皮肉って言ったのだと思っていたが、じつは早くからウディのヴォーカルでヒットした「ローラ」のことを指していたのだった。トニー・ベネットは、心から気に入った歌でなければけっして歌わなかった。そして彼はどの公演でも、まるで初めてその曲を歌うかのように歌うだけでなく、聴く側が自分のためだけに歌ってくれていると感じるような歌い方もしていた！

あるインタビュアーがビルに、スタンダード曲を演奏することが多いのは、観客が知っている曲だからですか、という質問をしたことがあった。ビルはこの質問に本当に驚いて、そんなふうに考えたことはなかったと答えた。その質問が言外に意味するのは、ビルが何らかの形で観客を操っているということだったため、彼はさらに一歩踏み込んだ発言をした。もし自分がそういうやり方をするなら、ヒットする曲の要因を分析し、成功する方法を考え出すくらいの知恵はあるはずだ、と。ビルは、スタンダード曲を知っていて好きな人がジャズを好むとはかぎらず、そういう人たちはむしろ、バックグラウンド・ミュージックとして演奏されるものを聴きたがるのではないかと感じていた。彼は自分が好きな曲を演奏していただけで、そういう曲をどこからでも見つけてきたのだった。

世界最高レベルの作曲家の多くがビルのファンで、自分が作った曲をビルに送って来ていた。ジョニー・マンデル、アラン&マリリン・バーグマン夫妻、ミシェル・ルグランらのオリジナル曲がビルのピアノの上に置かれているのを見たことがある。また、私がビルの家に泊めてもらっていたある日の午後、マンデルと電話で話したことも覚えている。「ミーニャ」という曲は、ブラジルの偉大な作曲家フランシス・ハイミによるものだ。リオデジャネイロのイパネマ海岸にあるクラブでルイス・エサがピアノのソロ公演を行った際、ビルが飛び入り出演すると観客は大いに沸いたが、私はビルがその曲を生で演奏するのを聴けたことがうれしかった。イタリア人ミュージシャンのジャンニ・ベドリが作曲した「ジーザス・ラスト・バラード」をビルがどうやって見つけたのかはよくわからないが、これは珠玉の一曲だ。その他、ゲイリー・マクファーランド、スティーヴ・スワロウ、ジョー・ザヴィヌル、デニー・ザイトリンが作曲した名曲がトリオのレパートリーに入り、ビル・エヴァンスの手で特別に料理された。そしてもちろん、アール・ジンダースの曲は、私たちのレパートリーの定番だった。ビルはつねに、グレイト・アメリカン・ソングブック（スタンダード曲の総称）と先ほど挙げた作曲家たちによるオリジナル曲、そして自身が作曲した曲のバランスを保っていた。

このことからわかるのは、ビルが自分の芸術に全力で打ち込んでいたということだ。そんなふうに取り組んでいたのは、ジャズではほんの一握りだけだ。すぐに思い浮かぶのは、モンク、マイルス、コルトレーン。私たちはみな、これらの偉大なアーティストの献身の恩恵にあずかっているのだ。

トリオのルーツ

スコット・ラファロとポール・モチアンを擁したビル・エヴァンス・トリオは、ジャズ界で新境地を切り開いた。三者——ピアノ、ベース、ドラム——がきわめてクリエイティヴに、かつリズム的にはより自由な方法でシームレスにやり取りしながらも、すでに確立されている曲の形式は忠実に守るというのは革命的だった。今日それは、とりわけピアノ・トリオという形式を採る多くのミュージシャンに取り入れられ、より一般的なアプローチとなっている。そうなるには、ジャズがふたたび変化を遂げようとしていた時代にこの三人が集まり、なおかつ彼らに探求の意欲とグループへの献身がなければならなかった。

ドラムのポール・モチアンは、偉大なマックス・ローチの弟子で、早くから師匠の演奏に肩を並べていた。それは、ビルの最初のトリオがリヴァーサイドからリリースした『ニュー・ジャズ・コンセプションズ』のような初期のレコードで聴くことができる。ポールがコンピングやソロで使った手法のほとんどは、マックス直伝のもので、ポスト・バップ・サウンドの現状を反映していた。両親のレコード・コレクションにあった中東やトルコの音楽や、アルメニアの教会音楽も、ポールのドラミングに影響をおよぼした。ビル・エヴァンスのトリオに加入する前は、セロニアス・モンク、レニー・トリスターノ、トニー・スコットと一緒に仕事をしていたため、ポールの耳や思考はすでに別のものをとらえていた。この三人はいずれも、カテゴリーの枠にとらわれることなく、ジャズで未知の領域を切り拓いていたのだ。ポールがエヴァンスの後に共演したアーティストに注目してみると、彼がつねに音楽の新しい表現を求めていたことが聴き取れる。

スコット・ラファロは、アップライト・ベースを始めた時期こそ遅かったものの、軌道に乗って急成長を遂げた。そのためには、ベースの基本的な技術だけでなく、それまでの正統派スイング・ジャズの奏法も、時間を忘れてひたむきに練習する必要があった。彼がこのスタイルで残した録音作品は限られているが、彼がどんなテンポでも誰にも劣らずウォーキングできることを確認するには十分すぎる数だ。たとえば、『ジ・アライヴァル・オブ・ビクター・フェルドマン』では、ディジー・ガレスピーの曲「ビバップ」が非常に速いテンポ四〇〇（一分間に四〇〇拍）で演奏されているため、Aメロでドラマーのスタン・リーヴィーがストロール（演奏を止めること）しているにもかかわらず、スコットの演奏はまったく乱れることがない。

次の「ノー・グレイター・ラヴ」は、はるかにゆったりとしたペースの曲なので、スコットのビッグ・トーンとスイング感が遺憾なく発揮されている。同じようなスタイルの作品をハンプトン・ホーズ（『フォー・リアル』）やスタン・ゲッツ（『スタン・ゲッツ～カル・ジェイダー・セクステット』）とレコーディングしているが、それを聴けばスコットが自分のスキルを完全にコントロールできるミュージシャンであることがわかる。スコットはニューヨークに出て来てから、エリック・ドルフィーをはじめとするフリー・ジャズ奏者の音楽を発見し、それらにも親しんだ。この二つの世界は相容れない？『ダウン・ビート』一九六〇年八月号のマーティン・ウィリアムズによるインタビューで、スコットは自分のアプローチについてこんなふうにコメントしている。「僕のアイデアは、今日一般的に受け入れられているものとはあまりにもかけ離れているので、時々、自分は本当にジャズ・ミュージシャンなのだろうかと思う。ビルと僕は冗談で何度か、僕らは本当にジャズ・ミュージシャンだよね、と確かめ合ったことがあるよ」(9)

ビル・エヴァンスは、自分が選んだ楽器での経験年数がスコットよりも長かったため、以前のさまざまなスタイルを熟知していた（スコットはバスケットボールの事故によるケガで、クラリネットのアンブシュア*ができなくなってしまったあとにベースを始めた）。ビルは自信を持ってストライド・ピアノやスイング、ビバップを演奏していたが、現状のハード・バップや一九五〇年代後半の前衛的なジャズにはあまり興味を持てなかった。その良い例として、当時最も偉大なジャズ・バンドだった、マイルス・デイヴィス・セクステットのピアニストの座を手に入れながら、九か月で辞めてしまったことが挙げられる。彼が聴いていたのは別の音楽だった。ビルのジャズのルーツはとても深い。『ジャズ・マガジン』のジョン・ミーガンとのインタビューでビルはこう言っている。「もちろん、最初に弾いたのはブギウギで、ピート・ジョンソンとアルバート・アモンズの影響だった。それから私は、仕事で国中のピアニストの演奏を聴いた。ニューオーリンズのディキシーランドからシカゴまで――たとえばアート・ホーディス、アール・ハインズ、ナット・コール、テディ・ウィルソンなど――みなこれまでに聴いている。あなた自身のも含めて」[10]。この言葉がまさにビル・エヴァンスを表している。『ダウン・ビート』一九五九年十月号に掲載されたナット・ヘントフとの初期のインタビューで、ビルは音楽でもっと自由を追求したいという考えを語った。「他の人を自分の考え方に引きずり込むことなく、思いどおりの方向に自由に進めるようになりたい。理想を言えば、ソロ・ピアノをやりたいところだが、現実的には、評判を築くという点や演奏の機会といった点で、トリオの方が理に適《かな》っている。そのトリオは、一人ずつソロでつないでいくというよりも、同時に即興演奏する方向で成長していけたらと思っている[11]」

これらの言葉は、スコットとポールとのトリオが発足した直後、リヴァーサイドのアルバム『エヴリバディ・ディグズ・ビル・エヴァンス』(ビルはこのタイトルに大いに困惑した)のリリース後に語られたものだ。じつは最初のトリオのメンバーは、ベイジン・ストリート・イーストでの仕事のために集められたベースのジミー・ギャリソンとドラムのケニー・デニスだった。この仕事は、ベニー・

＊訳註　管楽器の奏者がマウスピースをあてたときの口の形、または口周りの筋肉の使い方。

グッドマンとの対バン（同時出演）で、不運続きだった。トリオの待遇があまりにも悪かったため、ベーシストが七人、ドラマーが四人、次々と仕事を辞めてしまったのだ。つまりその結果できたのが、スコットとポールとのトリオだったというわけだ。

ケニーと私は、私がロサンゼルスに移って以来の友人で、ビルのトリオの最初と最後のドラマーという栄誉を共有している。ケニーによると、このギグのあいだ、ビルは彼に「時には私に挑むように演奏してくれないか」と頼んだそうだ。それはほとんどのドラマーが困惑する指示だ。というのも、私たちはほかのミュージシャンに寄り添うように訓練されているからだ。おそらくビルは、自分が求めていたこの自由な動きを伝えるためだけにそういう言い方をしたのではなかった。今ではほとんどのドラマーが、ビルが求めていたことを少なくとも概念上は理解し、その多くが、緊張感を生み出して音楽の後半でそれを解放するためにこの手法を用いている。

ビル・エヴァンスが音楽的に求めていたもの、そしてスコットとポールとのトリオで見つけたものは、非常に有能であるだけでなく、グループに身を捧げ、音楽やトリオの成功のために必要な犠牲を払う二人のミュージシャンだった。一九六〇年十二月八日の『ダウン・ビート』誌に掲載されたドン・ネルソンとの別のインタビューで、ビルはこう語っている。「リーダーとして、グループの方向性を打ち出すのは私の役目だ……そしてポールとスコットは、ほかのどこよりもこのグループがやりやすいようだ[12]」

このトリオ内の急速な成長と音楽そのものが、彼らの献身を証明している。

新曲について

「コミュニケーションの取り方を習いに行けると思うほど私はバカではない」

――ビル・エヴァンス、『ダウン・ビート』、一九六二年十一月二十二日(13)

「私は人よりも音楽に打ち込む必要があった。ほら、私にはあまり才能がないから。それは本当だ。みな、私のハーモニーの概念について話すけれど、私はそのために必死に努力した。あまり耳がよくなかったからね。たぶん、努力する才能があったんだと思う」

――ビル・エヴァンス、『The Gene Lees JazzLetter（ジーン・リースのジャズレター）』、一九八四年(14)

一九八〇年の初めには、多くの新曲がトリオのレパートリーに加わった。まず最初に加わったのが「レター・トゥ・エヴァン」だったと思う。この曲は、ビルがいつものように音楽で自分を表現したものだ。彼はこのころには、自分が一人息子のエヴァンの成長を見届けられないことに気づいているようだった。この曲には、自責の念とともに父親としての愛情と未来への希望が表れている。たいていの新曲と同じように、ビルはギグでただその曲を弾き始めるだけだったので、私たちは何が正解で何が不正解なのかを何とか導き出した。私は結局、いくつかの理由からこの曲では演奏しないことを選んだ。まず第一に、他のウォーキング・バラードと差がつくようなタイム・フィールの表現方法がほかに見つからなかったというのがある。第二に、いつも二回目のコーラスでマークがビルに加わることでうまくいっていたし、あらゆる意味で曲がこの二人で完成されていたからだ。最後に、ビルがセット中にこの曲を持ってくる場所は、ドラムがしばらくのあいだ姿を消すことが理にかなった場所だったからだ。そのセットの次の曲はたいてい、少し盛り上がる曲だったので、全体的に見れば納得できた。

次に入ったのは、ビルが私の娘に書いてくれた曲「ティファニー」。彼女は一九八〇年二月二十九日にこの世に生まれてきたからだ。ビルはステージで披露する前に、この曲のアレンジについていくらか検討したような気がする。というのも、イントロととても粋なエンディング付きで最初から完全に出来上がっていたからだ。ビルはこのころ、ローリー・ヴァホーマンに捧げた曲「ローリー」もレパートリーに加えた——とても特別な女性への真心と愛情のこもった贈り物だった。「イェット・ネヴァー・ブロークン」(もとのタイトルは「アウト・オブ・ザ・ブルー」)と「ニット・フォー・メリー・F」がそのあとに続き、一九八〇年六月の第一週にヴィレッジ・ヴァンガードでレコーディングが行われるまでの数週間、私たちはそのすべてを演奏した。ビルは私が彼の家に泊めてもらっているときに「ニット・フォー・メリー・F」の作曲に取り組んでいた。なぜわかるかというと、時々日中に彼がその曲を弾いているのを聴いたからだ。

繰り返しになるが、ビルはもともとレパートリーについては几帳面で論理的だった。一九八〇年、CBC(カナダ放送協会)のインタビュアー、ロス・ポーターが、スタンダード曲を演奏する理由をビルに尋ね、そういう曲のほうが親しみを持てる聴衆が多いからではないかとほのめかした。ビルの答えは、控え目に言っても目から鱗だった。まず彼は、自分は好きなものしか演奏しない、そういうやり方が自分のファン層を築くのに役立つなんて考えたこともない、と言った。そして、もし自分がそういうやり方をするなら、経済的に成功するのに適した曲を選べるよう、データを十分に分析して戦略を考え出すくらいの知恵はあるはずだ、とポーターに語った。さらに、スタンダード曲が好きな人びとが必ずしもジャズを好きだとは限らないし、むしろ好きな曲はマントヴァーニ〔訳註：イージーリスニングの第一人者〕のような人の演奏で聴きたがるかもしれない、とも言った。ビルらしい。彼は、ファンを引き付けるためにそういう手段を使ったりしない。彼は自分のエネルギーを、音楽と演奏する曲の準備に注ぎ込んでいた[15]。

ビルが曲をトリオ向けに構成する手法については前述した。ビルが私に説明してくれたプロセスは、まず曲を選び、キーとテンポを選び、置き換えるハーモニーを考え出し、アレンジを決める、というものだ。いったんこれらをすべて決めてしまえば、ミュージシャンは実質的に自由になり、即興演奏に完全集中できる。ビルのレパートリーを最初のレコーディングから最後のレコーディングまでざっと聴いてみると、各演奏のアレンジが一貫していて、決定譜との違いがごくわずかだということに気づくだろう。即興演奏のソロはどれも異なっているが。

このプロセスの例を一つ挙げると、まずビルは「マイ・フーリッシュ・ハート」という曲を選んだ。ここで紹介するのは、実際に音声で記録され、ジョージ・クラヴィンによってCD『スコット・ラファロの肖像～レゾナンス・レア音源シリーズ1』[16]としてレゾナンス・レコードからリリースされたものだ。この曲は、ダナ・アンドリュースとスーザン・ヘイワードが主演した映画の主題歌だ。スコットがチューニングをしていると、ビルが曲をEキーで演奏しはじめる。これがオリジナルの楽譜にあったキーなのかもしれない。ビルがEからFにキーを変えたところでスコットが加わるのだが、二人は徐々にキーをAへと変えていく。このAがスコットにとって都合がよかった。というのも、EとAの開放弦を使えるという大きなメリットがあったからだ。二人は数分間にわたって何度も試行錯誤を繰り返しながら具体的な代理コードを考え出すと、今度はテンポが速すぎるとビルが判断し、テンポを落とす。

ビルとスコットのあいだを行き来する会話はとても興味深いので、私は自分の授業で使うために全文を書き起こした。読者のみなさんは、それを退屈あるいはつまらないと思うかもしれないが、それでまったく問題ない。なぜなら、パフォーマンスに組み込む細部についてあれこれ考えるのは、みなさんの仕事ではないからだ。難しいことは考えずに、アーティストの努力の成果を味わってほしい。

私が言いたいのは、二人のアーティストがアレンジの細部を考え出すために費やした約二十分間によって、レコード史上最も驚嘆すべきパフォーマンスの一つが生まれたということだ。自分たちの演奏の枠組みが前もってわかっていたからこそ、このトリオは自由に曲を表現できた。ポール・モチアンの（鋲《リベット》を打ち込んだ）シズル・シンバルが、少ない音数ながらもどっしりとした心地良いハーモニーにきらめくようなテクスチャーを加え、弦の響きを活かしている。ビルはこの曲を単音で始めているが、その一つの音が部屋全体を満たしているように思える。感覚で演奏するというのは、どんなときもビル・エヴァンスの音楽にとって一番重要な要素だったが、ここではそれがふんだんに発揮されている。

一九六一年六月二十五日にヴィレッジ・ヴァンガードでライヴ・レコーディングされたアルバム『ワルツ・フォー・デビー』〔訳註：「マイ・フーリッシュ・ハート」が収録されている〕では、戦時中のロマンスを描いた映画の感動がビル、スコット、ポールによってよみがえっているが、彼らが真剣に考えて試行錯誤したことが、この一見すると余白が多く、思いつくままにやっているように思える演奏につながったのだった。

「そこをみんなわかっていないようだけれど」とビルは一九六四年の『ダウン・ビート』誌で語っている。「演奏の基盤となる部分をしっかりと作っておくことで……どんな形も思いのままに取れるし、どんなラインも好きに生み出せる……そして自分たちにスキルがあれば、ほぼ何でもできる。そうなれば本当に自由だ[17]」

しかし、ビルが自分の音楽をこんなにも独特の響きを持つものにするために注いだ努力に気づく、あるいは理解している人ばかりではない。ビルはジャズやジャズのスタイルだけでなくクラシックにも造詣が深かったため、しばしば「知的な」奏者というレッテルを貼られた。『ザ・ニューヨーカー』のジャズ評論家、ホイットニー・バリエットのようなエヴァンス・ファンは、「ビル・エヴァンスほど直観に頼らないミュージシャンはいない」と書いた[18]。この件についてビルは、彼の最高のインタビューの一つで次のように語っている。相手はCBCラジオの司会者、テッド・オライリーで、一九八〇年五月に放送されたものだ。「直観力が知識をリードする必要があると思うけれど、直観力だけでは通用しない。わかりますか？　それだけだと、遅かれ早かれ手詰まりになってしまう[19]」

このことからわかるのは、自分が持つあらゆる知識にただちにアクセスして、どう演奏するべきかを瞬時に判断をするのが直観力だということだ。これは、この音楽が生まれたときからジャズ・ミュージシャンがやってきた奇跡のプロセスなのだ。

カーネギー・ホールでの体験　1980年3月29日

長年にわたって、幸運なことに私はチャック・マンジョーネ、トニー・ベネット、カウント・ベイシー・オーケストラといったアーティストと何度もカーネギー・ホールで演奏してきた。それらはいずれも信じられないくらい素晴らしいイベントだったが、最も記憶に残っているのは、一九八〇年にカーネギー・ホールで開かれ、ビル・エヴァンス・トリオとして出演したコンサートだ。音楽はもちろん、ビルが演奏するときはいつもそうだったが、群を抜いて素晴らしかった。しかし、このコンサートがこんなに忘れられないものになったのは、その前に起きた出来事のせいだった。

ジョージ・ウェインによって企画されたこのコンサートは、ビルのトリオと、歌手のサラ・ヴォーンと彼女専属のトリオによる二本立て公演だった。司会は、メル・トーメが務めた。通常のサウンド・チェックのあと、私たちはみんな、夕食のため休憩を取った。ベースのマーク・ジョンソンと私は近くにレストランを見つけて、午後七時ごろまでにはホールに戻った。ビルはフォートリーにある自宅アパートに車で戻ることにしたのだったが、ラッシュ・アワーに遭ってもショーまでに戻れるほど時間はたっぷりあった。

しかし、午後七時十五分、舞台裏で人数を数えると、ビルをのぞく全員がそろっていた。午後七時三十分には、全員の目がビルのマネージャーのヘレン・キーンに注がれた。彼女は必死になってビルの居場所をつきとめようとしていた。忘れないでもらいたいのは、携帯電話のない時代だったということだ。メル・トーメは目に見えておろおろしていたし、ジョージ・ウェインの事務所のエージェントも心配しているようだった。正直、私たち全員がそうだった。なぜならビルはいつも時間をきちんと守る、完璧なプロだったからだ。

午後七時四十五分、ついにビルが楽屋口に到着すると、全員の動きがピタリと止まった。ビルの鼻にはバンドエイド、眼鏡は別のバンドエイドでつなぎ合わされ、額には何針か縫った跡、左腕は三角巾で吊って、指関節までギプスがはめられていたからだ！　ビル以外、全員が言葉を失った。当のビルはと言えば、のん気に「今何時かな？」と聞いてきた。ショックを受けたまま誰かが「八時十五分前です」と答えると、ビルは「いいね、コーヒーが一杯飲める」と答えた。それから彼はコーヒーを探しに行き、それを味わってから、舞台そでに待機してステージに呼ばれるのを待った。

トリオの出番が告げられ、私たちがステージに出て行くと、満員の会場からみなが息をのむ音が聞こえた。それ以上何のアナウンスもなく、ビルはピアノの前に座り、左腕を三角巾から取り出して鍵盤の上に置いた。その瞬間から、彼の身体には何一つ悪いところがなかったかのようになった。ドラムの私のところから見えたのはビルの頭だけで、時おり彼の右腕が上がって視界に入る――眼鏡を鼻の上に押し戻すためにいつもやっている――くらいだったが、外から見るかぎり、そして私が聴くかぎり、ふだんと何も変わらなかった。その音楽は流麗で素晴らしく、観客の反応がそれを示していた。

トニー・ベネットはかつて私によく言っていた。「アマチュアの大会に出ている松葉杖の船乗りには絶対について行くなよ」と。この晩は、まさにそれに近い状況で、ビルの一人勝ちだった。

後にビルは、何が起きたのかを私たちに話してくれた。ウエストサイド・ハイウェイを走って帰宅する途中に雨が降り出したが、車のワイパーが故障してしまった。前がよく見えなかったため、道路の巨大なくぼみにはまり、その後中央分離帯に激突。緊急救命室では、担当医がビルの指先までギプスで固定しようとしたが、ビルは「やめてくれ、今晩ギグがあるんだ。だから指関節までにしておいてほしい！」と頼んだのだという。

この事故の結果、キャンセルした仕事は一つもなかった。そして私たちが何週間もさまざまなコンサート・ホールやナイト・クラブで契約を履行しているあいだ、これと同じ場面が何度も繰り返された。この期間中、私たちのパフォーマンスにがっかりした人は一人もいなかった。

私はビル・エヴァンスが残りの人生で、自分の肉体の衰弱を不屈の精神で克服するのを何度も目撃した。彼はよくこう言っていた。私の外側はボロボロかもしれないけれど、内側はきれいなままだ。それは本当だったに違いない。

photo: Steve Kagan

訳者あとがき

この本の原書『Times Remembered: The Final Years of the Bill Evans Trio』は、二〇二一年にアメリカのUniversity of North Texas Pressから出版された。ピアノ・トリオの概念を変えたジャズの巨匠ビル・エヴァンスが亡くなったのは一九八〇年だから、実に四十年以上もの時が過ぎてから世に出たことになる。本書はビル・エヴァンスの伝記ではなく、彼の最後の二十か月に焦点を当てたものだが、これまで情報が少なかったラスト・トリオについて知ることができる貴重な書となっている。

著者の一人は、ビルのラスト・トリオのドラマー、ジョー・ラ・バーベラ氏。彼はビルよりも二十歳ほど若い。しかしトリオのメンバーとしてだけではなく、プライベートでもビルと親密な関係を築き、しばしばビルの自宅アパートに泊めてもらったりしていた。そのときに触れたビルの人柄や私生活、そして二人のやり取りが本書のベースになっている。ビルの最期に付き添い、看取ったのもラ・バーベラ氏だ。彼がどのような幼少期を過ごしてビルの音楽に惹かれ、尊敬するようになったか。どんな経緯でビル・エヴァンス・トリオに加入するに至ったか。そしてビル、マーク・ジョンソンによるトリオの音楽活動をいかに楽しみ、その発展をどれだけ願っていたか。しかしそれがビルの薬物依存によって阻まれるのをどんな思いで見ていたか。それらが読者に語りかけるように描かれている。

こうした内側からの視点で描かれるビル・エヴァンスの物語は、他に類を見ないのではないか。

ビル・エヴァンスの死後、ジョー・ラ・バーベラ氏は、つい先日亡くなった歌手のトニー・ベネットのドラマーを長年務め、さらにその後はカリフォルニア芸術大学で教鞭をとった。そのときの教え子の一人が、本書のもう一人の著者、チャールズ・レヴィン氏だ。レヴィン氏は、プロのドラマーとして活動したほか、ライターとしても活躍してきたため、ビル・エヴァンスの物語を書くにあたって共著者として白羽の矢が立ったというわけだ。

ちなみに著者二人によると、本書のタイトルがビルのオリジナル曲「Time Remembered」ではなく『Times Remembered』と複数形になっているのには二つ理由がある。本書では、ラ・バーベラ氏の父親が生まれた時代を皮切りに、ラ・バーベラ氏本人の幼少期、大学時代、陸軍時代などさまざまな時代が描かれていることが一つ。そしてもう一つは、ブルース・スピーゲル監督の優れたドキュメンタリー映画『ビル・エヴァンス タイム・リメンバード』との混同を避けたかったからだという。

ラ・バーベラ氏は以前からビルとの思い出を書き留めてきたというが、四十年以上も前のことを一つの物語にまとめるというのは並大抵のことではない。彼の記憶を補完し、その狭間を埋めるのが、本書に多数掲載されている関係者の証言やインタビューだ。ラスト・トリオのもう一人のメンバー、ベーシストのマーク・ジョンソンをはじめ、さまざまな理由でビルが演奏できないときに代役を務めたピアニストたち、遠征先の会場の関係者、ミュージシャン仲間、身内の人びとなどバラエティに富み、意外な事実やびっくりするようなエピソードが飛び出す。

本書の中で意外に思ったのは、ビル・エヴァンスの面倒見の良さだ。ビルと言えば、音楽一筋で内向的、かつ私生活（特に麻薬のこと）には口出しされたくないタイプというイメージだが、初対面のピアニストの窮地を救うために彼にピッコロを教え込んだり、近所のピアニストの卵に無料でピアノのレッスンをしたり（そのときの青年、アンディ・ラヴァーンが後にビルの最後のギグの代役を務めることになる）、ギグを終えて深夜に車で二時間かけて自宅に戻るラ・バーベラ氏を心配して自宅に泊めたり（ファースト・トリオのベーシスト、スコット・ラファロを車の事故で亡くしたことも関係しているのかもしれない）と、音楽にかかわる人びとにはとことん親切なのだ。本書には、ビルの信条として音楽への献身やジャズに身を捧げるといった言葉がよく出てくるが、この面倒見の良さもその一環だったのか、それともそういう面倒見の良い性格だったからこそ、その信条とあいまってトリオのあの対等で緻密なインタープレイが生まれたのか。

本書を訳している間は、その内容にぐいぐいと引き込まれていった。それは著者のラ・バーベラ氏の率直な語り口や共感力の高さによるところが大きい。ジャズを演奏する喜び、ビル・エヴァンスの音楽への憧れ、ビルと一緒にステージに立つことで学んだこと、驚くほど相性の良いトリオで音楽を発展させていくことへの期待、ビルの薬物依存問題から生じた葛藤などを、まるでその場に一緒にいるかのように感じ取ることができた。そしてそこには、ビルを敬愛し、理解しようとする気持ちがあふれていた。

とりわけ、ビルの薬物依存問題については、ここまで踏み込むのかと衝撃を受けた。麻薬の影響が演奏に出ているのではないかと危ぶみ、ビル本人にもその話をしたことや、遠征先で目撃した禁断症状、ステージ上での認知障害、最後のころの身体依存と周囲に与えた影響などが包み隠さず語られている。ラ・バーベラ氏は長い年月を経てそれらを消化し、一つの結論を出している。一九八〇年にビルを亡くした彼は、ひどい喪失感に襲われ、どうしてももう一度トリオで演奏したいと強く願った。しかし何十年も経ってから、そうした当時の渇望がある種の離脱症状で、かつてビルが薬物に対して感じていたものに近いのではないかと気付いたのだ。大学でビル・エヴァンスについての授業をするなど、客観的にビルを捉えることも続けてきた著者ならではの境地だ。

ラ・バーベラ氏は今も、共演するすべての人びとにビルから学んだことを伝え続けているという。本書の執筆もその一環だとしたら、その翻訳に携われたことをとても光栄に思う。この切なくも愛おしい物語によって、ビルとそのトリオが奏でるリリカルで力強い音楽がさらに味わい深いものになることだろう。本書に巡り合えたこと、このような機会に恵まれたことに感謝する。

荒井理子

二〇二三年七月

ら流れてくる大音量のラジオの音についてビルが抗議したあと、突然打ち切られた。ビルはラジオを切るよう注意してほしいと主催者に求めたが、主催者はそれに応じようとしなかった。そのため、ビルは二、三曲を演奏しただけでコンサートを切り上げてしまったのだ。

1980年8月11日、イタリア、サンセヴェーロ、ヴィッラ・コムナーレ（Villa Comunale）

1980年8月12日、イタリア、カステッラネータ、ヴァレンティノ映画館（Cineteatro Valentino）

1980年8月13日、イタリア、モルフェッタ、美術館、サラ・デイ・テンプラーリ（Sala Dei Templari）

1980年8月15日、西ドイツ、バート・ヘニンゲン、フリッツ・フェルテンスの自宅、内輪のパーティー

1980年8月21日、オレゴン州、ポートランド、ノースウエスト・サービス・センター（Northwest Service Center）

1980年8月23日、カリフォルニア州、ロサンゼルス、マーヴ・グリフィン・ショー（のちに放送するために収録）＊註：ビルの伴奏は、ベースのレイ・ブラウンとドラムのニック・セロリ。

1980年8月27日、カリフォルニア州、ロサンゼルス、ハリウッド・ボウル（Hollywood Bowl）

1980年8月31日～9月8日、カリフォルニア州、サンフランシスコ、キーストン・コーナー（Keystone Korner）

1980年9月9～14日、ニューヨーク州、ニューヨーク市、ファット・チューズデイズ（Fat Tuesday's）＊註：ビル・エヴァンスは、初日から二晩演奏したが、病気のため出演契約を完遂することができなかった。残りの期間はピアニストのアンディ・ラヴァーンがマーク、ジョーとともに演奏した。

ダイナマイト・ソサエティ（Bach Dancing & Dynamite Society.）
1980年5月9日、カリフォルニア州、バークレー、カリフォルニア大学、ゼラーバック・ホール（Zellerbach Hall）
1980年5月13〜17日および20〜24日、イリノイ州、シカゴ、リックス・カフェ・アメリケイン（Rick's Café Américain）
1980年5月27日〜6月1日および6月3〜8日、ニューヨーク州、ニューヨーク市、ヴィレッジ・ヴァンガード（Village Vanguard）
1980年6月13〜14日、ニューヨーク州、ナイアック、ジ・オフィス・ジャズ・クラブ（The Office Jazz Club）
1980年7月7〜12日、カナダ、トロント、ベイズン・ストリート・クラブ（Basin Street Club）
1980年7月14日、スペイン、バルセロナ、ゼレスト（Zeleste）
1980年7月17日、イタリア、ローマ、サンタンジェロ城（Castel Sant'Angelo）
1980年7月18日、イタリア、ミラノ、スフォルツェスコ城（スフォルツァ城）（Castello Sforzesco (Sforza Castle)）
1980年7月19日、イタリア、ブレシア、サンタ・キアラ修道院（Chiostro Di Santa Chiara）
1980年7月20日、フランス、ラグランドモット、ヴェルデュール劇場（Théâtre de Verdure）
1980年7月21日〜8月2日、イギリス、ロンドン、ロニー・スコッツ・ジャズ・クラブ
1980年8月3日、ベルギー、グヴィー、グヴィー・ジャズ&ブルース・フェスティバル（Gouvy Jazz & Blues Festival）
1980年8月5日、デンマーク、コペンハーゲン、ジャズハウス・モンマルトル（Jazzhus Montmartre）＊註：ビルが病気のため、ジョーとマークはテナー・サクソフォン奏者のボブ・ロックウェルとともに演奏した。第17章を参照。
1980年8月7日、ノルウェー、モルデ、モルデ国際ジャズ・フェスティバル（Molde International Jazz Festival）
1980年8月9日、イタリア、サンタ・チェザーレア・テルメ、テルメ広場（Piazzale Terme）
1980年8月10日、イタリア、ブリンディジ、レニオ・フラッコ広場（Piazzale Lenio Flacco）＊註：このコンサートは、広場を見下ろすアパートの窓か

1979年12月1日、イタリア、レッジョ・カラブリア、市立劇場「フランチェスコ・チレア」(Municipal Theater "Francesco Cilea")

1979年12月2日、イタリア、パレルモ、ビオンド劇場(Teatro Biondo)

1979年12月3日、ドイツ、シュトゥットガルト、リーダーハレ(Liederhalle)

1979年12月4日、フランス、リヨン、オーディトリアム・モーリス・ラヴェル(Auditorium Maurice Ravel)

1979年12月5日、ドイツ、コブレンツ、(ハンス・ロスバッハ経営の)ジャズ・クラブ(Jazz Club (Hans Rossbach))

1979年12月6日、オランダ、レリスタット、デ・ミーアコット(De Meerkoet)

1979年12月8日、オランダ、フローニンゲン、オーステルポールト大ホール(Grote Zaal de Oosterpoort)

1979年12月10日、イタリア、ローマ、ミュージック・イン(Music Inn)

1979年12月11～12日、スペイン、マドリード、バルボア・ジャズ・クラブ(Balboa Jazz Club)

1979年12月13日、スペイン、バレンシア、バレンシア・プリンシパル劇場(Teatre Principal de València)

1980年1月8～13日、カナダ、モントリオール、ライジング・サン・セレブリティ・ジャズ・クラブ(Rising Sun Celebrity Jazz Club)

1980年1月15～20日、ニューヨーク州、ニューヨーク市、ヴィレッジ・ヴァンガード(Village Vanguard)

1980年3月9日、マサチューセッツ州、ボストン、バークリー音楽大学、バークリー・パフォーマンス・センター(Berklee Performance Center)

1980年3月15日、ニューヨーク州、スケネクタディ、プロクターズ・シアター(Proctors Theatre)

1980年3月29日、ニューヨーク州、ニューヨーク市、カーネギー・ホール(Carnegie Hall)

1980年4月2～6日、マサチューセッツ州、ボストン、ルル・ホワイツ(Lulu White's)

1980年4月27日、マサチューセッツ州、ケンブリッジ、ハーバード大学、サンダース劇場(Sanders Theatre)

1980年5月3日、アイオワ州、マウントヴァーノン、コーネル・カレッジ、キング・メモリアル・チャペル(King Memorial Chapel)

1980年5月4日、カリフォルニア州、ハーフムーンベイ、バッハ・ダンシング&

1979年9月29日および10月1日、ブラジル、リオデジャネイロ、サラ・セシリア・メイレレス（Sala Cecília Meireles）＊註：9月29日のコンサートのあと、ビルはピアニストで作曲家のルイス・エサの本拠地、シコズ・バーで飛び入り出演し、ソロ、マーク・ジョンソンとのデュオ、エサとの四手連弾を披露した。その場にはドラム・セットの用意がなかったため、ジョーは演奏しなかった。

1979年10月6〜7日、ワシントン州、シアトル、ワシントン大学、ミーニー・ホール・フォー・パフォーミング・アーツ（Meany Hall for the Performing Arts）

1979年10月9日、カリフォルニア州、サンフランシスコ、グレート・アメリカン・ミュージック・ホール（Great American Music Hall）

1979年10月19日、アイオワ州、アイオワシティ、ハンチャー・オーディトリアム（Hancher Auditorium）

1979年10月30日〜11月3日、マサチューセッツ州、ボストン、ルル・ホワイツ（Lulu White's）

1979年11月4日、ジョージア州、アトランタ、メモリアル・アーツ・センター、シンフォニー・ホール（Symphony Hall）

1979年11月6日、ルイジアナ州、ハモンド、サウスイースタン・ルイジアナ大学（Southeastern Louisiana University）

1979年11月7日、テキサス州、デントン、ノース・テキサス大学、ライシーアム・シアター（Lyceum Theater）

1979年11月16日、フランス、ボルドー、フェミナ劇場（Théâtre Femina）

1979年11月17日、オランダ、ユトレヒト、フレーデンブルク音楽センター（Muziekzentrum Vredenburg）

1979年11月21日、デンマーク、コペンハーゲン、ジャズハウス・モンマルトル（Jazzhus Montmartre）

1979年11月24日、イタリア、ペルージャ、モルラッキ劇場（Teatro Morlacchi）

1979年11月26日、フランス、パリ、レスパス・カルダン（L'Espace Cardin）

1979年11月28日、スペイン、アスプルガズ・ダ・リュブラガート、TVEスタジオ（Estudios TVE）

1979年11月29日、スイス、ジュネーブ、ニュー・モーニング（New Morning）

1979年11月30日、イタリア、カザレモンフェラート、ポリテアマ劇場（Teatro Politeama）

たって短期講座を連続開催：アリゾナ大学、ピマ・コミュニティ・カレッジ、アンフィシアター高校、キャニオン・デル・オロ高校、サニーサイド高校、クロス中学校、コミュニティ・センター数カ所

1979年4月28日、アリゾナ州、トゥーソン、テンプル・オブ・ミュージック&アート（The Temple of Music and Art）

1979年5月1日、アリゾナ州、トゥーソン、エル・プエブロ・ネイバーフッド・センター（El Pueblo Neighborhood Center）

1979年5月5日、マサチューセッツ州、ボストン、バークリー音楽大学、バークリー・パフォーマンス・センター（Berklee Performance Center）

1979年5月11〜12日、ニューヨーク州、ニューヨーク市、ボトムライン（The Bottom Line）

1979年6月3日、ニューヨーク州、ニューヨーク市、シンフォニー・スペース（Symphony Space）

1979年6月19〜24日、ニューヨーク州、ニューヨーク市、ヴィレッジ・ヴァンガード（Village Vanguard）

1979年7月3〜8日、カナダ、オンタリオ州、トロント、ベイズン・ストリート・クラブ（Basin Street Club）

1979年7月9日、コネティカット州、ハートフォード、ブシュネル・パーク、ハートフォード・ジャズ・フェスティバル（Hartford Festival of Jazz）

1979年7月11〜14日、ペンシルヴェニア州、フィラデルフィア、ビジュウ・カフェ（Bijou Café）

1979年7月24〜28日および1979年7月31日〜8月4日、イリノイ州、シカゴ、リックス・カフェ・アメリケイン（Rick's Café Américain）

1979年9月4〜9日、11〜16日、ニューヨーク州、ニューヨーク市、ヴィレッジ・ヴァンガード（Village Vanguard）

1979年9月19日、アルゼンチン、ブエノスアイレス、オペラ劇場（Teatro Opera）

1979年9月24日、アルゼンチン、ロサリオ、エル・シルクロ劇場（Teatro El Círculo）

1979年9月25日、アルゼンチン、サン・ニコラス、市立劇場（Teatro Municipal）

1979年9月27日、アルゼンチン、ブエノスアイレス、市立ジェネラル・サン・マルティン劇場（Teatro Municipal General San Martin）

ビル・エヴァンス・トリオ ツアー・スケジュール

――トニーノ・ヴァンタジャートによる

1979年1月17～20日、ペンシルヴェニア州、フィラデルフィア、ビジュウ・カフェ（Bijou Café）

1979年1月23～27日、イリノイ州、シカゴ、リックス・カフェ・アメリケイン（Rick's Café Américain）

1979年1月29日、ミネソタ州、ミネアポリス、ミネソタ大学、ノースロップ記念講堂（Northrop Auditorium）

1979年1月30日、アイオワ州、エイムズ、アイオワ州立大学、メインテナンス・ショップ（The Maintenance Shop）

1979年2月2日、カリフォルニア州、サンタクルーズ、パラディソ（Paradiso）

1979年2月3～4日、カリフォルニア州、サンフランシスコ、グレート・アメリカン・ミュージック・ホール（Great American Music Hall）

1979年2月13～18日、ニューヨーク州、ニューヨーク市、ヴィレッジ・ヴァンガード（Village Vanguard）

1979年2月20～25日、カナダ、ケベック州、モントリオール、ライジング・サン・セレブリティ・ジャズ・クラブ（Rising Sun Celebrity Jazz Club）

1979年2月26～27日、マサチューセッツ州、ケンブリッジ、ジョナサン・スウィフツ（Jonathan Swift's）

1979年4月12日、カナダ、バンクーバー、リッジ・シアター（Ridge Theatre）

1979年4月13～14日、カナダ、エドモントン、メイフラワー・レストラン（Mayflower Restaurant）

1979年4月15日、カナダ、カルガリー、カルガリー・イン ＊註：トリオは演奏しなかった。主催者側が用意したピアノが壊れており、開演までに修理しようともしなかったため、ビルは演奏を断った。

1979年4月17～22日、ワシントンDC、ブルース・アレイ（Blues Alley）＊註：ビルは最初の3日間は演奏したものの、兄ハリーの死を知った4月20日、ギグの開始後に突然演奏をやめてしまった。残りの公演は、ピアニストのマーク・コープランド（当時はコーエン）が地元のリズム・セクションとともに務めた。

1979年4月26日～5月2日、アリゾナ州、トゥーソン、以下の会場で一週間にわ

24. Jazz Entre Amigos ——1980年、スペイン、バルセロナ。youtube.comのhttps://www.youtube.com/watch?v=cLWttdHVj80&fea- ture=emb_logoでビデオの視聴が可能。これは、私たちが最初にスペインを訪れたときに収録されたものだ。ビデオでは所々に司会者の解説が入っている。

25. Bill Evans Trio ——1979年12月10日、イタリア、ローマ、ミュージック・インでのライヴ。このコンサートは、youtube.comのさまざまなリンクで視聴できる。その一つがhttps://www.youtube.com/watch?v=hk1aHSdeWe0だ。この会場は確かにとても窮屈なところで、ナイト・クラブというよりも洞窟のようで、出入口が一つしかなかった。私たちが到着したときには、会場からあふれ出した観客が完全に入口をふさいでいたため、私たちが中に入るときには、現地のロード・マネージャーがマーク・ジョンソンのベースを自分の頭上に持ち上げて進んでいかなければならなかったのを覚えている。

26. Bill Evans Time Remembered. 映画『ビル・エヴァンス タイム・リメンバード』。2015年、ブルース・スピーゲル監督。彼は、ビルの人生を描いたこのドキュメンタリー映画を作るという素晴らしい仕事をやってのけた。ストーリーに関係のある人びとを丹念に追い、さまざまな場所でインタビューを行っている。私がこれまでに見たことがなったシーンも多数ある。たとえば、私がロサンゼルスに移ってから知り合いになった、(「ペリズ・スコープ」で有名な) ペリ・カズンズの出演シーンが挙げられる。

し、ビルは彼らが求めていたものを提供した。この音源は録音品質が非常に悪い。まるでPAモニター・スピーカーの前にカセット・レコーダーを置いて録ったかのようだ。

21. Bill Evans Trio—Concert at Rising Sun (All Blues Records ABR-033). 1980年1月、カナダ、モントリオール。思えばこれも素晴らしいギグで、チケットは毎晩完売だった。最大の問題は、ステージに絨毯が敷かれていなかったため、低音がゴロゴロ鳴っている点だ。ビルが足を踏み鳴らしているときはその音が気になるが、音楽は非常に良質だ。

22. Bill Evans—The Sesjun Radio Shows (Out Of The Blue (Du) PRCD2011005).『オランダ・ラジオ・セッションVOL.1』(ソリッドレコード、CDSOL-46962) /『オランダ・ラジオ・セッションVOL.2』(ソリッドレコード、CDSOL-46963)。オランダのラジオで生放送された音源を収録。ビル・エヴァンス(ピアノ)/エディ・ゴメス(ベース)。1973年12月13日、オランダ、ラーレン、デ・ボーレンホフステーデ。ビル・エヴァンス(ピアノ)/エディ・ゴメス(ベース)/エリオット・ジグムンド(ドラム)。1975年2月13日、オランダ、ラーレン、デ・ボーレンホフステーデ。ビル・エヴァンス(ピアノ)/マーク・ジョンソン(ベース)/ジョー・ラ・バーベラ(ドラム)/トゥーツ・シールマンス(ハーモニカ)、5〜9曲目。1979年12月6日、オランダ、レリスタット、デ・ミーアコット。私にとってこれは、ビルのオーディションを受けた当時に一緒に仕事をしていたトゥーツとの再会だった。ビルとマークはすでにトゥーツとのレコーディング経験があった。トゥーツは自分のハーモニカを冗談で「クロムめっきのサンドウィッチ」と言っていた!

23. Bill Evans Trio ——ノルウェー、モルデ。ビデオ。1980年8月7日、モルデ国際ジャズ・フェスティバル。youtube.comのhttps://www.youtube.com/watch?v=ZeSQi489xfgで視聴が可能。私たちは、ここにたどり着くころにはすでに疲れきっていたが、公演後はすぐに出発しなければならなかった。ホールにいる誰もがこの状況に気づいていたと思う。ビルの顔色はひどいものだったが、どうにか力を振り絞って素晴らしいコンサートにした。この公演の「ユア・ストーリー」はあまりにも魅力的だ。

奏はとても素晴らしかったが、ビルの健康状態が著しく悪化していた。この音源を録音したのはビルの知人だったと思う。

16. Bill Evans—Turn Out the Stars (Dreyfus Jazz (F) 191063-2). 1980年8月2日、イギリス、ロンドン、ロニー・スコッツ・ジャズ・クラブ。

17. Bill Evans—His Last Live In Germany (West Wind (G) WW 2022).『ワルツ・フォー・デビー〜ラスト・ライヴ・イン・ヨーロッパ』(ポリドール、J00J 20353)。1980年8月15日、西ドイツ、バート・ヘニンゲン。このコンサートは最初から波乱含みだった。私たちは予定通り午後に到着したものの、ビルが突然、ホテルに引き返すと言い出し、それに2、3時間かかったのだった。詳細は第17章を参照。

18. Bill Evans Trio—The Last Waltz (Milestone 8MCD-4430-2).『ザ・ラスト・ワルツ〜ザ・ファイナル・レコーディングス・ライヴ・アット・キーストン・コーナー』(ビクターエンタテインメント、VICJ-60656-663)。1980年8月31日〜9月8日、カリフォルニア州、サンフランシスコ、キーストン・コーナー。私たちがこのクラブに長期滞在しているあいだに録音されたこれらの音源は、何度かリリースされてきた。ビルはこのころにはかなり衰弱し、一日のほとんどをベッドで過ごすようになっていた。それでもいったんステージにあがれば、いつもと変わらない素晴らしい演奏をしたのだった。第18章を参照。

19. The Bill Evans Trio—Consecration (Milestone 8MCD-4436-2).『ビル・エヴァンス／コンセクレイション：ザ・ラスト・コンプリート・コレクション』(CD8枚組：アルファレコード、ALCB-3918-3925)(CD8枚組：ワーナーパイオニア、00R2-61/68)(LP10枚組：アルファレコード、ALJR-1/10)。前出のセッションと同じ。1980年8月31日〜9月8日、キーストン・コーナー。

20. Bill Evans Trio—Live at Casale Monferrato (Codec Records 441). 1979年11月30日、イタリア、ピエモンテ州。私の記憶が正しければ、これはピエモンテの暖かい晩に屋外で演奏したものだ。イタリアの聴衆はビルを愛

ILP-3001). 同じセッション。

10. Bill Evans Trio—Live at Balboa Jazz Club, Vol. 3 (Ivory (Portuguese) ILP-3002). 同じセッション。

11. Bill Evans Trio—Live at Balboa Jazz Club, Vol. 4 (Ivory (Portuguese) ILP-3003). 1979年12月11日、スペイン、マドリード、バルボア・ジャズ・クラブ。

12. Bill Evans Trio—Live at Balboa Jazz Club, Vol. 5 (Ivory (Portuguese) ILP-3004). 前出のセッションと同じ。

13. The Brilliant Bill Evans (West Wind (G) WW 2058). 1979年、イタリア、ローマ。ローマでは、ある暖かな晩に屋外で演奏したことがあり、聴衆の反応は素晴らしかった。私はそのときの写真を何枚か持っている。この音源のマークのサウンドは驚くほど素晴らしい！

14. Bill Evans—Turn Out the Stars: The Final Village Vanguard Sessions-June 1980 (Warner Bros. 45925).『ターン・アウト・ザ・スターズ～ファイナル・ヴィレッジ・ヴァンガード・レコーディングス』(ワーナーミュージック・ジャパン、WPCR-911/6、WPCR-13492/97)。1980年6月4～6日および8日、ニューヨーク州、ニューヨーク市、ヴィレッジ・ヴァンガード。これらのセッションは、ヴィレッジ・ヴァンガードで四夜にわたって行われたもので、レコーディングには多くの準備を要した。新しいピアノを運び込む必要があった上、レコーディング・エンジニアのマルコム・アディは、自分のコンソールを置くためにキッチンの大部分を占拠しなければならなかった。私もまた、ドラムに取り付けられたマイクの数にとまどった。まるで私がこの公演の主役であるかのように見えたからだ。しかしもちろん、レコーディングの出来は極上だ。

15. Bill Evans—Letter To Evan (Dreyfus Jazz (F) 191064-2). 1980年7月21日、イギリス、ロンドン、ロニー・スコッツ・ジャズ・クラブ。私はロンドンのロニー・スコッツで演奏するのをいつも楽しみにしていた。トリオの演ェネラル・サン・マルティン劇場。このコンサートは観客の熱が非常に高かったため思い出深い。私たちはこの前夜に、バンドネオンの名手ワルテル・リオスの演奏をカーニョ・カトルセというナイト・クラブで聴いた。第9章を参照。

5. Bill Evans—Homecoming (Live At Southeastern Louisiana University, 1979) (Milestone MCD-9291-2).『ビル・エヴァンス／ホームカミング』（ビクターエンタテインメント、VICJ-60415）1979年11月6日、ルイジアナ州ハモンド、サウスイースタン・ルイジアナ大学。ビルはトリオとして母校で演奏することをとても喜んでいた。夕食時に弾丸があやうく私たちの誰かに当たるところだったのもこの晩だ。第21章を参照。

6. Bill Evans—The Paris Concert, Edition 1 (Elektra Musician E1-60164).『ビル・エヴァンス／ザ・パリ・コンサート・エディション1』（エレクトラ・ミュージシャン、P-11251／CD：東芝EMI、TOCJ-66107）、『パリ・コンサート』（CD：ワーナーミュージック・ジャパン、WPCR-29253、WPCR-27357、WPCR-75516、WPCR-13179）。1979年11月26日、フランス、パリ、レスパス・カルダン。この二つのライヴ・レコーディングについては、第13章でくわしく述べた。

7. Bill Evans—The Paris Concert, Edition 2 (Elektra Musician E1-60311).『パリ・コンサート2／ビル・エヴァンス』（エレクトラ・ミュージシャン、P-11460）、『ビル・エヴァンス／ザ・パリ・コンサート・エディション2』（CD：東芝EMI、TOCJ-66108）、『パリ・コンサート2』（CD：ワーナーミュージック・ジャパン、WPCR-29254、WPCR-27358、WPCR-75517、WPCR-13180）。前出のセッションと同じ。第13章を参照。

8. Bill Evans Trio—Live at Balboa Jazz Club, Vol. 1 (Ivory (Portuguese) ILP-3000). 1979年12月12日、スペイン、マドリード、バルボア・ジャズ・クラブ。スペインの観客の熱は、ブエノスアイレスの観客と同じくらい高かった。マドリード滞在中、ビルは熱烈に歓迎された。

9. Bill Evans Trio—Live at Balboa Jazz Club, Vol. 2 (Ivory (Portuguese)

ビル・エヴァンス・トリオ レコーディングリスト

＊とくに記載がないかぎり、レコーディングのメンバーはすべて、ビル・エヴァンス（ピアノ）、マーク・ジョンソン（ベース）、ジョー・ラ・バーベラ（ドラム）。

1. Bill Evans Trio Live At The Maintenance Shop '79 Video, (Vap (J) VPVR 60647).『ビル・エヴァンス・トリオ／ライヴ・アット・ザ・メインテナンス・ショップ'79』VHSビデオ（バップ、VPVR60845）。1979年1月30日、アイオワ州エイムズのメインテナンス・ショップにて収録、テレビ放送されたもの。このビデオに収録された公演については、第5章で詳しく述べた。

2. Bill Evans—Last Performance Video, (Victor Entertainment (J) VIVJ 1).『ビル・エヴァンス　ラスト・パフォーマンス』VHSビデオ（バップ、VPVR-61040）アイオワ州エイムズで行われたコンサートのセカンド・セット。前出のアイオワ州エイムズ公演のセカンド・セット。第5章を参照。

3. Bill Evans—We Will Meet Again (Warner Bros. HS 3411-Y).『ウィ・ウィル・ミート・アゲイン』（ワーナー・パイオニア、P-1080W／CD：ワーナーミュージック・ジャパン、WPCR-27303、WPCR-75515、WPCR-13178）トム・ハレル（トランペット）1～3、5、6、8曲目／ラリー・シュナイダー（テナー＆ソプラノ・サックス）1～3、5、6、8曲目／ビル・エヴァンス（ピアノ、電子ピアノ）／マーク・ジョンソン（ベース）1～3、5、6、8曲目／ジョー・ラ・バーベラ（ドラム）1～3、5、6、8曲目。1979年8月6～9日。ニューヨーク州ニューヨーク市のCBS30丁目スタジオにて録音。マーク、トム、ラリー、そして私にとって、この伝説的なレコーディング・スタジオでのレコーディングは本当に光栄なことだった。詳細は第7章を参照。

4. Bill Evans Trio—Live In Buenos Aires 197 (Yellow Note (Argentine) Y-200).『Bill Evans Trio／Live In Buenos Aires（ビル・エヴァンス・トリオ／ライヴ・イン・ブエノスアイレス）』(CD：ノーマ・レコード、NOCD5674)。1979年9月27日、アルゼンチン、ブエノスアイレス、市立ジ

4) Martin Williams, *The Jazz Hit of Montreux*, New York Times, January 5, 1969, https://www.nytimes.com/1969/01/05/archives/the-jazz-hit-of-montreux.html.
5) Michael Bourne, *Bill Evans*, Radio Free Jazz, October 1976.
6) Robert Kenselaar, *Breakfast with Bill Evans*, The Aquarian, May 9–16, 1979.
7) Robert Palmer, *Bill Evans: Chemistry and the Piano Trio*, Rolling Stone, October 4, 1979.
8) François Lacharme, *Sorrow in Soho*, Jazz Magazine (France), October 2010, Reprinted in full with permission of the author.「ソーホーでの哀悼」、フランソワ・ラシャルム著。著者の許可を得て全文を転載。
9) Martin Williams, *Introducing Scott LaFaro*, DownBeat, August 1960.
10) John Mehegan, *Bill Evans: An Interview by John Mehegan*, Jazz Magazine, date unknown. Photocopy, courtesy of Joe La Barbera.
11) Nat Hentoff, *Introducing Bill Evans*, DownBeat, October 1959.
12) Don Nelson, *Bill Evans*, Interview with Bill, DownBeat, December 1960.
13) Gene Lees, *Inside The New Bill Evans Trio*, DownBeat, November 22, 1962.
14) Gene Lees, *Re: Person I Knew*, The Gene Lees JazzLetter, 1984. Photocopy, courtesy of Joe La Barbera.
15) Ross Porter, Canadian Broadcasting Corporation, *Bill Evans home and car interview by Ross Porter on JAZZFM91*, YouTube, https://www.youtube.com/watch?v=L1Sz5ZNokEA.
16) Scott LaFaro, *My Foolish Heart*, Rehearsal Recording, *Pieces of Jade*, Resonance Records, 2009. スコット・ラファロ、「マイ・フーリッシュ・ハート」リハーサル音源『スコット・ラファロの肖像〜レゾナンス・レア音源シリーズ 1』ビデオアーツ・ミュージック、2010年。
17) Dan Morgenstern, *The Art of Playing*, DownBeat, October 22, 1964.
18) Gene Lees, Whitney Balliett's quote, originally from a New Yorker story, *Bill Evans—The Pianist and The Man*, International Musician, c. 1964. Photocopy, courtesy of Joe La Barbera.
19) テッド・オライリー、ビル・エヴァンスへのインタビュー。カナダ放送協会、1980年5月、デジタル・コピー、ジョー・ラ・バーベラ提供。

間中に代役を務めたことについて。著者によるインタビュー。2019年4月23日。

6) アンディ・ラヴァーン、ジョーとマークが当初、ファット・チューズデイズでの報酬を払ってもらえなかったことについて、電子メールによるインタビュー。2019年4月24日。

第19章

1) ジョン・メイヤー、著者によるインタビュー。2015年1月25日。

第21章

1) Ian Carr, *Miles Davis: The Definitive Biography* (London: Paladin Books, Granada Publishing 1984), 68.
2) Rod Starns, Interview with Bill Evans, *Homecoming* (Live concert CD), Milestone 1979. ロッド・スターンズ、ビル・エヴァンスへのインタビュー(英語)。『ビル・エヴァンス／ホームカミング』(ライヴ・コンサートCD) ビクターエンタテインメント、1999年。
3) Terry Teachout, *Suicide Was Painful*, New York Times, September 13, 1998, https://www.nytimes.com/1998/09/13/books/suicide-was-painful.html.
4) Jan Stevens, Interview with Nenette Evans, The Bill Evans Webpages, https://www.billevanswebpages.com/nenette.html. (リンク切れ)
5) George Klabin, Interview with Bill Evans, *Pieces of Jade*, Resonance Records, 2009.ジョージ・クラヴィン、ビル・エヴァンスへのインタビュー(英語)。『スコット・ラファロの肖像～レゾナンス・レア音源シリーズ 1』ビデオアーツ・ミュージック、2010年。

ビル・エヴァンス、ビル・エヴァンス・トリオ

1) Svein Erik Borja, Producer, NRK, *Bill Evans' Post-Concert Interview at the Molde, Norway Jazz Festival*, https://www.youtube.com/watch?v=UmvxPLFuHaM, (c. August 7, 1980).
2) Jim Franksen, *Jazz Record Reviews*, Jazz and Pop, October 1967.
3) Balleras (No first name in byline), *Record Reviews*, DownBeat, Review of *The Tokyo Concert*, December 1974.

vanguard-dies.html.

3) Scott Yanow, *Turn Out the Stars* Album review, allmusic.com, https://www.allmusic.com/album/turn-out-the-stars-final-village-vanguard-recordings-mw0000080506.

4) マイケル・ブルーム、ビル・エヴァンスへの最後のインタビュー。Klacto（クラクト）、ハワイのジャズ雑誌、1980年10月、ジョー・ラ・バーベラ提供。

5) ディック・バックリー、ビル・エヴァンスへのインタビュー。WBEZラジオ、シカゴ、1979年8月1日。カセット・テープ、ジョー・ラ・バーベラ提供。

6) ティファニー・ラ・バーベラ=パーマー。著者によるインタビュー。2018年7月15日。

第17章

1) Jim Aikin, *The Essence of Jazz Piano*, Contemporary Keyboard Magazine, June 1980.

2) Ronnie Scott's, *History and Acts*, Ronnie Scott's, https://www.ronniescotts.co.uk/about-ronnies/club-history.

3) David Fricke, *Charlie Watts' Jazz Dream*, Rolling Stone, February 26, 1987, https://www.rollingstone.com/music/music-news/charlie-watts-jazz-dream-249051/.

4) マーク・ジョンソン。電子メールによるインタビュー。2019年3月28日。

第18章

1) マーヴ・グリフィン・ショー。1980年8月23日（収録）、1980年9月23日（放送）、ビデオ、ジョー・ラ・バーベラ提供。

2) デニー・ザイトリン、キーストン・コーナーでビルが到着するまで演奏したことについて、著者によるインタビュー。2019年5月13日。

3) リッチー・バイラーク、ファット・チューズデイズでビルの最後のギグを聴いたことについて、電子メールによるインタビュー。2021年1月5日。

4) アダム・ナスバウム、ファット・チューズデイズでビルの最後のギグを聴いたことについて、電子メールによるインタビュー。2021年1月8日。

5) アンディ・ラヴァーン、ファット・チューズデイズでビルの最後の公演期

第11章

1） Helen Keane, Peggy Kenas, Executive Producers, *The Universal Mind of Bill Evans: The Creative Process and Self Teaching*, https://www.youtube.com/watch?v=QwXAqIaUahI.ヘレン・キーン／ペギー・ケナス、エグゼクティヴ・プロデューサー、『ザ・ユニヴァーサル・マインド・オブ・ビル・エヴァンス』（DVD）、中山康樹解説・監修、ナウオンメディア、2006年。

2） The Rockefeller University, *The First Pharmacological Treatment for Narcotic Addiction: Methadone Maintenance*, http://centennial.rucares.org/index.php?page=Methadone_Maintenance.

第13章

1） L'Espace Cardin, History, Seating, https://fr.wikipedia.org/wiki/Espace_Cardin.

2） Ben Ratliff, *Francis Paudras, 62, Patron of Jazz Pianist Bud Powell*, New York Times, December 17, 1997, https://www.nytimes.com/1997/12/17/arts/francis-paudras-62-patron-of-jazz-pianist-bud-powell.html.

第14章

1） James Covert, *The Syms Saga: From Rags to Riches*, New York Post, November 3, 2011, https://nypost.com/2011/11/03/the-syms-saga-from-rags-to-riches-to-rags/.

2） Gene Lees, *Meet Me at Jim and Andy's: Jazz Musicians and Their World*, (New York: Oxford University Press, 1988), 162–163.

3） ソンドラ・ゲイアー、ビル・エヴァンスへのインタビュー。WBEZ、1976年11月14日。デジタル・コピー、ジョー・ラ・バーベラ提供。

第15章

1） allmusic.com, Live at the Village Vanguard titles, https://www.allmusic.com/search/all/live%20at%20the%20village%20vanguard.

2） Peter Watrous, *Max Gordon, 86, Jazz Promoter and Founder of Vanguard, Dies*, New York Times, May 12, 1989, https://www.nytimes.com/1989/05/12/obituaries/max-gordon-86-jazz-promoter-and-founder-of-

5） *We Will Meet Again*, Grammy Awards, https://www.grammy.com/grammys/awards/23rd-annual-grammy-awards.
6） *We Will Meet Again*, allmusic.com rating, https://www.allmusic.com/album/we-will-meet-again-mw0000276230.

第8章

1） Bill Evans, Letter to the Editor on Russia, DownBeat, *Chords & Discords*, October, 1980.

第9章

1） Manhattan Plaza, https://www.related.com/our-company/properties/manhattan-plaza; https://en.wikipedia.org/wiki/Manhattan_Plaza; Joseph Fried, *Manhattan Plaza Wins Approval As Housing for Performing Artists*, New York Times, February 4, 1977, https://www.nytimes.com/1977/02/04/archives/manhattan-plaza-wins-approval-as-housing-for-performing-artists.html.
2） ゲイリー・ダイアル、著者によるインタビュー。2014年11月2日、2016年12月2日。

第10章

1） Ross Porter, Canadian Broadcasting Corporation, *Bill Evans home and car interview by Ross Porter on JAZZFM91*, YouTube, https://www.youtube.com/watch?v=L1Sz5ZNokEA.
2） ディック・バックリー、ビル・エヴァンスへのインタビュー。WBEZ ラジオ、シカゴ、1979年8月1日。カセット・テープ、ジョー・ラ・バーベラ提供。
3） Georgia Urban, *Bill Evans off The Keyboard*, The Entertainer, Schenectady, NY, March 14, 1980.
4） Ross Porter, Canadian Broadcasting Corporation, *Bill Evans home and car interview by Ross Porter on JAZZFM91*, YouTube, https://www.youtube.com/watch?v=L1Sz5ZNokEA.
5） Georgia Urban, *Bill Evans off The Keyboard*, The Entertainer, Schenectady, NY, March 14, 1980.

airlines/610c2eef-9f11-455d-912d-d3364d1ae08f/.
7) ローリー・ヴァホーマン、電子メールによるインタビュー。2016年9月10日。
8) マルコム・ページ、カルガリーでのコンサートについて、著者によるインタビュー。2014年11月9日。
9) トゥンデ・アグビ、カルガリーでのコンサート、著者によるインタビュー。2016年9月10日。
10) マーク・ジョンソン、ブルース・アレイでのギグについて、著者によるインタビュー。2016年4月18日。
11) マーク・コープランド、ブルース・アレイでのギグについて、電子メールによるインタビュー。2016年8月26日。

第6章

1) Ross Porter, Canadian Broadcasting Corporation, Radio Interview, *Bill Evans home and car interview by Ross Porter on JAZZFM91*, YouTube, https://www.youtube.com/watch?v=L1Sz5ZNokEA.
2) アンディ・ラヴァーン、ビルからのピアノのレッスンについて、著者によるインタビュー。2019年4月23日。

第7章

1) Steve Hoffman, *HistoryofCBSRecords30thStreetStudioNYC*, https://forums.stevehoffman.tv/threads/history-of-cbs-records-30th-street-studio-nyc-many-pictures.388186/, Wikipedia, CBS 30th Street Studio, https://en.wikipedia.org/wiki/CBS_30th_Street_Studio.
2) Robin D.G. Kelley, CBS 30th Street Studio, *Thelonious Monk: The Life and Times of an American Original*, (New York: Free Press, 2009), 327. 『セロニアス・モンク　独創のジャズ物語』、「第24章　コロムビア」、ロビン・ケリー著、小田中裕次訳、シンコーミュージック、2017年、487ページ。
3) Frank Laico, Engineering Credits, https://www.allmusic.com/artist/frank-laico-mn0000142372/credits.
4) マーク・ジョンソン、『ウィ・ウィル・ミート・アゲイン』のレコーディングについて、著者によるインタビュー。2016年11月10日。

6) Bill Minor, *Monterey Jazz Festival, Forty Legendary Years*, (Santa Monica: Angel City Press, 1997), 162.
7) Michelle Norris, *Billy Crystal: My Uncle Milt*, NPR, August 15, 2005, https://www.npr.org/templates/story/story.php?storyId=4601031; Jim Bickal, *For Comedian Billy Crystal, All That (Dixieland) Jazz Is All in the Family*, Minnesota Public Radio, October 16, 2013, https://www.mprnews.org/story/2013/10/16/for-comedian-billy-crystal-all-that-dixieland-jazz-is-all-in-the-family.

第4章

1) Bill Evans discography, allmusic.com, https://www.allmusic.com/artist/bill-evans-mn0000764702/discography.
2) Evans Grammy wins by 1979, https://www.grammy.com/grammys/artists/bill-evans/9689.
3) マーク・ジョンソン、著者によるインタビュー。2016年3月26日。
4) Faye Anderson, All That Philly Jazz, *Douglass Hotel*, April 7, 2015, https://phillyjazz.us/2015/04/07/douglass-hotel/.
5) ジョン・ディ・マルティーノ、著者によるインタビュー。2016年2月17日。

第5章

1) マーク・ジョンソン、著者によるインタビュー。2016年3月26日。
2) ゲイリー・ノヴァク、電子メールによるインタビュー。2021年1月29日。
3) Maintenance Shop, Iowa State University, History, Club Size, https://www.discogs.com/label/1832695-The-Maintenance-Shop. https://www.sub.iastate.edu/maintenance-shop/history-of-the-venue/.
4) トーニャ・ウェーバー、アイオワ公共テレビ、電子メールにてメインテナンス・ショップ・コンサートの放送日を確認、2016年5月27日。
5) *'58 Miles*, Release date, 1974, https://en.wikipedia.org/wiki/1958_Miles https://www.allmusic.com/album/58-sessions-featuring-stella-by-starlight-mw0000194393.
6) Carole Shifrin, Airline Machinists Strike, *Machinists Strike Against United Airlines*, Washington Post, March 31, 1979, https://www.washingtonpost.com/archive/politics/1979/03/31/machinists-strike-united-

原註

第1章

1） *Big Wave Hits Ship, Four Perish By It*, New York Times, November 11, 1911.

2） *Jazz Track*, Miles Davis CD, Release date, November 1959, Tracks, https://en.wikipedia.org/wiki/Jazz_Track; https://www.discogs.com/Miles-Davis-Jazz-Track/release/511939.

第2章

1） Simon Rios, *Fred Taylor, Who Spent His Life Supporting the Boston Jazz Scene, Dies at 90*, WBUR-FM, October 26, 2019, https://www.wbur.org/artery/2019/10/26/fred-taylor-boston-jazz-scene.

2） *Lenox History*, Lenox School of Jazz, February 11, 2016, https://lenoxhistory.org/lenoxhistorypeopleandplaces/music-inn-lenox-school-jazz/.

第3章

1） Mob ownership of The Sands, https://en.wikipedia.org/wiki/Sands_Hotel_and_Casino.

2） Mike Weatherford, *Frank Sinatra*, Las Vegas Review Journal, February 7, 1999, https://www.reviewjournal.com/news/frank-sinatra/.

3） Peter Erskine, *No Beethoven*, Reprinted by permission of author, (Santa Monica: Fuzzy Music, 2013), 49–50. 著者の許可を得て転載。『No Beethoven：ウェザー・リポート＆ジャコ・パストリアスと過ごした日々』ピーター・アースキン著、松下佳男監修、川嶋文丸訳、アルトゥス・ミュージック、2013年。［日本語版はCDブック。本書に転載されている箇所は割愛されている］

4） ピーター・アースキン、電子メールによるインタビュー。2020年10月11日。

5） アルフォンソ・ジョンソン、電子メールによるインタビュー。2021年2月4日。

arts/francis-paudras-62-patron-of-jazz-pianist-bud-powell.html.

Rios, Simon. WBUR-FM, *Fred Taylor, Who Spent His Life Supporting the Boston Jazz Scene, Dies at 90*, October 26, 2019, https://www.wbur.org/artery/2019/10/26/fred-taylor-boston-jazz-scene.

Stevens, Jan. Interview with Nenette Evans, The Bill Evans Webpages, https://www.billevanswebpages.com/nenette.html.（リンク切れ）

Teachout, Terry. *Suicide Was Painful*, New York Times, September 13, 1998, https://www.nytimes.com/1998/09/13/books/suicide-was-painful.html.

Shifrin, Carole. *Machinists Strike Against United Airlines*, Washington Post, March 31, 1979, https://www.washingtonpost.com/archive/politics/1979/03/31/machinists-strike-united-airlines/610c2eef-9f11-455d-912d-d3364d1ae08f/.

Watrous, Peter. *Max Gordon, 86, Jazz Promoter And Founder of Vanguard, Dies*, New York Times, May 12, 1989, https://www.nytimes.com/1989/05/12/obituaries/max-gordon-86-jazz-promoter-and-founder-of-vanguard-dies.html.

Weatherford, Mike. *Frank Sinatra*, Las Vegas Review Journal, February 7, 1999, https://www.reviewjournal.com/news/frank-sinatra/.

Williams, Martin. *The Jazz Hit of Montreux*, New York Times, January 5, 1969, https://www.nytimes.com/1969/01/05/archives/the-jazz-hit-of-montreux.html.

Yanow, Scott. *Turn Out The Stars*, Album review, allmusic.com, https://www.allmusic.com/album/turn-out-the-stars-final-village-vanguard-recordings-mw0000080506.

Bickal, Jim. *For comedian Billy Crystal, all that (Dixieland) jazz is all in the family*, Minnesota Public Radio, October 16, 2013, https://www.mprnews.org/story/2013/10/16/for-comedian-billy-crystal-all-that-dixieland-jazz-is-all-in-the-family.

Borja, Svein Erik. Producer, NRK, *Bill Evans' Post-Concert Interview at the Molde, Norway Jazz Festival*, https://www.youtube.com/watch?v=UmvxPLFuHaM, (c. August 7, 1980).

Covert, James. *The Syms Saga: From Rags to Riches*, New York Post, November 3, 2011, https://nypost.com/2011/11/03/the-syms-saga-from-rags-to-riches-to-rags/.

Fricke, David. *Charlie Watts' Jazz Dream*, Rolling Stone, February 26, 1987, https://www.rollingstone.com/music/music-news/charlie-watts-jazz-dream-249051/.

Fried, Joseph. *Manhattan Plaza Wins Approval As Housing For Performing Artists*, New York Times, February 4, 1977, https://www.nytimes.com/1977/02/04/archives/manhattan-plaza-wins-approval-as-housing-for-performing-artists.html.

Hoffman, Steve. *History of CBS Records 30th Street Studio NYC*, https://forums.stevehoffman.tv/threads/history-of-cbs-records-30th-street-studio-nyc-many-pictures.388186/.

Keane, Helen; Kenas, Peggy, Executive Producers, *The Universal Mind of Bill Evans: The Creative Process and Self Teaching*, https://www.youtube.com/watch?v=QwXAqIaUahI. ヘレン・キーン／ペギー・ケナス、エグゼクティヴ・プロデューサー、『ザ・ユニヴァーサル・マインド・オブ・ビル・エヴァンス』（DVD）中山康樹解説・監修、ナウオンメディア、2006年。

Norris, Michelle, *Billy Crystal: My Uncle Milt*, NPR, NPR, August 15, https://www.npr.org/templates/story/story.php?storyId=4601031.

Porter, Ross. Canadian Broadcasting Corporation, Radio Interview, *Bill Evans home and car interview by Ross Porter on JAZZFM91*, YouTube, https://www.youtube.com/watch?v=L1Sz5ZNokEA.

Ratliff, Ben. *Francis Paudras, 62, Patron of Jazz Pianist Bud Powell*, New York Times, December 17, 1997, https://www.nytimes.com/1997/12/17/

mn0000764702/discography.

Evans Grammy wins by 1979, https://www.grammy.com/grammys/artists/bill-evans/9689.

Jazz Track by Miles Davis, https://en.wikipedia.org/wiki/Jazz_Track; https://www.discogs.com/Miles-Davis-Jazz-Track/release/511939.

Laico, Frank. Engineering Credits, https://www.allmusic.com/artist/frank-laico-mn0000142372/credits.

Lenox History, February 11, 2016, https://lenoxhistory.org/lenoxhistorypeopleandplaces/music-inn-lenox-school-jazz/.

L'Espace Cardin, History, Seating, https://fr.wikipedia.org/wiki/Espace_Cardin.

Live at the Village Vanguard titles, allmusic.com, https://www.allmusic.com/search/all/live%20at%20the%20village%20vanguard.

Manhattan Plaza, https://www.related.com/our-company/properties/manhattan-plaza; https://en.wikipedia.org/wiki/Manhattan_Plaza.

Mob ownership of The Sands, https://en.wikipedia.org/wiki/Sands_Hotel_and_Casino.

Maintenance Shop, Iowa State University, History, Club Size, https://www.discogs.com/label/1832695-The-Maintenance-Shop; https://www.sub.iastate.edu/maintenance-shop/history-of-the-venue/.

Rockefeller University, *The First Pharmacological Treatment for Narcotic Addiction: Methadone Maintenance*, http://centennial.rucares.org/index.php?page=Methadone_Maintenance.

Ronnie Scott's, History and acts, https://www.ronniescotts.co.uk/about-ronnies/club-history.

We Will Meet Again, Grammy Awards, https://www.grammy.com/grammys/awards/23rd-annual-grammy-awards

We Will Meet Again, allmusic.com rating, https://www.allmusic.com/album/we-will-meet-again-mw0000276230.

Webサイト（著者別）

Anderson, Faye. All That Philly Jazz, *Douglass Hotel*, April 7, 2015, https://phillyjazz.us/2015/04/07/douglass-hotel/.

Norris, Michelle. *Billy Crystal: My Uncle Milt*, NPR, August 15, 2005, https://www.npr.org/templates/story/story.php?storyId=4601031.

テッド・オライリー、ビル・エヴァンスへのインタビュー。カナダ放送協会、1980年5月。デジタル・コピー。ジョー・ラ・バーベラ提供。

Porter, Ross. Canadian Broadcasting Corporation, Radio Interview, *Bill Evans home and car interview by Ross Porter on JAZZFM91*, YouTube, https://www.youtube.com/watch?v=L1Sz5ZNokEA.

Rios, Simon. WBUR-FM, *Fred Taylor, Who Spent His Life Supporting the Boston Jazz Scene, Dies at 90*, October 26, 2019, https://www.wbur.org/artery/2019/10/26/fred-taylor-boston-jazz-scene.

Starns, Rod. Interview with Bill Evans, *Homecoming*, (Live concert CD), Milestone 1979. ロッド・スターンズ、ビル・エヴァンスへのインタビュー（英語）。『ビル・エヴァンス／ホームカミング』（ライヴ・コンサートCD）ビクターエンタテインメント、1999年。

映画、ビデオ

Keane, Helen; Kenas, Peggy, Executive Producers, *The Universal Mind of Bill Evans: The Creative Process and Self Teaching*, https://www.youtube.com/watch?v=QwXAqIaUahI. ヘレン・キーン／ペギー・ケナス、エグゼクティヴ・プロデューサー、『ザ・ユニヴァーサル・マインド・オブ・ビル・エヴァンス』（DVD）中山康樹解説・監修、ナウオンメディア、2006年。

Spiegel, Bruce. Producer, Documentary Video, *Bill Evans Time Remembered*, 2015.ブルース・スピーゲル、プロデューサー、ドキュメンタリー・ビデオ『ビル・エヴァンス タイム・リメンバード』オンリー・ハーツ、2020年。

Webサイト（タイトル別）

'58 Miles, Release date, 1974, https://en.wikipedia.org/wiki/1958_Miles, https://www.allmusic.com/album/58-sessions-featuring-stella-by-starlight-mw0000194393.

CBS 30th Street Studio, https://en.wikipedia.org/wiki/CBS_30th_Street_Studio.

Evans Discography, allmusic.com https://www.allmusic.com/artist/bill-evans-

24日。

ジョン・メイヤー、著者によるインタビュー。2015年1月25日。

ゲイリー・ノヴァク、電子メールによるインタビュー。2021年1月29日。

アダム・ナスバウム、電子メールによるインタビュー。2021年1月8日。

マルコム・ページ、著者によるインタビュー。2014年11月9日。

ローリー・ヴァホーマン、電子メールによるインタビュー。2016年9月10日。

トーニャ・ウェーバー、アイオワ公共テレビ、電子メールにてメインテナンス・ショップ・コンサートの放送日を確認。2016年5月27日。

デニー・ザイトリン、著者によるインタビュー。2019年5月13日。

ラジオ、テレビ、CDでのインタビュー、報道など

Bickal, Jim. *For Comedian Billy Crystal, All That (Dixieland) Jazz Is All in the Family*, Minnesota Public Radio, October 16, 2013, https://www.mprnews.org/story/2013/10/16/for-comedian-billy-crystal-all-that-dixieland-jazz-is-all-in-the-family.
ディック・バックリー、ビル・エヴァンスへのインタビュー。WBEZ ラジオ、シカゴ、1979年8月1日。カセット・テープ、ジョー・ラ・バーベラ提供。
Borja, Svein Erik. Producer, NRK, *Bill Evans' Post-Concert Interview at the Molde, Norway Jazz Festival*, https://www.youtube.com/watch?v=UmvxPLFuHaM, (c. August 7, 1980).
ソンドラ・ゲイアー、ビル・エヴァンスへのインタビュー。WBEZ、1976年11月14日。デジタル・コピー。ジョー・ラ・バーベラ提供。
Klabin, George. Interview with Bill Evans, *Pieces of Jade*, Resonance Records, 2009.ジョージ・クラヴィン、ビル・エヴァンスへのインタビュー（英語）。『スコット・ラファロの肖像〜レゾナンス・レア音源シリーズ 1』ビデオアーツ・ミュージック、2010年。
LaFaro, Scott, My Foolish Heart, Rehearsal Recording, Pieces of Jade, Resonance Records, 2009. スコット・ラファロ「マイ・フーリッシュ・ハート」リハーサル音源『スコット・ラファロの肖像〜レゾナンス・レア音源シリーズ 1』ビデオアーツ・ミュージック、2010年。
マーヴ・グリフィン・ショー、マーヴ・グリフィン・ショーでのビル・エヴァンスのパフォーマンス、1980年8月23日（収録）、1980年9月23日（放送）。ビデオ。ジョー・ラ・バーベラ提供。

Shifrin, Carole. *Machinists Strike Against United Airlines*, Washington Post, March 31, 1979, https://www.washingtonpost.com/archive/politics/1979/03/31/machinists-strike-united-airlines/610c2eef-9f11-455d-912d-d3364d1ae08f/.

Teachout, Terry. *Suicide Was Painful*, New York Times, September 13, 1998, https://www.nytimes.com/1998/09/13/books/suicide-was-painful.html.

Urban, Georgia. *Bill Evans off The Keyboard*, The Entertainer, Schenectady, NY, March 14, 1980.

Watrous, Peter. *Max Gordon, 86, Jazz Promoter And Founder of Vanguard, Dies*, New York Times, May 12, 1989, https://www.nytimes.com/1989/05/12/obituaries/max-gordon-86-jazz-promoter-and-founder-of-vanguard-dies.html.

Weatherford, Mike. *Frank Sinatra*, Las Vegas Review Journal, February 7, 1999, https://www.reviewjournal.com/news/frank-sinatra/.

Williams, Martin. *The Jazz Hit of Montreux*, New York Times, January 5, 1969, https://www.nytimes.com/1969/01/05/archives/the-jazz-hit-of-montreux.html.

Williams, Martin. *Introducing Scott LaFaro*, DownBeat, August 1960.

著者によるインタビュー

トゥンデ・アグビ、著者によるインタビュー。2016年9月10日。

リッチー・バイラーク、電子メールによるインタビュー。2021年1月5日。

マーク・コープランド、電子メールによるインタビュー。2016年8月26日。

ゲイリー・ダイアル、著者によるインタビュー。2014年11月2日、2016年12月2日。

ジョン・ディ・マルティーノ、著者によるインタビュー。2016年2月17日。

ピーター・アースキン、電子メールによるインタビュー。2020年10月11日。

アルフォンソ・ジョンソン、電子メールによるインタビュー。2021年2月4日。

マーク・ジョンソン、著者によるインタビュー。2016年3月26日、2016年4月18日、2016年7月27日、2016年11月10日、2019年3月28日。

ティファニー・ラ・バーベラ=パーマー、著者によるインタビュー。2018年7月15日。

アンディ・ラヴァーン、著者によるインタビュー。2019年4月23日、2019年4月

Bourne, Michael. *Bill Evans*, Radio Free Jazz, October 1976.

Covert, James. *The Syms Saga: From Rags to Riches*, New York Post, November 3, 2011, https://nypost.com/2011/11/03/the-syms-saga-from-rags-to-riches-to-rags/.

Evans, Bill. Letter to the Editor on Russia, DownBeat, *Chords & Discords*, October, 1980.

Franksen, Jim. *Jazz Record Reviews*, Jazz and Pop, October 1967.

Fricke, David. *Charlie Watts' Jazz Dream*, Rolling Stone, February 26, 1987, https://www.rollingstone.com/music/music-news/charlie-watts-jazz-dream-249051/.

Fried, Joseph. *Manhattan Plaza Wins Approval as Housing for Performing Artists*, New York Times, February 4, 1977, https://www.nytimes.com/1977/02/04/archives/manhattan-plaza-wins-approval-as-housing-for-performing-artists.html.

Hentoff, Nat. *Introducing Bill Evans*, DownBeat, October 1959.

Kenselaar, Robert. *Breakfast with Bill Evans*, The Aquarian, May 9–16, 1979.

Lacharme, François. *Sorrow in Soho*, Jazz Magazine (France), October 2010, reprinted in full with permission of the author.「ソーホーでの哀悼」フランソワ・ラシャルム。著者の許可を得て全文を転載。

Lees, Gene. *Inside The New Bill Evans Trio*, DownBeat, November 22, 1962.

Lees, Gene. *Re: Person I Knew*, The Gene Lees JazzLetter, 1984. Photocopy, courtesy of Joe La Barbera.

Lees, Gene. Whitney Balliett quote, *Bill Evans—The Pianist and The Man*, International Musician, c. 1964. Photocopy, courtesy of Joe La Barbera.

Mehegan, John. *Bill Evans: An Interview by John Mehegan*, Jazz Magazine, date unknown. Photocopy, courtesy of Joe La Barbera.

Morgenstern, Dan. *The Art of Playing*, DownBeat, October 22, 1964.

Nelson, Don. *Bill Evans*, Interview with Bill, DownBeat, December 1960.

Palmer, Robert. *Bill Evans: Chemistry and the Piano Trio*, Rolling Stone, October 4, 1979.

Ratliff, Ben. *Francis Paudras, 62, Patron of Jazz Pianist Bud Powell*, New York Times, December 17, 1997, https://www.nytimes.com/1997/12/17/arts/francis-paudras-62-patron-of-jazz-pianist-bud-powell.html.

参考資料

書籍

Carr, Ian. *Miles Davis: The Definitive Biography*, (London: Paladin Books, Granada Publishing 1984).

Erskine, Peter. *No Beethoven*, Reprinted by permission of author, (Santa Monica: Fuzzy Music, 2013). 著者の許可を得て転載。(『No Beethoven：ウェザー・リポート&ジャコ・パストリアスと過ごした日々』ピーター・アースキン著、松下佳男監修、川嶋文丸訳、アルトゥス・ミュージック、2013年)

Kelley, Robin D.G. *Thelonious Monk: The Life and Times of an American Original*, (New York: Free Press, 2009). (『セロニアス・モンク　独創のジャズ物語』ロビン・ケリー著、小田中裕次訳、シンコーミュージック、2017年)

Lees, Gene. *Meet Me at Jim and Andy's: Jazz Musicians and Their World*, (New York: Oxford University Press, 1988).

Minor, Bill. *Monterey Jazz Festival, Forty Legendary Years*, (Santa Monica: Angel City Press, 1997).

Verchomin, Laurie. *The Big Love, Life and Death With Bill Evans*, (Self-published, 2010).

(『ビル・エヴァンスと過ごした最期の18か月』ローリー・ヴァホーマン著、山口三平訳、DU BOOKS、発売・ディスクユニオン、2021年)

新聞、雑誌、ニュースレター

Big Wave Hits Ship, Four Perish By It, New York Times, November 11, 1911.

Aikin, Jim. *The Essence of Jazz Piano*, Contemporary Keyboard Magazine, June 1980.

Balleras (No first name in byline), *Record Reviews*, DownBeat, Review of *The Tokyo Concert*, December 1974.

Bloom, Michael. *Bill Evans' Last Interview*, Klacto, Hawaii's Jazz Magazine, October 1980. Courtesy of Joe La Barbera.

著者紹介———

ジョー・ラ・バーベラ *Joe La Barbera*

ジャズ・ドラマー。1948年生まれ。ニューヨーク州出身。バークリー音楽大学、米陸軍軍楽隊での兵役を経て、ジャズ・ミュージシャンとしてのキャリアをスタートさせた。1979年1月～1980年9月、ビル・エヴァンスの逝去までビル・エヴァンス・トリオのドラマーを務めた。ウディ・ハーマン、チャック・マンジョーネ、ジョン・スコフィールド、ジム・ホール、ハンク・ジョーンズ、バド・シャンク、ゲイリー・バートン、マイケル&ランディ・ブレッカー、トゥーツ・シールマンスなどの世界的なジャズ・アーティストと共演。1993～2021年までカリフォルニア芸術大学で教鞭をとる。2019年にはロサンゼルス・ジャズ・ソサエティおよびロサンゼルス・カウンティ美術館より名誉あるジャズ・トレジャー・アワードを受賞。現在はカリフォルニア州在住。

チャールズ・レヴィン *Charles Levin*

ライター。「Ventura County Star」「DownBeat」「Jazziz」各誌や、モントレー・ジャズ・フェスティバルのプログラムに寄稿。プロのドラマーとしては計30年間活動。途中、カリフォルニア芸術大学に戻りラ・バーベラに師事し、BFAとMFAを取得。ジャズ・グループCodaを率いたほか、ジョニ・ミッチェルのトリビュート・バンドDreamlandの共同リーダー兼マネジメント担当としてツアーを開催した。

訳者紹介———

荒井　理子 あらい・あやこ

お茶の水女子大学文教育学部外国語文学科(英文学専攻)卒業。主な訳書は『サクソフォン マニュアル日本語版』(ヤマハミュージックエンタテインメントホールディングス)、『ブルーノート・レコード　妥協なき表現の軌跡』(共訳、ヤマハミュージックエンタテインメントホールディングス)、『ゲッツ／ジルベルト 名盤の誕生』(シンコーミュージック・エンタテイメント)など。

ビル・エヴァンス・トリオ
最後の二年間
TIMES REMEMBERED

2023年12月7日　第1刷発行

著　者　ジョー・ラ・バーベラ
　　　　チャールズ・レヴィン
訳　者　荒井理子
装幀者　間村俊一
翻訳協力　株式会社 トランネット
発行者　碇 高明
発行所　株式会社 草思社
〒160-0022 東京都新宿区新宿1-10-1
電話 営業 03(4580)7676 編集 03(4580)7680

本文組版　有限会社 マーリンクレイン
本文印刷　株式会社 三陽社
付物印刷　株式会社 暁印刷
製本所　大口製本印刷 株式会社

ISBN978-4-7942-2687-7 Printed in Japan　検印省略

造本には十分注意しておりますが、万一、乱丁、落丁、印刷不良などがございましたら、ご面倒ですが、小社営業部宛にお送りください。送料小社負担にてお取替えさせていただきます。

ご意見・ご感想は、
こちらのフォームからお寄せください。
https://bit.ly/sss-kanso